# 庄子大讲堂
## ——庄子的逍遥处世

李世化 ◎ 著

中央编译出版社
Central Compilation & Translation Press

图书在版编目（CIP）数据

庄子大讲堂 / 李世化著. —北京：中央编译出版社，2015.2
（中华国学精读书系）
ISBN 978 – 7 – 5117 – 2345 – 1

Ⅰ. ①庄… Ⅱ. ①李… Ⅲ. ①道家 ②《庄子》—通俗读物 Ⅳ. ①B223.5 – 49

中国版本图书馆 CIP 数据核字（2014）第 228915 号

**庄子大讲堂**

出 版 人：刘明清
出版统筹：董 巍
责任编辑：邓永标
责任印制：尹 珺
出版发行：中央编译出版社
地　　址：北京西城区车公庄大街乙 5 号鸿儒大厦 B 座（100044）
电　　话：（010）52612345（总编室）　　（010）52612371（编辑室）
　　　　　（010）52612316（发行部）　　（010）53622615（网络销售）
　　　　　（010）52612346（馆配部）　　（010）66509618（读者服务部）
传　　真：（010）66515838
经　　销：全国新华书店
印　　刷：北京嘉业印刷厂
开　　本：710 毫米 × 1000 毫米 1/16
字　　数：280 千字
印　　张：21
版　　次：2015 年 2 月第 1 版第 1 次印刷
定　　价：38.00 元

网　　址：www.cctphome.com　　邮　箱：cctp@ cctphome.com
新浪微博：@中央编译出版社　　微　信：中央编译出版社（ID：cctphome）
淘宝店铺：中央编译出版社直销店（http：//shop108367160. taobao. com）

本社常年法律顾问：北京市吴栾赵阎律师事务所律师　闫军　梁勤
凡有印装质量问题，本社负责调换。电话：010 – 66509618

# 庄子大讲堂

　　庄子把生死看作犹如春夏秋冬的转换，纯属自然，不知悦生，不知恶死，甚至认为死是摆脱了世俗烦恼而"反其真"。庄子主张"无我""无物"，也就是忘掉一切外物，连自己的形骸也忘掉。忘掉自我，与外物融为一体，当然也不会受外物所拘滞。庄子认为能达到这样的境界，才算逍遥游。

　　今天，我们再讲庄子，究其原因，因为庄子的智慧是人类大智大慧的结晶，这样的智慧是没有时间界限的，它仍然可以指导我们的现代人生，帮助我们破解许多人生的迷雾，而我们得其一，就可受用一生。

　　中国的哲学源头可追溯到先秦诸子百家思想，其中尤以儒、道两家为主流，而庄周的《庄子》可谓是道家思想的杰出代表。和儒家强调积极入世并以"修身、养性、治国、平天下"为己任相反，道家崇尚出世，由老聃的"无为而治"到庄周的"无为而无不为"，庄周在这条路上走得比老聃更远。

　　古人常用"入则孔孟，出则老庄"自处和处世，道家之老庄实在是华夏民族在孔孟儒学、宋明理学的束缚之下，能够关照人的本真，心灵可以自由遨游的家园。"无为"便是道家思想的核心。"无为"是因，是一个过程，是对人们行为、思想强求的否定；而"逍遥"是果，它是人们在执行"无为"这个指令或程序后的结果，是一个状态，是人的精神处于一种自由自在，不受约束的状态。

　　随着人类的发展，社会的进步，马车代替了步辇，汽车又取代了马车。世界似乎缩小，人们因此获得了许多的便捷。但同时人们不得不加快脚步来跟上这个有加速度社会的步伐。在追赶之中，渐渐迷失在对豪宅、香车、美食的热望之中，找不到方向，偶尔停下来，才想起来问问累得气喘吁吁的自己：我活着为什么这么累？人不可以活得轻松自在一点吗？庄子的"无为而无不为"可以打开你心灵的枷锁，庄子的逍遥处世可以让你的人生更加轻快。

# QIANYAN

  首先你要正确认识自己。你是茫茫宇宙中的一颗尘埃，所以你不要狂妄自大；你是历史长河中转瞬即逝的一颗流星，虽然短暂，却能发出独一无二的美丽光芒。因此你更不要妄自菲薄。"体性抱神，以游世俗之间。"既然在时空之中，你短暂、渺小，那么在那些比自己生命更加短暂、渺小的得失、恩怨、宠辱面前，你是否可以把它们看得平淡，视其为生命的点缀呢？

  "道行之而成，物谓之然"，在你的一生中总要做点自己喜欢的事情吧，也许你还有一小小的心愿，想把它们做得精彩点呢，这时你千万要记住"适时无为，则无不为"。有取有舍，轻松自在。

  最后，人是社会的人，希望能得到别人的赞同和认可，良好的人际关系会让你享受到无穷的乐趣。"有朋自远方来，不亦乐乎？""悦人又悦己"是交往的重要准则。何谓"悦人"，是说在交往过程中，坦诚以待，但不可在言语、行为上对别人有伤害，让别人跟你在一起时有愉悦之感。何谓"悦己"，是说自己在不违背自己内心准则的情况下享受亲情、友情、爱情。同时和他们保持恰当距离，以免伤害自己。

  一部《庄子》，成就了多少文人雅士，比如陶潜、李白，相信你也会因此过上流水一样自在、行云一样逍遥的人生！

## 第一章 庄子其人其书

庄子一生都在追求至道,返璞归真,鄙视功名利禄,求得自身的逍遥,庄子的书大多是通过对各家学派的批判,表达自己的思想。在当今社会,有庄子一样的逍遥心态,会让你保有一份闲适,一份快乐。

庄子其人 ………………………………………………… (2)
庄子其书 ………………………………………………… (5)
推崇至道,超脱世俗 …………………………………… (8)
逍遥于世,我行我素 …………………………………… (11)

## 第二章 生命不能承受之重

面对激烈的社会竞争,许多人陷于超重的生活而不自知,他们整日奔波忙碌于金钱、地位、权势,而忘记了自己曾经拥有的快乐,如果你发觉自己多余的时间太少,有些其他想做的事情无法实现,或者让你感觉快乐的生活越来越少,你就要小心了。

不要被超重的生活所累 ………………………………… (16)
不要被虚名左右 ………………………………………… (19)
不要让名利遮住眼睛 …………………………………… (21)
不要让嫉妒抹去快乐 …………………………………… (26)
走出心灵的樊笼 ………………………………………… (29)
放得下的快乐 …………………………………………… (32)
人生需用心感受 ………………………………………… (36)
欲望太重心难静 ………………………………………… (40)
给责任包袱减压 ………………………………………… (42)

走出贪欲的坟墓 ·················································· (44)
简单快乐的生活 ·················································· (47)

## 第三章　随风逍遥,快乐人生

　　逍遥,不是让你四处乱撞,无事可做,而是让你的心处于一种自由快乐的状态,忘掉那些所谓的世俗的烦恼,树立生活的信心,做一个随风逍遥的快乐人。

心性旷达,不被世俗左右 ········································ (52)
心纯如水自逍遥 ·················································· (54)
快乐是一种自我感觉 ············································ (55)
生活在快乐之中 ·················································· (58)
人生不必强力苛求太多 ········································ (61)
放飞心情 ··························································· (63)
独处中的快乐 ····················································· (65)
生活在快乐潇洒之中 ············································ (68)
去除身上额外负担,随风逍遥 ································ (70)
别跟自己过不去 ·················································· (73)

## 第四章　肯定自我,保持本色

　　每个人都很难认清自我,所以面对外来的种种,往往对自己会产生怀疑,失掉自我本性,随波逐流,将真我埋没,人都是独一无二的,没有谁可以代替谁,关键是你是否保持了自我,成就属于自己的事业。

识人先识己 ························································ (76)

拥有自信,快乐生活 …………………………………… (79)
人生畅行无阻的境界 …………………………………… (82)
天生我材必有用——认清自我价值 …………………… (85)
顺应自然,保持本色 ……………………………………… (89)
做人要做自己 …………………………………………… (92)
不要被旁人的话迷失自己 ……………………………… (94)
走自己的路,让他人去说吧 …………………………… (97)
命运掌握在自己手中 …………………………………… (99)
打造属于自己的品牌 …………………………………… (101)
不要让生活之舟偏离你的航线 ………………………… (103)
演好属于自己的角色 …………………………………… (105)
肯定自我,秉持本色 …………………………………… (108)

## 第五章　无欲无求,平常心态

　　保持平常心是一种人生境界。它并不是消极地让人不思进取,无所作为,而是要人们对生命意义的把握进入一个更高的层次,以便能充分调动发挥生命的潜质,使生命更加灿烂地放射出原有的光华。

用平常心态看得失 ……………………………………… (112)
用平常心享受非常事 …………………………………… (115)
打开心灵之锁,快乐生活 ……………………………… (119)
凡事想得开——乐观做人 ……………………………… (122)
雾里看花,荣辱皆云烟 ………………………………… (124)
只要心性好,生活就会充满阳光 ……………………… (126)
难得平常心 ……………………………………………… (128)

淡泊明志，宁静致远 …………………………………… (130)
以平常心面对"好"与"坏" ………………………… (133)
做拥有平凡心态的快乐人 …………………………… (135)

## 第六章　随遇而安，知足常乐

　　人的能力是有限的，当你发现自己用尽全身力气也无法达到期望的目的，不如停下你的脚步，随遇而安。人不易知足，却必须学会知足，这样，你才能获得快乐。

智者生存之道 …………………………………………… (140)
学会享受此时此刻 ……………………………………… (144)
抓住人生的关键所在 …………………………………… (147)
不为功利之争所累 ……………………………………… (149)
唯有知足才能常乐 ……………………………………… (151)
"适应"是生存的必然要求 …………………………… (153)
让事实说话 ……………………………………………… (156)
快乐的人容易满足 ……………………………………… (158)
远离痛苦，知足常乐 …………………………………… (160)
放宽爱的尺度，知足快乐 ……………………………… (163)

## 第七章　适时无为，则无不为

　　退一步是为了更好地进，适时无为，是为了更好的有为，聪明的人善于将"有为"与"无为"合用，是为了收获最好的"达"。

适时无为，实则有为 …………………………………… (166)
无心插柳柳成荫 ………………………………………… (170)

# 目录

聪明人做聪明事 …………………………………（173）
退一步路更宽 ……………………………………（176）
敢于正视自己的不足 ……………………………（178）
舍小我成就大我 …………………………………（180）
在拥有中学会放弃 ………………………………（182）
妥协退让有时是必要的 …………………………（185）
在机遇面前要敢于取舍 …………………………（189）
转个"弯"做事 ……………………………………（192）
外方内圆,软硬有道 ……………………………（194）
低头是为了更好的抬头 …………………………（196）
放弃也是一种洒脱 ………………………………（199）
适时放手,重获机遇 ……………………………（201）

## 第八章 厚积薄发,水到渠成

只有积水深的地方,才能浮起大船。人若想成功,也需要付出很多的努力,成功需要勇气,也需要不断地积累,不积跬步,无以至千里。

多一份行动,多一份成功 ………………………（206）
名声来自踏实做事 ………………………………（208）
只有脚踏实地才能成功 …………………………（211）
成功需要不懈努力 ………………………………（213）
实现梦想需靠热忱打拼 …………………………（215）
成功需要走好每一步 ……………………………（217）
稳扎稳打才能稳操胜券 …………………………（219）
心无二用是最大的智慧 …………………………（221）

坚强的毅力助你走向成功 …………………………………… (224)

小不忍则乱大谋 ………………………………………………… (230)

成功偏爱有准备的人 …………………………………………… (232)

有远见,成就未来 ……………………………………………… (235)

成功需要不断磨炼 ……………………………………………… (239)

关注每一个细节 ………………………………………………… (241)

要想达到最高处,必须从最低处开始 ………………………… (243)

想成功就不要半途而废 ………………………………………… (245)

## 第九章　不将不迎,顺应自然

　　人容易丢失自我,去迎合他人,以为这样就可以获取自己想到的东西,将自我的尊严踩于脚下,其实,仔细想来,这种迎合,有时候不仅得不到满足,或者只是暂时的满足,而自身所失去的却远远超过了想象。

人心若镜,不将不迎 …………………………………………… (248)

敢于说"不",快乐自己轻松他人 …………………………… (250)

强扭的瓜不会甜 ………………………………………………… (253)

做人要有"好"有"坏" ……………………………………… (255)

不要盲从他人,做人要有主见 ………………………………… (258)

做自己的主人 …………………………………………………… (260)

面对谗言,要保持头脑清醒 …………………………………… (263)

把嘲笑当作对生命的洗礼 ……………………………………… (266)

### 第十章　不巧若拙,大智若愚

　　巧中有拙,拙中有巧,用大智若愚的一种心态存活于当今的社会,实为一种明智之举,如此不但保住了自己,也成全了他人,何乐而不为呢?

"傻人"有"傻"福 ································ (270)
做人应保持低调 ································ (273)
让别人觉得笨拙才好 ······························ (277)
装傻也是一种聪明 ································ (280)
对付小人要用心机 ································ (282)
无理勿需争三分,得理还需让人 ······················ (284)
糊涂难得 ········································ (286)
放低身段做人 ···································· (288)
用假象欺瞒对手 ·································· (290)
小事糊涂,大事精明 ······························ (292)

### 第十一章　君子之交,清淡如水

　　"有朋自远方来,不亦乐乎",你可千万不要高兴得太早,所谓君子之交,清淡如水,朋友之间的交往还是要讲究一定的尺度的,否则,随心所欲,不但交不到新朋友,还会丢掉老朋友,既伤人又伤情。

君子之交需以诚相待 ······························ (296)
善待自己,宽待他人 ······························ (298)
面对突然升温的友情应提高警惕 ······················ (300)
"铁哥们"有时需用淡水来养 ························ (302)

友谊之树常青秘诀——亲疏有度 …………………………（304）
友谊要在淡中求真 …………………………………………（306）
友情要保有弹簧距离 ………………………………………（308）
友情不要太亲近 ……………………………………………（311）
朋友交往掌握好分寸 ………………………………………（314）
朋友之间不要以利益来计算 ………………………………（317）
不可透支朋友资源 …………………………………………（319）

# 第一章 庄子其人其书

庄子一生都在追求至道,返璞归真,鄙视功名利禄,求得自身的逍遥,庄子的书大多是通过对各家学派的批判,表达自己的思想。在当今社会,有庄子一样的逍遥心态,会让你保有一份闲适,一份快乐。

# 庄子其人

庄子一生都在追求至道，返璞归真，他把一切社会的伦理道德，包括当时人们的基本道德观念中的孝悌仁义、忠信贞廉都视为对人们追求至道的束缚给以否定，这在当时具有很大的叛逆精神！在逆境中寻求快乐。

庄子，名周，战国中期宋国蒙城（今河南商丘县东北）人，生卒年不详。一般认为大约生于公元前369年，卒于公元前286年之前。

庄子曾经为宋国管理漆园（制漆作坊）的小官吏，不知是因他不善管理还是瞧不起这种有累身心的工作，最终被罢免。为了生活，他以打草鞋为业，但经常入不敷出，甚至靠借贷度日。一日，庄子的家又断了粮，去向监管河水的官吏借米。监河官借口说："好吧。等我收了采地的税金，就借给你三百金，可以吧？"庄子家正需米下锅，监河官却推说要收税以后才借给他。庄子非常生气，板着脸辛辣讽刺监河官说："我昨天来时，中途听到有呼唤我的。我回头在车轮辗洼的地方，看到一条鲫鱼。我问它说：'鲫鱼啊，你在这里做什么呢？'它回答说：'我是东海的水官。你有斗升之水救活我吗？'我说：'可以。等我前去游说吴越国的国王，请他们引西江水来救你，可以吗？'鲫鱼板着脸说：'我失去了水，就没有容身之处。我只需斗升之水就可以活命，你这样说，还不如早点到干鱼市场找我去吧！'"

贫困的生活并没有使他颓废，却使他从中寻找到快乐求得身心的解脱。

庄子为人非常清高孤傲，不求功名利禄。当时，学识渊博、能言善辩的惠施被魏惠王任命为相，庄子特意到魏国去拜访他。这时，有人对惠施说："庄子来是想代替你做魏相。"惠施是一个好名利的人，生怕别人抢走了他的相位，就下令在国内搜寻庄子，找了三天三夜，也没有搜到。

庄子反而主动找上了门，对惠施说："南方有一种鸟，名叫鹓雏（凤凰一类的鸟），你知道吗？鹓雏从南海出发飞到北海，不是梧桐树它不栖息，不是竹子的果实它不吃，不是甜美的泉水它不喝。一只猫头鹰找到了一只腐烂的老鼠，鹓雏刚巧飞过；猫头鹰怕它来抢食，就仰起头威胁性地叫喊了一声'吓！'现在你想用你的魏国相位来吓我吗？"

庄子又去拜见了魏惠王。去时他穿了一件打着补丁的粗布衣服，脚穿一双用麻绳绑着的破鞋子。魏王对庄子的大名早有耳闻，如今看到的却是这样的一副寒酸相，忍住笑揶揄道："先生，你怎会这样疲困呢？"

庄子很高傲地回答说："这是贫穷啊，并非疲困！读书人有理想却不能实行，这才是疲困啊！衣服陈旧鞋子破烂，这只是贫穷，但不是疲困，这就叫作生不逢时啊！大王您没有见过跳跃飞腾的猿猴吗？当它爬在楠、辛、豫、樟等大树上的时候，攀缘着树枝，在那里自得其乐，即使善射的羿和蒙逢也奈何不了它。等到它跳落在柘、棘、枳、枸等多刺的丛树中时，即使小心谨慎，内心还战栗不已；这并不是筋骨受了束缚而不灵活，乃是处于不利的情势下，不能够施展它的才能啊！现在正是昏君乱相的时代，要想不疲困，怎么可能呢？像比干的被剖心，不是个明显的例证吗？"

庄子不仅淡薄鄙视名利，甚至好在山水之间，逍遥遨游，怡情乐性，使得在肉体上能够逃避现实，免受动乱社会的戕害；在精神上却能以一种积极的主动的姿态，超凡脱俗，翱翔于幻想的精神世界之中。庄子在遨游山水之中感悟人生真谛。

他在魏国的雕陵栗园游玩时，看见一只奇怪的鹊从南方飞来。这只鹊的翅膀有七尺宽，眼睛的直径有一寸长。这只怪鹊碰到了庄子的额头，后来在栗树林中停住了。庄子对它感到很奇怪，自言自语地说："这是什么鸟呀！翅膀这么大却飞不远，眼睛这么大却目光迟钝。"于是提着衣服悄悄地跟了过去，拿着弹弓窥伺它的行动。这时，他又看见一只蝉，藏在一片树叶的下面，有只螳螂突然从一隐蔽的地方跳出来抓住了它。螳螂正在得意之时，那只怪鹊乘机捕住了它。庄子看到这一幕怦然心动：人们只顾贪恋求名利却丧失了自己的真性不和这很相似吗？他心有余悸地感叹说："唉！物类相互累害，这是由于两者相互招引贪图小利所致！"于是丢下弹弓就走。这时，管栗园的人误认为他偷了栗子，于是过来骂了他一顿。

庄子回去后,三天都不高兴。他的学生蔺且问他:"先生为什么最近郁郁寡欢呢?"

庄子回答说:"我为守护形体而忘了自己;观照浊水反而对清泉迷惑了。我听老师说:'到了一个地方,就要合乎那里的风俗习惯。'现在我去雕陵游玩而忘乎所以,怪鹊碰到了我的额头,飞到了栗树林里也忘掉了真性。被管园子的辱骂,所以感到不愉快。"

在喧嚣的生活中寻求一份逍遥。让自己的人生变得自在,不失为一种高妙的做人心态。

## 庄子其书

庄子处于百家争鸣的繁荣时期，为捍卫自己的学说，他对以儒家为首的各家各派给予了批判。

首先，他对各家学说的支离破碎做了总的批判，他说："天下大乱，贤人和圣人的作用不能被发挥，道德不能统一，天下的学者大多数是只看到问题的一个方面，而看不到全体的很多。就像耳朵、眼睛、鼻子、嘴巴，都有各自的用处却不能相通。尤如各家的学说，各种技艺，都有各自的长处，在适当时候表现出各自的用途一样。尽管如此，但各家都不能包容全部，只不过是一些人掌握着一偏之见罢了。他们分裂了天地的整体之美，把万物的道理搞得支离破碎。试看古代的全德之人，很少有能够具备天地的整体之美和神明的表现相称。所以，内圣外王道理，被掩蔽起来却得不到阐明，被堵塞起来却得不到发挥。天下的人都按照自己的想法做事，并把各自的想法当作道。实在是可悲！各家都在迷途上前进而不能返回正道，不能够合于大道是必然的了。后代学者的可悲之处就在于不能看到天地的纯真，以及古人的全貌，道术就被这样弄得支离破碎了。"

其次，庄子又分别对墨翟、禽滑厘、宋钘、尹文、彭蒙、田骈、慎到、惠施、桓团、公孙龙等人的学术观点进行了批判。

如他对墨子的一些言论做了批判。"墨子称赞自己的道术说：'过去禹在治理洪水的时候，疏通长江、黄河使四方边远的地方和九州，著名的大河有三百，支流有三千，小河流无数。禹亲自拿着土筐和掘土的耜，疏通了天下的河流，累得他大腿上肉没有了，小腿上的毛掉光了，沐浴在暴风雨中，狂风梳理了他的头发，终于安定了万国。禹真是一位大圣人啊！他为天下的劳苦到了这般地步。'他要求后代的墨者用粗布做衣服，穿木制或草编的鞋子，白天夜晚不停地劳作，视吃苦耐劳为最高准则。他说：

'不这样做，就不符合禹的主张，就不能把他称为墨者。'相里勤的弟子五侯那些人，南方的墨者如苦获、己齿、邓陵子那些人，都诵读《墨经》，但取舍各不相同，并且相互斥责对方的'别墨'。以坚白、同异之类的辩论相互诋毁。将那毫无共同点的言论，加以调和使之相应，把钜子当作圣人，都心甘情愿地尊奉钜子为主师，希望后世能继承他的事业，因而至今墨家的传统没有断绝。墨翟、禽滑厘的心意是好的，但他们的做法却是错误的。他使后代的墨者一定要刻苦自励，弄得大腿上没有肉，小腿上掉光毛，不过是相互竞争罢了。乱天下之罪多，治天下之功少。虽然这样，墨子却是实意地要把天下治理好的。他要拯救天下却没有实现，即使累得憔悴不堪也不放弃他的主张，真是一位有才能的人啊！"

　　庄子对他的好友惠施的学说进行了严厉的批评。他说："惠施的学术广博，著作有五车之多。他所讲的道是驳杂不纯的，他所讲的话不符合大道。他观察分析事物的道理，结论是：最大的无所不包，没有外围的，可以把它称作'大一'；最小的什么也不能包，没有内核了，可以把它称'小一'。没有明显厚度，便不可以积累，却可以伸到千里。天和地是一样低，山和泽是一样平。太阳刚刚正中，却马上偏西了。万物刚刚出生，长的同时就走向死亡。大与小既相同又相异，这叫作'小同异'；万物完全相同，又完全不同，这叫作'大同异'。南方是没有尽头的，也可以说是有尽头的。今天动身到越国去，昨天却已经到了。连环是可以解开的。我知道天下的中心，在燕国的北面和越国的南面。普遍地爱着万物，天地之间本就属于一个整体。"

　　"惠施把这些当作伟大的真理，并把这些话讲给天下之人听。天下爱辩论的人都愿意和他讨论以下问题：卵中有毛；鸡有三只脚；楚都郢可以包容天下；狗可以是羊；马有卵；蛤蟆有尾巴；火是不热的；山是有口的；车轮是不辗地面的；眼睛是看不见东西的；物的共相是感觉不到的，物的个体是延绵不绝的；乌龟比蛇长；曲尺不能画方，圆规不能画圆；凿出的孔是不能围住木枘的；飞鸟的影子不曾移过；箭头飞速地运行着，有不前进不停止的时候；狗不是犬；和一头黄马一匹骊牛可以称作三；白狗是黑的；孤驹不曾有母亲；一尺长的棍子，每天截取一半，永远也截不完。辩者们拿这些问题跟惠施辩论，永远没完没了。"

除此之外，批判最多的还是儒家学说。

在今本《庄子·胠箧》篇中，庄子认为，圣智礼法的创设，本来是用于防盗制贼，但反被盗贼窃取来做护身的名器，张其恣肆之欲，来为害民众。庄子通过一个名叫跖的所谓大盗之口，提出了"盗亦有道"，并把圣、勇、义、智、仁五种儒家推崇的德行巧妙地与盗贼的行为连在了一起，形成对儒家学说的绝妙讽刺。他还提出了"窃钩者诛，窃国者为诸侯，诸侯之门而仁义存焉""圣人生而大盗起""圣人不死，大盗不止"之说，对儒家仁义、圣人之说进行了批判和讽刺。

在《盗跖》篇中，庄子用寓言形式讲了几个故事。一为孔子带着学生颜回和子贡去拜访盗跖，想劝盗跖改过，盗跖反而把孔子称作"鲁国之巧伪人"，并指责他"作言造语，妄称文武"，"不耕而食，不织而衣"，使得天下学士不反本业，还"妄作孝弟"来侥幸求得封侯富贵。他批评儒家推崇的圣王，自尧舜以至武王，都是用利来迷惑人的本真而强迫他们违反自然的性情。还说历代的忠臣都不得好死。二为孔子的学生子张和满苟得的对话。子张倡导信义礼仁和贵贱伦序，以求显荣利达；而满苟得则主张士人的行为，应该顺着自然的本性，批评儒家说一套，做一套。通过"尧杀长子，舜流母弟"之事，来驳斥儒家的等级伦常思想。

在《渔父》篇中，讲的是孔子坐在林中的杏坛休息，正一面弹琴，一面唱歌的惬意之时，被一白眉被发的渔父训斥了一顿的寓言故事。通过这故事，批评儒家"擅饰礼乐，逆人伦"；指责孔子"苦心劳形以危其真"，提出"谨修其身，保持本真，使人与物各还归自然"。

以上三篇文章都是对儒家仁义、圣人、礼乐伦常思想的批判。虽然历代学者对这三篇文章的作者持有怀疑，认为可能不是庄子所作。但它代表了道家对儒家的态度却是事实。

无才无德，高官厚禄，不过昙花一现，只有奉行大道而立德，才能得道。

## 推崇至道,超脱世俗

现实生活中与庄子交游的人不多。据《庄子》一书说,与他交游对话的只有东郭子、宋太宰荡、曹商、惠施等人。

东郭子鲁问道于庄子。他说:"你所说的道,到底在什么地方呢?"

庄子说:"无所不在。"

东郭子要他具体地指出道究竟存在于什么地方,庄子随手指着地下的蚂蚁说:"在蚂蚁身上。"

东郭子见他这样亵渎他所尊崇的道,感到非常吃惊,他怀疑自己是不是听错了,问道:"怎会这样卑下呢?"

不料庄子又指着屋外田野里说:"在梯稗草里。"

东郭子更加吃惊,连忙又问:"怎么更加卑下了呢?"

不料庄子又指着房子说:"在砖瓦堆里。"

东郭子更加不明白了。庄子先说道存在于低贱的蚂蚁身上,已经很卑下,但蚂蚁虽贱,毕竟还是生灵;后来又说道在梯稗草中,梯稗不但没有灵性,而且还是农夫要铲除的害草,比蚂蚁更加低贱卑下;存在于砖瓦堆里,砖瓦没有生命,比草还更低贱卑下。在他看来,道是伟大的、高尚的、纯洁的,怎么可能存在于这些低贱之物中呢?所以他非常疑惑地又问:"怎么愈来愈卑下了呢?"

庄子又指着厕所说:"在屎尿里。"

东郭子以为庄子是在戏弄他,气得说不出话来。庄子见他铁青着脸不说话,猜到了他的心思,就对他说:"先生所问的,本来就是没有接触到的实质。曾有个名叫获的市场监督官问屠夫关于检查猪肥瘦的方法,屠夫说越往猪的下身摸就越能摸出猪的肥瘦。你不要想得太绝对,道是不会脱离具体事物的。不仅最高的道是这样,最伟大的言论也是如此。'周''遍''咸'三种讲法，字面上虽不同而实际一样，其内在的含义是相同的。"

说到这里，他见东郭子气色已缓了不少，又继续说："让我们试着一起来邀游那虚幻的空境吧！总的来说，那里是无边无际的。试着无所作为吧！淡泊而宁静吧！漠然而清静吧！和谐而闲适吧！我的内心是如此的空虚，要去时不知要到哪里，返回来也不知到何处，来去不知哪里是个头；驰骋在广阔虚无的境地，有智慧的人进来也弄不清楚边际何在。道与物是没有界限的，物与物却有界限，就是所谓物界。没有界限的道又有界限，是因为有界限的物中包含着无限的道。说到充盈虚亏，哀败肃杀，道使万物有充盈虚亏而本身却没有充盈虚亏，使万物哀败肃杀但本身没有，使万物有本末之分但自身却没有本末之分，使万物出现聚散变化而本身却没有聚散变化。"

庄子曾和宋国的太宰荡讨论仁孝问题。太宰荡问庄子仁为何物？庄子回答说："虎狼是仁。"

对于什么是"仁"，各家各派虽有不同的解释，但无非是从亲、爱的角度来讲。虎狼残忍成性，正反仁之道，怎么可以说虎狼是仁呢？太宰荡当然知道庄子善说寓言故事，但并非那种信口开河之人，于是问道："这话怎么说？"

庄子说："虎狼父子相亲爱，怎么不是仁呢？"

太宰荡见他从这个方面来说，也就无话可说了。他又问："那什么是'至仁'呢？"

庄子说："至仁就是没有亲情。"

说虎狼是仁已经很出格了，但庄子却说虎狼父子相亲爱，勉强还可以说通。但现在又说："至仁就是没有亲情"就让人摸不着头脑了。太宰荡于是据理反驳说："我听说过，没有亲情就不会去爱，不爱就谈不上孝顺。能说至仁就是不孝吗？"

庄子不以为然地说："不对。至仁太崇高了，孝本来就不足以来说明它。这并不是说它超越了孝，而是说它与孝没有关系。向南行走的人。走到楚国的郢都，向北看是望不到冥山的，为什么呢？距离太远了。所以说，用尊敬来履行孝道容易，要忘掉亲情就难了；要忘掉亲情容易，要忘掉我就困难了；让亲人忘掉我容易，让我忘掉天下人就困难了；忘掉天下

人容易，让天下人都忘掉我就困难了。具备天德的人连尧、舜这样的明主都会忘掉而不愿做，造福子孙万代，天下却无人知道，难道只是叹息着侈谈仁爱忠孝吗？孝悌仁义、忠信贞廉都是人们用来勉励自己而束缚天德的，不足以称道。所以说'至贵'，就是连国君的宝座都毅然抛弃；'至富'，就是倾国的财富也不屑看一眼；'至愿'就是把一切名誉都抛个干净。正因为这样，道是不可改变的。"

庄子一生都在追求至道，返璞归真，把一切社会伦理道德，包括当时人们的基本道德观念：孝悌仁义、忠信贞廉都作为对人们推崇至道的束缚而给予否定，这种叛逆在当时是需要非常超人的胆识。

## 逍遥于世，我行我素

庄子一生中与惠施接触最多。庄子在惠施任魏相时曾到过魏国，后来惠施被张仪所逐，逃到楚国，又被楚王送到宋国。惠施此时正值官场失意，向来好辩善辩的他正好与庄子来往辩难。此时的他们既是相互批驳攻击的论敌，又是互相尊敬的好友。《庄子》一书中就保留了许多二人之间的辩论。

庄子所追求的，是绝对的精神自由，他所探讨的，是存在于蚂蚁、梯稗、砖瓦甚至屎溺等中的无所不在的道，他所主张的是无为。这些学说都与当时社会急需解决的如何强化统治、富国强兵，怎样兼并土地，打败对手等问题沾不上边。因此惠施批评庄子说："你的言论没有多大用处。"

庄子当然清楚惠施是批评他的学说与社会需要相差太远。但是，如果从哲学的角度来看这个问题，有用与无用就是相对的了，没有无用也就没有有用。庄子正是采取避实就虚的手法，单从有用与无用的相对性来驳斥惠施。他说："知道无用才能和他谈有用。天地广袤无垠，没有边际，但人所用的不过是容足之地罢了。然而如把立足以外的地方都挖到黄泉，人们所站的这块地方还有用吗？"

惠施点头说："确实没有用。"

庄子说："那么无用的用处就很明显了。"

在惠施看来，庄子的学说离现实实在太远了，宏观得超越了人们的实际生活，空虚玄远，大而无有，于是批评说："我有这样一棵大树，人家都叫它作'樗'。它的树干木瘤盘结而不合绳墨，它的小枝弯弯曲曲而不合规矩，长在路上，匠人们都不看它。而今你的言论，大而无用，大家都抛弃。"

庄子回答说："你没见过猫和黄鼠狼吗？它们或低伏着身子，安静地

等待着出游的小动物；或东西跳跃掠夺，不避高低，却常踏中机关，死于网罗之中。再看那牦牛，庞大的身子好像天边的云，虽然不能捉老鼠，但它的作用很大。现在你有这么一棵大树，还愁它无用，为什么不把它种在虚寂的乡土，广漠的旷野，任意地徘徊于树旁，自在地躺在树下。不遭斧头砍伐，没有东西来侵害它。即使没什么用处，但又有什么害处呢？"

庄子认为每样东西都有自己的用处，大有大的用处，小有小的用处，从哲学角度来讲，没有什么"大而无用"的东西，"无用"本身就是"大用"。因而惠施对他的批评就无着落之处。但是，惠施对此仍然不肯罢手，继续批评庄子"大而有用"的说法，他对庄子说："魏王送我一颗大葫芦的种子，我将它种下使其成长，结出的果实有五石之大；用来盛水，它的坚硬程度却不够；把它割开来做瓢，却又没有像大水缸一样的容量。不是不大，但我认为它无处可用，就把它砸碎了。"

庄子反驳说："你真是不会使用大的东西啊！有个宋国人，善于制造不龟裂手的药物，他家世世代代都以漂洗丝絮为业。有一个客人听说后，愿意出百金收买他的药方。于是聚合全家来商量说：'我家世世代代漂洗丝絮，只得到很少的钱，现在卖出这个药方就可获得百金，还是卖了罢！'这个客人得了药方，便去游说吴王。正值越国犯难，吴王就派他为将，冬天和越人水战，因为有此药，大败越人，于是吴王割地封赏他。同样一个不龟药，有人因此而得到封赏，有人却只是用来漂洗丝絮，这就是使用方法的不同。现在你有五石之大的葫芦，为什么不当作腰舟使其浮游于江湖之上，却愁它太大无处可容呢？可见你的心还是如茅塞一样不通啊！"

庄子与惠施还曾对人的有情与无情进行过辩论。惠施认为人是有情之物，而庄子恰恰相反，说人是无情之物。惠施问庄子："人是无情的吗？"

庄子说："是的。"

惠施反驳道："人如果没有情，怎么能叫作人？"

庄子回答说："道给了人容貌，天给了人形体，怎么不能叫作人。"

虽然道和天给了人们的形体容貌，但情由何生，人是否有情，庄子并没有作正面回答。惠施见状忙追问道："既然称为人，又怎会无情？"

庄子知道混不过去，就重新届定概念。说："这不是我说的无情。我所说的无情，是说人不因为好恶损害自己的本性，经常顺任自然而不用人为地增益。"

庄子的意思这才清楚了，他的无情是要保持精神上的恬静，不受外界功名利禄的干扰，顺任自然。

惠施一生都在与命运抗争，他经历了无数激烈的政治斗争，因此在他看来，人情为人所固有，因而，当人们的感情被激发，欲望得到满足的时候，生命才有意义，也只有那时，人才成为人。所以他不同意也不能理解庄子的顺任自然。于是反驳说："不用人去增益，怎么可以保全自己的身体？"

庄子深知惠施一生贪恋功名利禄，斤斤计较于名实之辩，当然不懂得自然之道。于是不客气地批评说："道给了人容貌，天给了人形体，不以好恶损害自己的本性。现在你却驱散你的心神，劳费你的精力，倚靠在树下歌吟，依靠几案休息；天给了你形体，你却自鸣得意于坚白之论。"

有一次庄子和惠施在濠水的桥上游玩。清澈的濠水里，鱼儿摇头摆尾，游来游去，非常的悠然自得。一向追求自由，以自由为最大快乐的庄子见到这种情境，立即触发了对自由的渴求，无限感慨地说："鱼儿悠然自得地游来游去，这是鱼儿的快乐啊！"

惠施擅长逻辑思辨，理智思考，对庄子这种审美的移情心理很不理解。于是质问道："你又不是鱼，怎么知道鱼快乐呢？"

惠施的提问虽然颇煞风景，但却正中要害。庄子是回答不上的。但机智的庄子却以避实就虚的方法，反问道："你又不是我，怎知道我不晓得鱼的快乐？"

庄子的反问显然是错误的。因为人鱼异类，不能沟通，因而但凡是人，都不可能知道鱼儿是否快乐。所以，惠施可以从一般推及个别知道庄子不能知道什么，而庄子则不能由人类行为推及鱼类而知道鱼儿是否快乐。惠施虽然善于细析万物之理，却没有抓住庄子的错误所在，而是采用类比推理的方法给以反驳。他说："我不是你，固然不知道你；但你也不是鱼，你也不知道鱼的快乐，这是很明显的了。"

惠施是沿着庄子的思路来反驳的，采用的是以其人之道反制其人之身的方法，但他没有抓住庄子错误的实质，留下了漏洞，因此使庄子有了诡辩获胜的机会。庄子见惠施上当，笑笑说："请把话题从头说起吧。你说

'你怎么知道鱼的快乐'这句话,就是你已经知道了我知道鱼的快乐才来问我,现在我可以告诉你,我是在濠水的桥上知道的啊!"

庄子对生命有极深刻的领悟。他的妻子死了,惠施前去吊唁,看到庄子正蹲坐着,边敲着盆子边高歌。惠施很不理解他的行为,对他说:"你妻子和你生活多年,为你生儿育女,现在老而身死,你不哭也就算了,还要敲着盆子唱歌,这岂不太过分了吗?"

庄子解释说:"并不是这样。当她刚死的时候,我怎会不悲伤呢?可又一想,她原本就没有生命;不仅没有生命,而且也没有形体;不仅没有形体,而且也没有气息。在若有若无之间,变化而成气,气化变而成形,形变而成生命,现在又变化回到死。这样生死相往的变化就好像春夏秋冬四季的运行一样。当她静息于天地之间的时候,我还啼哭,这样做是不合自然往复、运行的道理的!所以才停止了哭泣。"

庄子为人不求名利,不愿为官,他一生中除了早年为生活所迫做过短期的漆园吏之外,不曾再做过什么官。当时的君主为了扩大势力范围,不断的网罗人才。即使是名不见经传的士人,只要得到君主赏识,他就可以为卿为相为将,邹忌、商鞅、乐毅、范雎、蔡泽等人都是这样。而对那些稍有名气的士人,更是趋之若鹜,唯恐求之不得。因此,对像庄子这样有名气的士人,尽管他清高孤傲,心直口快,既无韬略,也无权术,还是有人赏识。《庄子·秋水》记载:一天庄子正在濮水之上钓鱼,楚威王派了两位大夫去向他致意,说:"想有劳先生到楚国去掌管国家大事。"庄子却手持钓竿,头也不回地说:"我听说楚王有只神龟,已经死了三千多年了,楚王仍将它用布包着、用竹盒装着,珍藏于庙堂之内。请问,这只龟是宁愿死了留下骨头让人尊崇呢,还是宁愿活着拖着尾巴自由自在地在泥水里爬行呢?"两位大夫想了想,回答说:"当然是愿意拖着尾巴自由自在地在泥中爬行!"于是庄子说:"你们请回吧!我也是愿意拖着尾巴自由自在地在泥里爬行的那种人!"

# 第二章 生命不能承受之重

面对激烈的社会竞争,许多人陷于超重的生活而不自知,他们整日奔波忙碌于金钱、地位、权势,而忘记了自己曾经拥有的快乐,如果你发觉自己多余的时间太少,有些其他想做的事情无法实现,或者让你感觉快乐的生活越来越少,你就要小心了。

## 不要被超重的生活所累

【原文】故九万里,则风斯在下矣,而后乃今培风;背负青天而莫之夭阏者,而后乃今将图南。

【大意】所以,鹏高飞九万里,那风就在它的下面,然后才乘着风力,背负青天而无阻碍地飞往南海。

庄子在他的《逍遥游》中提到的大鹏有高飞九万里的能力,它在开始飞的时候凭借的是风力,而后凭着自己的胆识独立翱翔飞往南海,找到了属于自己的全新世界。

在现实生活中,面对生活的超重,我们应该学会重新面对自己,在以往成功的经验上得到升华,使自己面对强大的生活压力游刃有余。

"太多了,"玛丽·海伦如此形容,"实在是太多了,我根本没办法同时兼顾所有的事情。"泪水不听使唤地从她脸颊上滑落。玛丽·海伦今年38岁,是一位聪明杰出的女性,拥有成功的事业和幸福的家庭,但现在的她就像被悬在空中走钢索,即将走到绳子的尽头却无计可施。

在咨询室里的玛丽·海伦看上去焦躁不安,仿佛承受着极大的精神压力。她常常失眠,而且精神涣散、脾气暴躁。她对自己的技穷感到生气,在他人面前承认自己的失败更使她感到愤怒,其实她不是不知道自己的问题所在,只是一时脑筋转不过来罢了。从她进门的第一句话"太多了",就已经说明了一切。在接下来进行的诊查过程里,医生确定她并没有潜在性的精神异常现象,也没有失去平衡能力的精神衰弱症状以及到了中年时期突发的遗传性功能障碍,更没有无可挽救的婚姻危机。超重的生活是她唯一的问题。超重的生活?当然这是最简略的说法。虽然这种问题大家或许早已耳熟能详,但对其所能造成的广泛、深刻及长期的纠缠和伤害,却仍然没有清晰的认识。现代社会里超重造成的压力,如同其他潜伏在今日生活中的危机一样，正逐步地吞噬着我们。它不仅具有极大的破坏力，重者甚至威胁我们的生命。

现实生活中你也有像玛丽·海伦的因讲求高速度和高品质的生活而被击倒或麻木吗？你是否常因拥塞的时间表而被迫放弃自己真正想做的事呢？你是否因有太多要做和该做的事而无法为自己保留点空闲时间？你是否已开始发现那些正常的、实在的、感觉满足的娱乐生活却离你越来越远呢……

面对如此多的超重问题，我们应该学会放松自己的心态，在今天这个事事瞬息万变，即时传递的电子邮件漫天飞舞的世界里，大部分人和玛丽·海伦一样，面对生活里超重的压力不胜负荷。的确，在后现代社会生存，超重的生活正是事业成功者最大的挑战。这些人的生活里充满太多亟待解决的问题，太多需要分心的事物，太多的噪声，太多的邀约，以及太多的机会和选择。可用的时间和精力没有变，需要他们件件照顾周到的事情却很多。至少在潜意识里，我们都有过相同的感觉：生活里的选择、需求和各式各样复杂的事物，随着时间在年年不停地增加。新的一年里，总是会有更多将要扮演的角色，更多必须做的事，更多需要去的地方和更多想要或必须达到的目标。但一天却只有24个小时，一年依旧遵行着12个月的周期。迎面而来的事物越来越多，但完成这些事物所需的时间和精力，即使在最完美的情况下，也只能维持与过去相同的数量和状态。

我们还可以看出玛丽·海伦问题所在——"生活里要应付的实在太多，我根本无能为力。"——她还是犯了两项大错：第一，她认为情况并非十分严重；第二，她感觉不到摆在眼前的是项全新的挑战。反之，她觉得这只不过是一种厌倦压力的反弹情绪，相信自己有绝对的能力可以应付。这种态度正是有超重问题的病人的关键特征——认为问题会自然消失，仿佛它们从未存在过。如果问题会说话，那应该是种友善的问候："我只是你们在生活中习以为常的小麻烦，你们绝对有能力制服我的。"事实上我们根本无能为力，而相信自己有能力正是促使问题恶化的原因之一。若问人们为什么不能及早发现自己生活超重的问题，答案是显而易见的——你把问题的本质遮掩起来，就会因看不清楚而错认它是不重要的小事。我们都和玛丽·海伦一样的心态，告诉自己"问题并不严重"，因为

它看起来就像是由于忙碌而复发的老问题，过去我们总是可以找到自己适用的解决办法，因此我们便忽略了它的严重性和破坏力。

超重问题由来已久。我们在孩童及青少年时代所学到的应对生活负担的方法，早已无法应付现代社会的挑战。超重问题到今天已经改头换面，成为一种全新的挑战。就似由大量性质相同的小麻烦堆积成的问题，早已不再只是很多的小麻烦，而是变质成为截然不同的新问题。这就像是石头堆积而成山岭的演化过程。一堆岩石随时间推移逐渐形成一座山岭，从此便不再只是岩石。石头是在什么时候变成山岭的呢？很难回答最高处的那块石头，是否正是构成山岭的最后一块，或者还得再加上几块才算最后成功这样的问题，我们很难察觉得到其中由量变到质变的关键时刻。生活的超重也是如此，它必须经过一段漫长的时间，逐步累积才能形成。对绝大部分的人来说，超重的生活压力累积成山的关键时间，早已是过去的历史，无可考究。那些原本如小石头般简单的问题，现在已经高堆成难以跨越的山峰。你必须承认竖立在眼前的是一座前所未见的山岭，你若想征服它，就必须有一套与过去截然不同的策略。原本跨越一堆岩石的方法，和现在征服一座山岭的策略就不能相提并论。我们面对超重生活也应该如此。就好比你有一双坚固的鞋子就能让你轻易地跨过石堆，但你要征服壮丽的山峰，就必须有骁勇的斗志、完备的绳索工具和特殊的技巧训练。就如同展翅高飞的大鹏，只有具备很强的能力，才能顺利飞往南海。

对于聪明、能干、风趣的玛丽·海伦来说她看不出摆在眼前的不再只是一堆纠结不清的麻烦事，已变成前所未见的新问题。事实上，她面临的是一座极具挑战性的陌生山岭，而不再是昔日她多次轻易跨越的小石堆。这便是现在的玛丽·海伦必须正视的问题。人们一直用清理石堆的老方法来解决生活超重的新问题，因此，玛丽·海伦的困窘同样也会发生在其他人的身上。因为我们不断地加快生活的步伐，让自己处于超负荷的压力之下，过度的疲劳终于使我们再也无力去解决眼前更严酷的问题及挑战。

我们必须重新出发，试着放弃生活所带来的种种压力，轻松上阵，开始新的生活。

## 不要被虚名左右

**【原文】** 至人无己,神人无功,圣人无名。

**【大意】** 修养最高的人忘掉自我,修养较高的人无意追求功业,有学问道德的人无意追求名声。

"至人无己,神人无功,圣人无名"这句话告诉我们,做人应不为名誉、金钱地位所累,则人间自有逍遥在,那就是——品格修养极好的人,明白为人处世的最高道理,在他们看来,名利皆是虚浮之事,也是身外之物。

庄子的《逍遥游》中有这样一件事:

尧想把天下让给许由,说:"太阳和月亮都已升起来了,可是小小的烛火还不熄灭;它跟太阳和月亮的光亮相比,不是很难吗?雨及时降落了,可是还在不停地浇水灌地;人工灌溉对于整个大地的润泽,不显得徒劳吗?先生如果成为国君天下一定会获得大治,可是我还占居其位;我自己越来越觉得能力不够,请允许我把天下交给你。"

许由说:"你治理天下,天下已经获得了大治,如果我替代你,我将为了名声吗?'名'是'实'所派生出来的次要东西,我将去追求这次要的东西吗?鹪鹩在深林中筑巢,不过占用一棵树枝;鼹鼠到大河边饮水,不过喝满肚子。你还是打消念头回去吧,天下对于我来说并没有什么用处啊!厨师即使不下厨,祭祀主持人也不会越俎代庖的!"

名誉有虚实之分,有些人的名誉不是通过自己的努力得来的,而是通过投机取巧,蒙混过关,得一虚名,招摇过市,终有一日这种虚名就会被人戳穿而狼狈不堪,滥竽充数的东郭先生就是这种人的代表。

现在还有一种人是靠着手中的权势自封名誉光圈,什么先进工作者、什么模范等,现在都成了机关单位某些领导的专用称号,所有的光环都要

套在自己的脖子上，这样才像个人物。比如成克杰、胡长清等都是各种名誉的获得者和享受者，但是终究成为人民的千古罪人，戴在他们脖子上的名誉光环，最后成了他们罪行的绞索。

荣誉是一个人在生活中的价值得到公众的承认，是社会根据他的贡献馈赠给他的，不是你可以伸手要到的，明白了这个道理，你才能够最终获得荣誉。

赫尔墨斯是古希腊神话中天神宙斯的儿子，是专管天下商业的神灵，就像中国的财神爷一样，他想考证一下他自己在人间百姓中的地位有多高，就来到人间。一天，他化装成顾客来到一家雕刻店，指着宙斯的头像，问店主："这个值多少钱？"店主告诉他值七赫拉，他又走到自己的头像前，心想，我是商业的主管神，价值一定比宙斯的高，于是他又问道："这个值多少钱？"店主指着宙斯的像说："假如你买那个，这个就算是添头，不要钱，白送。"赫尔墨斯本来想听听人们对他的赞赏，想了解一下自己在人间的地位有多高，也就是想知道他的名誉怎么样，没想到吃了一鼻子灰，讨了个没趣，只好灰溜溜地走了。

宙斯的名誉是天神的功绩决定的，顶天立地，世人皆知，赫尔墨斯就想超过他，获得比他还高的名誉，那是不自量力，自取其辱。

还有一些人，为了追求名利名誉，不顾自己的死活，玩命地奋斗，不分白天和黑夜，最后虽然获得了自己想要的名利名誉，但是自己生命也耗完了，这实在是得不偿失。

为了追求虚幻的东西而失去了实在的生命，这对每个追求成功的人来说都是不可取的。

实实在在地生活，该做什么事就做什么事，不要为了一个虚名而活，也不要强求人家怎么看你，只要你做出了自己的贡献，只要你活得有价值，对别人有好处，你自然就会获得一定的名誉。如果为了名誉而活，那你就会感到活得很累，活得失去了自己，所以，不要让虚名左右你的人生。

## 不要让名利遮住眼睛

**【原文】** 名者，实之宾也。

**【大意】** 名是实的影子，是次要的。

庄子是一位追求自由、乐得逍遥的名士，对楚威王的赏识不为所动，宁愿做一条自由自在的鱼，也不愿沾染名利。

古语有云："雁过留声，人过留名"，谁也不想默默无闻地过一辈子。自古以来胸怀大志者多把求名、求官、求利当作终生奋斗的三大目标。三者能有其一，对一般人来说已经终生无憾；如能尽遂人愿，更是幸运之极。然而，从辩证法角度看，有取必有舍，有进必有退，就是说有一得必有一失，任何获取都需要付出代价。问题在于，付出的值不值得。如果是为了公众事业、民族和国家的利益，为了家庭的和睦，为了自我人格的完善，付出多少都值；相反的付出越多越可怕。

因此在求取功名利禄的过程中，要少一点贪欲，多一点忍劲，莫为名利蒙蔽你的眼睛。

从现实来讲，求名并非什么坏事。一个人有名誉感就有了进取的动力；有名誉感的人同时也有羞耻感，不想玷污自己的名声。但是，什么事都不能过于追求，如果求名心太切，有时就会容易生邪念，走歪门。结果名誉没求来，反倒臭名远扬，遗臭万年。君子求善名，走善道，行善事。小人求虚名，弃君子之道，做小人勾当。古今中外，为求虚名不择手段，对已有的名气不满足，于是产生邪念。最终落得身败名裂的事例值得深思。

曾记：唐朝诗人宋之问，有一外甥叫刘希夷，很有才华，是一年轻有为的诗人。一日，希夷写了一首诗，曰《代白头吟》，拿到宋之问家中请舅舅指点。当希夷读到"古人无复洛阳东，今人还对落花风。年年

岁岁花相似,岁岁年年人不同"时,不禁连连称好,忙问此诗是否给他人看过,希夷告诉他刚刚写完,还不曾与人看。宋遂道:"你这诗中'年年岁岁花相似,岁岁年年人不同'两句,着实令人喜爱,如果他人不曾看过,就把它给我吧。"希夷说道:"这两句是我诗中之眼,如果把它去掉,全诗无味,万万不可。"晚上,宋之问便睡不着觉,翻来覆去只念这两句诗。

不觉暗想,如果此诗一面世,就是千古绝唱,名扬天下,一定要想办法让它属于自己。便起了歹意,命手下人将希夷活活害死。后来,宋之问获罪,先被流放到钦州,又被皇上勒令自杀,天下文人闻之,无不称快!刘禹锡说:"宋之问该死,这是老天对他的报应。"

宋之问在自己的领域中是很有建树的,如果不是被名利迷住心窍,遮住双眼,就不会走上沽名钓誉,欺世盗名之路。

有时,美名会从天而降,你会怎么办呢?我国著名的京剧演员关肃霜,有一天在报纸上看到一篇题为:"关肃霜等9名演员义务赡养失子老人"的报道,同时收到了报社寄来的中共湖北省委顾问李尔重写的"赞关肃霜等九同志义行之歌"的诗稿校样。这使她深感不安。原来,京剧演员于春海去世后,他的母亲和继父生活无靠,剧团的团支部书记何美珍提议大家捐款义务赡养老人,这一活动持续了二十三年,共捐款6000多元。关肃霜一开始并不知道,是后来参加的。但报道却把她说成了倡导者,这就违背了事实。关肃霜看到报道后,马上委托组织给报社复信,请求公开说明事实。李尔重也尊重关肃霜的意见,将诗题改成"赞云南省京剧院施沛、何美珍等26位同志"。

第二次世界大战期间,美军与日军在依洛吉岛展开激战,美军最后打败日军,把胜利的旗帜插在了岛上的主峰,心情激动的陆战队员们,在欢呼声中把那面胜利的旗帜撕成碎片分给大家,作为终生的纪念。这是一个非常有意义的场面,后赶来的记者打算把它拍照下来,就找来六名战士重新演出这一幕。其中有一名战士叫海斯,在战斗中表现极为一般,但由于这张照片的作用,使他成了英雄,并在国内得到一个又一个的荣誉,他的形象也开始印在邮票、香皂等上面,家乡也为他塑了雕像。此时他的心是极为矛盾的:一方面陶醉在赞扬声中,一方面又怕真相被揭露;同时,由于自己名不符实，总是处在内疚、自愧之中。所以每天就用酒来麻醉自己，终于，在一天夜里，他穿好军装，悄悄地离开了对他充满赞歌的人世。

面对同样飞来的美名，关肃霜和海斯的态度不同，结局也不相同。还是东坡先生说得好："苟非吾之所有，虽一毫而莫取。"美名美则美矣！对于那些有正义感，有良知的人，面对不该属于他的美名，受之可以，坦然却未必做得到！得到的是美名，却也是一座沉重的大山，一条捆缚自己的锁链，早晚会被压垮。不如像关肃霜，活得真实、轻松、自在、安然。

名利犹如孪生兄弟，彼此相依，谁也离不开谁。现实中人有重名不重利者，自戏为散淡之人，人称清廉之士。有人重利不重名，讲究实惠，认为名誉好听不好吃，无用。有人追名逐利，什么也舍不得放下，总想名利双收。这三种人有三种人生观、名利观，哪个更高洁，更可取，不言而喻。人生无利则无以生存，无以养身，不能养身则无法立业。所以不能简单地把求利之人都视为小人，这要看为谁谋利和以怎样的手段谋利，获利后又怎样对待和利用所获取的利。如今，获利多少常常成为一个人价值大小的衡量标准。一个企业不赢利，说得再动听，仍旧没什么好名声；一个企业领导，只会搞花架子，却无创利本事，不是好领导。

如今的社会，人人离不开钱，什么事都得用钱，"有钱好办事"亦成了当下的口头禅。钱能给人们带来欢乐，使人们生活舒适安逸，免去饥寒交迫之苦，钱能给人带来自信，不必张口求人，使人们办事顺利。

钱财对于人来说很重要，但世界上还有比钱更重要的东西，那就是人的品格、德行。从古到今，有钱人很多，但人们将其记住的很少，而对那些古今德高望重的圣贤，人们却如数家珍，正如一位诗人所说："有的人死了，他还活着；有的人活着，他已经死了。"虽死犹生的人，不是他富有金钱，而是他富有高尚的道德精神。所以在利与义之间，君子的做法是舍利取义。

南宋文学家洪迈的《容斋随笔》中有这样一个故事：一年春天，有一个叫曾叔卿的人，因为家中穷得揭不开锅，便向亲友借钱买了一些坛子之

类的陶器，想要运到福建去卖，以便赚几个钱买米度日。正要走时，有人捎信给他说，福建遭水灾，民不聊生，他想陶器肯定没有人买，便暂时放在家中。一天，一个商人路过，买下了他所有的陶器，钱货两清后，曾叔卿却听说商人买陶器是为了运到福建去卖，就赶紧说："福建遭了水灾，谁还买陶器，你把陶器退给我吧。"买主被他的高尚行为所感动，推让了好一会儿，才收下钱走了。他的妻子看到好不容易到手的钱没了，便抱怨说："是人家登门来买，又已钱货两清，为什么要自请退货？如今家里正等着钱买米下锅，难道你不知道吗？"曾叔卿却笑着劝妻子说："做人贵在品节，损人利己的事切不可做。咱们宁可忍饥挨饿，也万不能唯利是图，把不好的事情推给别人。孟子说的'贫贱不能移'正是这个道理。贤妻不是常说要效法汉代贤女乐羊子妻劝夫上进吗？"妻子听了，破涕为笑，却又面带几分愧色。

曾叔卿知道舍利就意味着要忍饥挨饿，可是他为了别人不受损失，宁可忍受饥饿也把将要到手的钱退回去，为的是心安，是真正的忍利取义，不贪财，不被利迷惑。

在此我们并不反对人们赚钱发财，只是希望君子爱财，取之有道，通过正当的手段劳动致富，这样的钱财花着才安心。

在美国纽约自然博物馆里，陈列着一块数百公斤重的大石头，看上去很普通，可是仔细看，会发现这块石头有一个缺口，顺着缺口看进去，会发现里面是一块闪光耀眼的紫水晶。关于此石，有一个动人的故事。它本是扔在一个美国人院内的一块废石，因主人觉得它有碍观瞻，让人移走，在把它向车上搬运时，不小心掉到了地上，摔出了一个缺口，露出了里面包着的紫水晶，这是价值连城的宝物。当主人知道了真相后，很平静地说："这块石头，我本来就是要丢掉的。现在虽然发现它是宝物，想必是上帝的旨意，我一言既出，绝不反悔。我决定不占为己有，而将它送给博物馆，让更多的人来欣赏。"

故事虽简单却说明了一个道理：面对即将获得的利放弃也是一种收获，他得到了好的名声。宝物贵重，终可用金钱买到，而形象受损，万金难赎。这是人义所在，只有这样才能活得坦然。

这个人的做法，虽然是为维护自己的做人原则，但客观上起的作用却已超出了这一点。纽约自然博物馆每天不知要接待多少来自世界各地的游客，当人们来到这块石头前，听导游讲述了它的来历时，不管屋里多么喧哗，都会马上静下来，人们出神地望着它。这块石头里不仅包着一块水晶，还包着一颗比水晶还要贵重的水晶心。看到它，谁的心灵不会得到一次净化呢？面对名利，人们又会有怎样的想法呢？

第二章 生命不能承受之重

## 不要让嫉妒抹去快乐

【原文】人含其德，则天下不僻矣。

【大意】人人怀藏德行，天下就不会产生邪恶了。

庄子认为如果天下人都自觉遵守道德，有顺其自然的想法，不去强求外界，那么这个世界就会太平许多。

天下人除有食欲、性欲两项基本欲望外，还有对金钱欲、名利欲等一些欲望，这是由人的社会性所决定的。但是这些欲望和前两项比起来，并不是每个人都可以实现。成为有钱人或是名人，那只有非常少的人办得到，要拥有崇高的社会地位更不是那么容易。名来利往的世界中，又有多少成功人呢？

对于有钱人来说，金钱并非万能；对有名的人来说，出名并不全然都是好的。这些话一半是谦虚，一半则是事实。对那些原本就是有钱人而言，拥有金钱是很理所当然的事，所以自然可以把钱看得不重，这可能也是事实。但就那些既没有钱又没有名的人来看，他们会希望也有机会成为这样的人，这种念头是不可磨灭的事实。就像可以实现的欲望看起来通常都很小，但不能实现的欲望却很大。

嫉妒往往被认为是一种很低级的行为，但我却认为，嫉妒其实是一种很正常的情感，也是拥有健康心态的证据。看见自己很想做的事，别人可以轻易就完成，因而出现嫉妒的情绪，但却不至于造成别人的困扰。

如果你的嫉妒，让人生充斥着不满的情绪，那你是绝对无法享有快乐的生活。如果可以将嫉妒的负面情绪转换成正面，反而就成了快乐生活的出发点。

嫉妒是有一定范畴的。很不可思议的是，人很少对那些和自己拥有极大才智差异的人或是和自己境遇不同的人产生嫉妒。一般人大概不会对拿到奥运金牌的选手嫉妒，而会嫉妒拿到金牌的人都是那些自己想拿金牌却又拿不到的人。

嫉妒往往在身边时有发生。住在隔壁的邻居买了一辆奔驰车；和你同时期进公司的人突然三级跳，成了你的顶头上司；自己的朋友竟然和帅哥或美女谈起了恋爱，有些人都是对这种事会出现嫉妒的情绪。

人的欲望嫉妒有时会实现的，即反过来说，那些会让人嫉妒的欲望，只要去努力或许是可以实现的。因此，如果你只是在那里嫉妒却不努力，是不可能拥有金钱、地位和幸福的。试着把嫉妒转换成努力的动力，嫉妒对你的人生而言，绝对会有正面作用。

如果你的努力无法完成你的人生目标，即也就只有放弃这件事，再寻找其他可以让你快乐的事。放弃那些很难舍弃的欲望，或许可以让你成长。

但是，嫉妒别人代表不了自己努力去实现自己生命的价值。毕竟人不能靠嫉妒来推动生命，也不会因嫉妒而停止运行。

不过有一句话说：天妒英才，可见才华也是令人嫉妒的一大方面。

平凡人眼中的天才拥有令全天下注目的眼光，让人非常羡慕。想必很多人都曾不只一次想过，如果自己也是个天才就好了。可是天才也有自身的烦恼。

天才的烦恼是平凡人无法想象的。哲学家尼采写过《查拉图斯特拉如是说》等许多著作，在哲学范畴中被视为是绝无仅有的天才。但是在他生前他的著作根本都卖不出去，到了晚年甚至还发疯了。数学家哥岱尔提出很多重要的定律，可以说是20世纪以来数学界的大天才。但他体弱多病，也不喜欢与人交往，甚至连学会为他举办的60岁寿庆活动都没有出席。这是一般人无法理解的，也是难以做到的。

现在你还嫉妒天才吗？或许你有了新的想法？想要成为天才，却又不想要拥有不幸，这似乎不大可能。除了少数特例，天才好像都不是那么的幸福，这就是天才和一般人不同的地方，这或许是上天的安排吧！

一项能力测验显示，不管是算术、跑步，无论哪一种，测验结果大都可以得到正规分布的曲线。普通人的平均值大概在50，能力好的可以到70~80，比较差的在20~30。在平均值两个极端的，就可视为异常。人类身

体和大脑的基本构造都是相同的，排除脑部受损的状况，所谓的异常，是大脑的运作方式不一样。

大脑运作方式上的差异，造就出不同的思维逻辑。反过来说，天才的大脑无法像一般人的运作模式，因此他可以能人所不能，但常人会的事有的他也不会做。

天才，或是拥有过人才智的人，通常在其他才能方面缺损的可能性很高。会十位数乘法心算的人，可能是个生活白痴，天才也有平凡人所无法想象的烦恼。

所以不必去嫉妒别人，看清自己，会活得更加轻松自在。

## 走出心灵的樊笼

【原文】近死之心,莫使复阳也。

【大意】他们心灵闭塞好像被绳索缚住,这说明他们衰老颓败,没法使他们恢复生气。

庄子极力推崇逍遥之道,做人的心境要开阔自由,无拘无束。

生活中大道理容易明白,事情做不好常有,而人善于给自己做一个心灵的笼子,却出不来。

有个被砍断了脚趾的鲁国人,前去拜见孔子。孔子却责备他说:

"你做事很不谨慎,犯了过错才像这样遭受刑罚,现在即使求教圣贤,可是怎么能够追回以往呢!"

那人说:"我就是因为不懂世事人情的复杂,便轻率地投身社会,所以才被砍去脚趾的。现在我来到您这里,就是认定世上还有比脚趾更宝贵的东西存在,所以我想竭力保全它。天可覆盖一切,地可容纳所有。我把先生视为覆纳全部的天地,想不到先生这样计较外在形骸,真令人失望!"

孔子马上意识到自己的精神正陷入一个自我制造的笼子里,赶紧说:"孔丘实在太浅陋了,先生何不深细地给我指点一番大道呢?"

那人什么都没说,转身就离去了。孔子长叹说:"弟子们,要努力啊!这个断了脚趾的人尚且努力学习,以弥补自己残形的不足,何况健全的人呢!"

那人后来对老子说:"孔丘作为一个德才完美的人来说,还差得远哩!他干吗总是装得彬彬有礼、摆出一副好学慕道的样子呢?他大概是希望通过这装模作样获取声誉,使自己名扬天下吧!难道不知道至人把声望当作是束缚自己的人生枷锁吗?"

老子说:"你怎么不直截了当地指教他,让他走出心灵的樊笼呢?"

那人摇摇头说:"不可能!这似乎是老天对人的一种惩罚啊。"

正如那个失去脚趾的人所说,人善于让自己的心处于牢笼之中,让自己承受各种压力,其实不如走出心灵的樊笼、仰望于天地之间,活得潇洒,况且做事身心轻松,成功的概率就增长了几分。

当你为拥有一幢豪华别墅、一辆漂亮小汽车而加班加点地拼命工作,每天晚上在电视机旁疲惫地倒下;或者是为了一次小小的提升,而默默忍受上司苛刻的指责,并一年到头赔尽笑脸;为了无休无止的约会,精心装扮,强颜欢笑,到头来回家面对的只是一个孤独的自己之时,你是否应该静下心来理理思绪,它们真的那么重要吗?

在口头上,绝大多数人都希望自己的生活能够快乐,但是他们真能做到吗?毫无疑问,这是一个大大的问号。为什么呢?因为大家都会被实实在在的生活压得喘不过气来,甚至头晕眼花。著名捷克作家米兰·昆德拉有一句名言:"承受生命之重",实际上绝大多数人不堪承受生命之重,因为他们被占有物质财富——好房、名车、高收入、高消费等的欲望折磨得疲惫不堪。其实,物质财富并不像很多人想象的那样重要。事实上,有许许多多的人是在令人难以察觉的绝望状态下生活的。这种情况在发达的西方国家,情况尤为严重。

一项统计显示,在美国社会中,一对夫妻一天当中只有12分钟时间进行交流和沟通;一周之内父母只有40分钟与子女相处;约有一半的人处于睡眠不足的状态;时间的危机实际上是感情的危机。大家好像每天都在为一些大事疯狂地忙碌,然后疲惫不堪,没有时间顾及其他。大家都在劳动,都在创造,但是,生活真的变好了吗?

美国心理学家戴维·迈尔斯和埃德·迪纳已经证明,物质财富是一种很差的衡量快乐的标准。人们并没有随着社会财富的增加而变得更加快乐。在大多数国家,收入和快乐的相关性是可以忽略不计的;只有在最贫穷的国家里,收入才是适宜的标准。

抛开这些抽象的理论不说,物质财富的进步有时却使人们作茧自缚。比如,电话、传真、电子邮件已经成为许多工作不可缺少的帮手,不过,如果每天的工作都是面对源源不绝的电子信息,就很可能产生"信息疲乏并发症"。许多企业界的经理人和信息业的工作者抱怨,每天必须接听的电话和处理电子邮件造成精神上莫大的压力,"信息疲乏并发症"甚至会造成长期失眠,严重影响健康。至于伴随文明发展而来的噪声、污染等问题则更是尽人皆知的。

那么快乐是什么?快乐来源于"简单生活",而不是起重的生活。物质财富只是外在的荣光,真正的快乐来自于发现真实独特的自我,保持心灵的宁静。

有人问:不超重的生活是否意味着苦行僧般的清苦生活,辞去待遇优厚的工作;靠微薄存款过活,并清心寡欲?其实并非如此,就像你有丰富的存款,如果你喜欢,那就不要失去,重要的是要做到收支平衡,不要让金钱给你带来焦虑。

无论是中产阶级,还是收入微薄的退休工人,都可以生活得尽量悠闲、舒适,走出心理的牢笼,不要让自己的生活感到压抑。

如果你能走出心灵的禁锢,即使你没有海滨前华丽的别墅,而只是租了一套干净漂亮的公寓,这样你就能节省一大笔钱来做自己喜欢的事,比如旅行或者是买上早就梦想已久的摄影机。你也再用不着在上司面前唯唯诺诺,你自己就是自己的主人,提升并不是唯一能证明自己的方式,很多人从事半日制工作或者是自由职业,这样他们就有更多的时间由自己支配。而且如果你不是那么忙,能推去那些不必要的应酬,你将可以和家人、朋友交谈,分享一个美妙的晚上。

请记住不要总是把拥有物质的多少、外表形象的好坏看得过于重要,用金钱、精力和时间换取一种有目共睹的优越生活,却没有察觉自己的内心在一天天枯萎。

事实上,心灵的笼子是自己套上去的,走不出那种所谓的虚荣浮华,你就会活得很累,同时,也容易将自己丢失,让自己活得快乐一些吧,因为快乐才是你来人世的根本目的。

打开你闭塞的心,恢复你原有的心灵,轻松上阵,快乐会永远伴随着你。

## 放得下的快乐

【原文】故九万里,则风斯在下矣。

【大意】所以鹏高飞九万里,那风就在它的下面。

庄子认为鹏之所以能高飞九万里,是因为它有放得下的勇气,也只有对原来的放弃,才成就它高于风的境界,找到了真正的快乐。

最聪明的人不是硬着头皮去做自己难以完成的事,而是舍得放得下然后去寻找新的可能。

古语有云:"宠辱不惊,看庭前花开花落;去留无意,望天上云卷云舒。"这句话就体现了"放得下"的快乐,现代人如果学会"放得下"来给自己增加点心理弹性,就会在生活中少一份烦恼,多一份快乐。我们常说一个人要拿得起,放得下。而在付诸行动时,"拿得起"容易,"放得下"难。所谓"放得下",是指心理状态,就是遇到"千斤重担压心头"时也能把心理上的重压卸掉,使之轻松自如。

生活中我们会遇到许多事情,像子女升学,家长的心就首先放不下,又比如老公升官或者发财啦,老婆也会忐忑不安放不下心,怕男人有钱变坏了;再如遇到挫折、失落或者因说错话、做错事受到上级和同事指责,以及好心被人误解受到委屈,心里的结解不开,放不下等等,总之有些人就是这也放不下,那也放不下,想这想那,愁这愁那,心事不断,愁肠百结。长此以往,就会产生心理疲劳,乃至发展为心理障碍。

英国科学家贝佛里奇指出:"疲劳过度的人是在追逐死亡。"我国唐代著名医药家、养生学家孙思邈,享年102岁他在论述养生良方时说:"养生之道,常欲小劳,但莫大疲,莫忧思,莫大怒,莫悲愁,莫大惧,勿把愤恨耿耿于怀。"都在告诫人们心理负担有损于健康和寿命。事实也是如此,许多人之所以感到生活很累,无精打采,未老先衰,就因为习惯于将一些事情吊在心里放不下来，结果在心里刻上一条又一条"皱纹"，把"心"折腾得劳而又老。

面对此种状况，最简单可行的方法就是"放得下"。"不管风吹浪打，胜似闲庭信步。"

"放得下"主要指以下几方面：

1. 财富

李白在《将进酒》诗中写道："天生我材必有用，千金散尽还复来。"如能在这方面放得下，那可称是非常潇洒的"放"。

2. 情感

人世间最说不清道不明的就是一个"情"字。凡是陷入感情纠葛的人，往往会理智失控，剪不断，理还乱。若能在情感方面放得下，可称是理智的"放"。

3. 名利

据专家分析，高智商、思维型的人，患心理障碍的比率相对较高。其主要原因在于他们一般都喜欢争强好胜，对名看得较重，有的甚至爱"名"如命，累得死去活来。倘若能对"名"放得下，就称得上是超脱的"放"。

4. 忧愁

生活中令人忧愁的事很多，就像宋朝女词人李清照所说的："才下眉头，却上心头。"忧愁可说是妨害健康的"常见病，多发病"。泰戈尔说："世界上的事情最好是一笑了之，不必用眼泪去冲洗。"

许多东西我们是放不下的，也不想放。如果能对忧愁放得下，那就可称是幸福的"放"，因为没有忧愁的确是一种幸福。当你把自己的快乐带给别人时，你会觉得其实在这个地球中还是有许多快乐的事情的。

无论什么理由，怀恨总是不值得的。潜留在我们内心里的侮辱，永远难以平复的创伤，都能损坏我们生活中的许多可爱的事物，我们被锁在自己的苦恼之渊里，甚至无法为别人的幸运而感到愉快。怨恨就像毒素一样，影响、侵蚀着我们的生命。

怀恨常会产生头痛、消化不良、失眠和严重的疲倦等病理症状。一所权威的医学院曾经做过一个调查，调查报告中说与心情较为愉快的人相比，心存怨恨的人更会经常进医院。医务人员所做的试验显示，患心脏病

的人常常不是工作辛劳的人，而是抱怨工作辛劳的人；最足以引起高血压的原因，莫过于外表好像很安静，内心里却被强烈的怨恨所煎熬。

怨恨有时会造成意外事件。交通问题专家曾提醒说："发怒的时候永远不要开车。"心里总是惦记着丈夫不懂得体贴的妇女，比起那些心里毫无杂念的妇女，更容易在家里发生意外事件。

相反的，爱和同情则有激发活力的作用。正如一位健康学博士所说的那样："宽宏大量乃是一副良药。"

如何消除怨恨情绪：首先要确定怨恨情绪的来源。如果我们能坦白地检讨，那么十次之中有九次，我们会发现，其实怨恨很多是来源于我们自己这方面的，忽略自己的缺陷与弱点，乃是人之常情；在任何可能的时候，我们总会把自己的短处变成别人的错处，然后加以无名的怨恨。

"这是个很奇怪的现象。"心理学家说，"我们自己的过错好像比别人的过错要轻微得多。我想，这是由于我们完全了解有关犯下错误的一切情形，于是对自己多少会心存原谅，而对别人的错误则不可能如此。"

其次，便是学会忘记它。有理智的人并不仅仅限于把宿怨淘净，他们还经常用新的梦想和热诚，填进他们生活中的洼地。所以，要想忘记自己，最好的方法便是帮助别人。

在这个充满诱惑的世界里，每个人，都会有很多的理想、憧憬和追求。然而，现实生活却告诉我们：必须学会人生的另一课——放得下！

放得下是一种智慧。汉代大文学家司马相如所著《谏猎书》曾说："明者远见于未萌，而智者避危于未形。"越王勾践卧薪尝胆的故事说明了这一问题。最终，勾践率领大军灭了吴国，做了春秋时期最后一位霸主。是因为他懂得暂时的放下是为了日后的崛起。

生活中，也需有放弃的智慧。当你与人发生矛盾或冲突时，只要不是什么大的原则问题，你完全可以放弃争强好胜的心理，甚至甘拜下风，这样就可能化干戈为玉帛，避免两败俱伤。因为争论的结果，十有八九是使双方比以前更加相信自己是绝对正确的；当你在家庭生活中发生摩擦时，放弃争执，保持缄默，就可以唤起对方的恻隐之心，使家庭保持和睦温馨。

放得下是一种清醒。晋代陆机《猛虎行》上说："渴不饮盗泉水，热不息恶木阴。"讲的就是在诱惑面前要放得下，保持清醒。以虎门销烟闻名中外的清朝封疆大吏林则徐，便深谙放得下的道理。他以"无欲则刚"为座右铭，历官四十年，在权力、金钱、美色面前做到了洁身自好。并教育他的两个儿子"切勿仰仗乃父的势力"，实则也是本人处世的准则；他在《自定分析家产书》中说："田地家产折价三百银有零"、"况且下均无现银可分"，其廉洁之状可见一斑。他终其一生，从来没有沾染拥妓纳妾之俗，在高官重臣之中恐怕也是少见的。

在物欲横流的今天，摆在每个人面前的诱惑实在太多，保持清醒的头脑是必要的，如果抓住想要的东西不放，甚至贪得无厌，就会带来无尽的压力、痛苦不安，甚至毁灭自己……

在放与不放之间往往难以取舍，这就需要巨大的勇气。

从前有个书生，因一度相爱的人嫁给了别人而一病不起，家人用尽各种办法都无济于事，眼看他奄奄一息。这时路过一游方僧人，得知情况，决定点化他一下。僧人走到书生床前，从怀里摸出一面镜子，叫书生看。书生看到茫茫大海，一名遇害的女子衣不蔽体地躺在海滩上。路过一人，看一眼，摇摇头，走了……又路过一人，将衣服脱下，给尸体盖上，走了……再路过一人，过去，挖个坑，小心翼翼地将尸体掩埋了。

书生不明所以。

僧人解释道，"那具海滩上的女尸，好比是你爱的女人。你，好比是那第二个路过的人，你们之间的爱只是一件衣服的恩情与缘分，而那个最后将她掩埋的人，才是她想要与之一生一世的人，因为在过来过往的人当中，只有他一个人给了她彻底的体恤，永久的心安。"

书生大悟，刷地一下从床上坐起来，病愈。

学会放得下，就是知道自己在摸到一张臭牌时，不要再希望这一盘是赢家。歇口气，下回再来。

学会放得下，就似在陷进泥塘里的时候，知道及时爬起来，远远地离开那个泥塘。学会放得下就似发现上错了公交车，能及时下车，另坐一辆。有人说，这个谁不会呀！可是你真的学会了吗？

学会放弃，如同大鹏懂得放弃它所依赖的风，这样你才会飞得更高，走得更远，才会找到真正的快乐。

# 人生需用心感受

**【原文】**终身役役而不见其成功,苶然疲役而不知其所归,可不哀耶!

**【大意】**终身承受役使却看不到自己的成功,一辈子困顿疲劳却不知道自己的归宿,这能不悲哀吗?

庄子认为一个人不应该只从一个角度去看待身边的事物,应从多角度去考虑问题,这样的人生才不会悲哀。

万事万物总有好的一面和不好的一面,关键在于你选择的角度,本杰明·富兰克林的成功激励了一代又一代美国人。富兰克林说:世界上有两种人,他们的健康、财富以及生活上的各种享受大致相同,结果,一种人是幸福的,而另一种却得不到幸福。他们对物、对人和对事的观点不同,那些观点对于他们心灵上的影响因此也不同,苦乐的分界主要也就在于此。

生活给予我们的往往都是两个方面。不论处于什么地位,总是有顺利和不顺利的经历;不论在什么交际场合,所接触到的人物和谈吐,总有讨人喜欢的和不讨人喜欢的;不论在什么地方的餐桌上,酒肉的味道总是有可口的和不可口的,菜肴也是做得有好有坏;不论在什么地带,天气总是有晴有雨;不论什么政府,它的法律总是有好的,也有不好的,而法律的施行也是有好有坏。天才所写的诗文有美点,但也总可以找到若干瑕疵;差不多每个人的脸上,总可找到优点和缺陷;差不多每个人都有他的长处和短处。但不同的人注意目标也不同。乐观的人所注意的是顺利的际遇、谈话之中有趣的部分、精制的佳肴、美味的好酒、晴朗的天气等,同时尽情享乐。悲观的人所想的和所谈的却只是坏的一面,因此他们永远感到怏怏不乐,他们的言论在社交场所既大煞风景,又得罪人,使他们到处和别人格格不入。

如果你想快乐，就把注意的焦点放在曾经使你快乐的事情上，不管是跟你的家人、朋友或任何人都行。或者把注意的焦点放在未来的美梦上，提早感受你将来成功时的兴奋与快乐，那可以带给你拿出行动去付诸实际的干劲。

如果你去参加宴会时，随身带了一台摄影机。整个晚上，若是你把镜头一直对向大厅左侧一对在争吵的夫妻身上，是不是连带着自己的心情也糟透了呢？由于你一直看着他们争吵，心情也会不好，从而会产生这样的念头："真是糟糕的一对，好好的宴会都被破坏了。"

但是你若换个焦点在大厅的右侧，那里围坐着一群高声谈笑的来宾，这时若有人过来同你攀谈你对这场宴会的感觉，相信你一定会这么说："噢，这场宴会真是棒极了！"

富兰克林说："我们一生有太多地方可以去注意，随便你怎么去看，但为何偏偏就是有那么多人只看消极的那一面呢？"

因此，人应该善于以欣赏的心情从积极的角度去看问题。

生活中的阿尔·马丁内斯性情急躁，缺乏耐心。如果他提出的要求得不到快速答复，就会大发雷霆。他办事不超过规定期限，只要约定时间，绝不迟到；在超级市场排队付款时，谁也别想在他前面插队。通过前面的介绍，你应该可以想象出，当马丁内斯遇到一次交通阻塞时，可能会有怎样反应了。

在加利福尼亚州南部离马丁内斯家不远的一条盘山公路上发生了这样一件事。一位年轻人在一个路障前拦住马丁内斯的车，告诉他，大约要等半小时。

"为什么？"马丁内斯质问道。

"前面在挖沟铺水管。"年轻人回答。

"挖它的鬼沟！"马丁内斯叫道，挂上了低挡。

年轻人耸耸肩："你会被挖掘机压烂的。"

一听这话马丁内斯马上冷静了，心想："他可能是对的。我虽不能确切知道挖掘机的威力，但我肯定不愿被这种东西压成肉饼。"

接下来的5分钟使马丁内斯备感难受：一会翻翻公文包里的纸，一会听听收音机，一会儿又掏掏钱包。他打开汽车仪表板上的小柜，把里面的

东西一股脑儿拿出来，又一件件放回去。他叹着气，眼望车窗外。

很多车在后面排起了长队。司机们开始下车。对，下来走走倒不错，总比待在车里强。

"今天早晨真美。"这是位老人，刚才一直坐在一辆旧货车里，这会儿和马丁内斯一起在路边闲逛。他上身穿件方格衬衫，下身穿一条细斜纹裤。

马丁内斯抬起头，望望四周。圣莫尼卡山被薄雾笼罩着，在蓝天的衬托下，呈现出条条银线。空气里带有一股秋天的清新气息。"是不错。"他说。

"下大雨时，瀑布就从那边下来。"老人继续说，手指一处悬崖峭壁。马丁内斯模模糊糊记起曾见过凶猛的瀑布从那悬崖边落下，溅起水花。当时自己一定是急着去什么地方路过那里，却无暇顾及美景。

一位小姐从车里钻出头，问道："山里有小路吗？"

老人笑着说："多得是！我在山里生活了22年，还有好多小路没走过呢。"

马丁内斯又记起州公园里有一个凉快的地方。在一个能热昏人的夏日，他非常偶然地发现了那个地方。那里树荫覆盖，阳光经过过滤，已无灼感。这使他感到以前从未有过的安宁。现在，每当想起那个地方，马丁内斯还总觉得不是真的。

"你看到小狼了吗？"一个穿西服戴领带的小伙子往前指着，想引起小姐的注意。"就在那儿！"

"我看见了。"小姐突然叫道。

小伙子很得意："冬天就要来了，"他解释道，"狼可能在寻找食物过冬。"

"看好你的猫！"另一个妇女叫道。大家一下子都笑了。

许多被阻的开车人沿着路边聚集在一起。一些人照起相来。等待竟转变成了一项活动。这又使马丁内斯想起在邻里之间发生的事。

那是最近的一场水灾。路面被冲坏，电力中断。人们都从房子里出来聊天。一些人借着灯笼的光喝酒，并点起火堆做起饭来。

马丁内斯不由得想：是什么使我们谈起话来？是什么使我们聚在一起，在狂风怒号和交通阻塞时形成了小联盟？我们彼此在一起的时间太少了？

这时守护路障的年轻人用步话机喊道:"好啦,路通了。"

马丁内斯看了看表,已经过去 55 分钟。他真不敢相信自己竟能等这么长时间而不发疯。

一辆辆车的引擎发动了。马丁内斯看到那个年轻小姐递给穿西服戴领带的小伙子一张纸条。或许有一天他们将一起在山上的小路上步行。

老人向马丁内斯招了招手,朝旧货车走去。

"嗨!"马丁内斯喊了一声。他转过身。

"你说得对,"马丁内斯说,"今天早晨真美。"

以欣赏的心情从积极的角度出发,用心态感受不同的人生——即使外界条件和境遇不是非常有利。

生活需用心去感受,无论它带给你的是什么,你都会发现活着是一种精彩。

## 欲望太重心难静

**【原文】** 其耆欲深者,其天机浅。

**【大意】** 凡是嗜好和欲望太深的人,他们天生的智慧就浅了。

庄子认为如果人的欲望太深,就会丢失智慧,那人天生快乐的源泉也就减少了。

物欲横流的世界,让许多人的心随之麻痹,只顾追求生活的利益,名誉地位,忘记了身边真正的幸福,作家托尔斯泰曾讲过这样一个故事:有一个人想得到一块土地,地主就对他说:"清早,你从这里往外跑,跑一段就插个旗杆;只要你在太阳落山前赶回来,插上旗杆的地都归你。"那人就不要命地跑,太阳偏西了还不知足。太阳落山前,他是跑回来了,但人已精疲力竭,摔个跟头就再没起来。于是有人挖了个坑,就地埋了他。牧师在给这个人做祈祷的时候说:"一个人要多少土地呢?就这么大。"

人生的许多沮丧都是因为你得不到想要的东西。其实,我们辛辛苦苦地奔波劳碌,最终的结局不都是只剩下埋葬我们身体的那点土地吗?伊索说得好:"许多人想得到更多的东西,却把现在所拥有的也失去了。"这可以说是对得不偿失最好的诠释。

事实上,人人都有欲望,都想过美满幸福的生活,都希望丰衣足食,这是人之常情。但是,如果把这种欲望变成不正当的欲求,变成无止境的贪婪,就会在无形之中成为欲望的奴隶。在欲望的支配下,不得不为了权力,为了地位,为了金钱而削尖了脑袋向里钻。为此常常感到非常累,但是仍觉得不满足,因为在这些人看来,很多人比自己的生活更富足,很多人的权力比自己大。所以他们别无出路,只能硬着头皮往前冲,在无奈中透支着体力、精力与生命。

扪心自问,这样的生活,能不累吗!被欲望沉沉地压着,能不精疲力竭吗！静下心来想一想：有什么目标真的非要实现不可，又有什么东西值得用宝贵的生命去换取？朋友，斩除你过多的欲望吧，将一切欲望减少再减少，从而让真实的欲求浮现。

古人云："达亦不足贵，穷亦不足悲。"当年陶渊明荷锄自种，嵇叔夜树下苦修，两位虽为贫寒之士，但他们能于利不趋，于色不近，于失不馁，于得不骄。这样的生活，也不失为人生的一种极高境界！

地球在转，生命在不断延续，社会在不断发展，物欲无止境，可一个人的生命有限，耗费毕生精力追逐在欲望之中，人消失后又得到什么，也许你最终有所悟那只是一种看淡人世的冷笑——一切皆身外之物。

所以一个人的快乐，不是因为他拥有得多，而是他看待物欲的心态，一种至高的心境。

## 给责任包袱减压

**【原文】** 夫富者,苦身疾作,多积财而不得尽用,其为形也亦外矣。

**【大意】** 富人劳苦身体,勤勉劳动,积累了许多钱财而不能完全享用,这样对待身体岂不违反常性了吗?

庄子认为富人为了积累钱财,不顾自身的身体,即使最后拥有许多钱,但又不能完全享用,钱对他们来说,又有什么价值呢?所以,不要把过多的责任压到自己身上,找不到快乐。

生活中,常常听到有人抱怨活得太辛苦,压力太大,觉得生活了无生趣,其实,这往往是因为在没有衡量清楚自己的能力、兴趣、经验之前,便给自己在人生各个路段设下了过高的目标,这个目标不是根据个人实际情况制定的,而是通过和他人比较制定的,所以为了达到目标,每天都不得不背着沉重的包袱去生活,不得不忍受辛苦和疲惫的折磨。

人首先要为自己负责任。有的人不看实际情况,要求自己必须考上名牌大学,必须学热门专业,认为这是自己的责任,只有这样才算完美人生。许多大学毕业生不愿去基层,不愿去艰苦地区,就是因为他们人生的背篓中背负有太多的责任。这种以私利为出发点的个人抱负,已蜕变为一个包袱压在身上,让人喘不过气来。可有人却乐此不疲。

人们常说:"什么事都归咎于他人是不好的行为。"但许多人动不动就把错误归咎于自己,其实这也是不正确的观念。比如说有的人因孩子学习不好而整天苦恼,因孩子没考上大学而内疚。其实完全没有必要,因为作为家长你为孩子所做的只是外在的,孩子落榜会有许多原因,怎么能把责任全归到自己身上呢?再说,塞翁失马又焉知非福呢?指不定孩子能在其他方面有成就呢。

了解自己,做你自己,就不必勉强自己,不必掩饰自己,也不会因背负太重的责任包袱而扭曲自己。如此，就能少一些精神束缚，多几分心灵的舒展，就少一点自责，多几分人生的快乐。

有的人对自己和社会格格不入的个性感到相当烦恼，可是后来把它想成：这种个性是与生俱来的，是上天所赐予的，并非自己努力不够。如此一想，也就不再责备自己，不再烦恼了。

生活中有许多不快乐的抱怨、烦闷，对此应该让自己明智一点，不要用"高标准"去为难自己，卸掉自己背负的沉重包袱，不再折磨自己。

歌德曾经说过："责任就是对自己要求去做的事情有一种爱。"只有认清了在这个世界上要做的事情，认真去做自己喜爱的事，我们才会获得一种内在的平静和充实。知道自己的责任之所在，不要强加包袱在自己的身上，就能体会到人生旅途的快乐。

## 走出贪欲的坟墓

【原文】夫贵者,夜以继日,思虑善否,其为形也亦疏矣。

【大意】贵人,夜以继日地忧虑着保全厚禄和权位,这样对待自己的身体,岂不是太疏忽了吗?

庄子认为人不可以有太多贪欲,贵人已经拥有了厚禄和权位,却还整天忧虑,不注意自己的身体,没有快乐可言。

人没有贪欲时,往往会活得快乐,人一旦有了贪欲,即使你曾经是一个快乐的叫花子,也会走进贪欲的坟墓,不能自拔。

皮克是地球上最快乐的叫花子。

"我为什么不快乐呢?我每天都能讨到填饱肚子的食物,有时甚至还能讨到一截香肠;我每天还有这座破庙可以挡风遮雨;我不为其他的人做工,我是自己的上帝。我为什么不快乐呢?"皮克这样回答那些羡慕他的人。

可是有一天,皮克脸上的快乐突然丢失了。那是因为,一天,皮克在回破庙的路上捡到一袋金币,准确地说是99块金币。

捡到金币的那个晚上,皮克快乐得不得了。"我可以不做叫花子了,我有了99块金币!这够我吃一辈子啊!99块,哈!我得再数数。"皮克怕这是一个梦,皮克不敢睡觉。直到第二天太阳出来时他才相信这是真的。

第二天,皮克很晚也没有走出破庙,他要把这99块金币藏好,这真的需要费一番工夫。"这钱不能花,我得攒着。我要是拥有100块金币就好了。我要拥有100块金币。"从来没有什么理想的皮克现在开始有了理想。他还需要一块金币,这对一个叫花子来说,绝对是一个非常远大的理想。

中午皮克才出去讨饭,不!他开始讨钱,一分一分的。中午他很饿,他只讨了一点儿剩饭。下午,他很早就"收工"了,他得用更多的时间守着他的金币。"还差97分。"晚上他反复地数着他的金币,他开始忘记了饥饿。

一连几天,皮克都这样地度过。这样过日子的皮克就再也没有吃饱过,同时也再没有快乐过。讨饭越来越难。难的原因是别人愿意给剩饭而不愿给钱,还因为皮克用来讨钱的时间越来越少了,当然也因为他不快乐了,别人也不愿再施舍给他了。

"皮克,你为什么不快乐了?"

"咱是叫花子,快乐个啥!"

皮克越来越忧郁,越来越苦闷,也越来越瘦弱了。

终于有一天,皮克病倒了。这一病皮克几天也没有起来。在这几天里皮克就想着一件事:还差16分就100块金币了。

"皮克,你没有收到我的金币?!"突然,一个富商找到破庙里的生命垂危的皮克。

"什么?"皮克惊问。

"皮克,你的快乐,是你的快乐救过我。三年前,我在一次买卖中赔尽了家产。我正准备自杀,我见到了快乐的你,我明白了身无分文的人也能快乐地生活。

后来,我就东山再起了,赚了很多钱。那一次,我带着99块金币出来游玩,见到你,就把钱丢到了你要走的路上。可是你现在为什么还做叫花子呢?为什么不快乐呢?生了病为什么不拿钱去看医生呢?"

"我想拥有100块金币。还差16分,就差16分。"富商从腰里取出一块金币给他。皮克接过钱,把钱装进袋子里,然后又全部倒出来,很细心地数——他终于有100块金币了,对了还有84分。

皮克笑了,然后就昏倒了。

这时一个游僧路过这里,见到昏倒的皮克,向富商问明了情况,便说:

"这下,完了!"

"怎么了?"

"因为他有了99块金币的时候,就会希望有100块金币。这就是每个人都不可避免的贪欲,贪欲赶走了他的快乐。你要救他,你得向他索回那

99块金币,这样他或许有救。现在,你反倒满足了他的欲望,重病的他就失去了支撑下去的动力了。你开始时给他99块金币,你使世界上少了一个天使;你又给他一块金币,这就使世界上少了一个生命。"

富商试了试皮克的鼻子,皮克果然什么时候都不会快乐了。

叫花子本无太多欲望,但是一旦当他有了钱了,他反而有了贪欲,因为他还是一个平凡的人。

人不能没有欲望,没有欲望就没有前进的动力,但人却不能有贪欲,因为,贪欲是无底洞,你永远也填不满。想快乐的最好方法就是拥有叫花子的快乐心态不要被贪欲填满,做让自己快乐的事。

# 简单快乐的生活

**【原文】** 唯达者知通为一，为是不用而寓诸庸；因是已。已而不在其然，谓之道。

**【大意】** 只有通达的人才能了解这个通而为一的道理，因此他不用固执自己的成见而寓于各物；这就是因任自然的道理。顺着自然的路径行走而不知道它的所以然，这就叫作"道"。

庄子认为应顺着自然的路径走而不知道它的所以然，才是真正的简单快乐。

人人都想快乐生活，但快乐却不愿追随每个人，只有真正懂得生活的人才知晓快乐的真谛——简单。

你如何为简单下定义？或许它意味着有更多时间做你想做的事，而非把所有的事都塞在你每一分每一秒做。或许它意味着减少烦扰、工作、房子、船、别墅，以及堆在衣橱或储藏室、地下室、车库内的财物。或许简朴和你所有的无关，而是左右你该如何生活的原则——维持你应尽的义务，拥有你应有的财物，同时也奉行一套生活哲学，让你在地球上的时光更有意义、更有价值。

诗人爱默生说过："没有一件事比伟大更为简单；事实上，简单就是快乐。"

一个人未曾遭到日常琐事和焦虑的干扰，而简单地生活，这就是快乐。

简单应该是每个人的目标，生活在简单中的人，就能够朝目标迈进，不至于误入歧途，而使我们丧失自我的伟大一面。

当你剔除心中的各种物欲和焦虑时，你就生活在简单中。简单表示单一的目标、表示必须停止批评，尽力而为，绝非模仿别人或抹杀自我。

简单的意义，不是幻想生活而是面对生活，祈求心灵的宁静。何须费心寻觅呢？它不在千里之外的岛屿上，而是深存在你的心中。你期望在生命中得到什么？你愿虚有其表而使自我心像萎缩？还是愿意以简单求得内在的安宁，而使自我心像日益真实？

记住梭罗的话："我们的生命不应虚掷于琐碎之事。而应该尽量简单，尽量快乐。"

最能体现追求简单的生活，崇尚真正的自由的人莫如下面这个故事的主人公：

第欧根尼不是疯子，他是一个古代伟大的哲学家，通过戏剧、诗歌和散文的创作来阐述他的学说；他向那些愿意倾听的人传道；他拥有一批崇拜他的门徒，他言传身教地进行简单明了的教学。所有的人都应当自然地生活，他说，所谓自然的就是正常的而不可能是罪恶的或可耻的。抛开那些造作虚伪的习俗，摆脱那些繁文缛节和奢侈享受，只有这样，你才能过自由的生活。富有的人认为他占有宽敞的房子、华贵的衣服，还有马匹、仆人和银行存款。其实并非如此，他依赖它们，他得为这些东西操心，把一生的大部分精力都耗费在这上面。它们支配着他。他是它们的奴隶。为了攫取这些虚假浮华的东西，他出卖了自己的独立性，这唯一真实长久的东西。

第欧根尼躺在光溜溜的地上，赤着脚，胡子拉碴的，半裸着身子，模样活像个乞丐或疯子。可他就是他，而不是别的什么人。大清早，他随着初升的太阳睁开双眼，搔了搔痒，便像狗一样在路边忙开了他的"公事"。他在公共喷泉边抹了把脸，向路人讨了一块面包和几颗橄榄，然后蹲在地上大嚼起来，又掬起几捧泉水送入肚中。他没工作在身，也无家可归，是一个逍遥自在的人。街市上熙熙攘攘，到处是顾客、商人、奴隶、异邦人，这时他也会在其中转悠一两个钟头。人人都认识他，或者都听说过他。他们会问他一些尖刻的问题，而他也尖刻地回答。有时他们丢给他一些食物，他很有节制地道一声谢；有时他们恶作剧地扔给他石子，他破口大骂，毫不客气地回敬。他们拿不准他是不是疯了。他却认定他们疯了，只是他们的疯各有各的不同，他们令他感到好笑。此刻他正走回家去。

他没有房子，甚至连一个茅庐都没有。他认为人们为生活煞费苦心，过于讲究奢华。房子有什么用处？人不需要隐私；自然的行为并不可耻；

我们做着同样的事情，没什么必要把它们隐藏起来。人实在不需要床榻和椅子等诸如此类的家具，动物睡在地上也过着健康的生活。既然大自然没有给我们穿上适当的东西。那我们唯一需要的是一件御寒的衣服，某种躲避风雨的遮蔽。所以他拥有一条毯子——白天披在身上，晚上盖在身上，他睡在一个桶里，他的名字叫第欧根尼。人们称他为"狗"，把他的哲学叫作犬儒哲学。他一生大部分时光都在希腊的科林斯城邦度过，那是一个富裕、懒散、腐败的城市，他挖苦嘲讽那里的人们，偶尔也把矛头转向他们当中的某个人。

他的住所不是木材做成的，而是泥土做的储物桶。这是一个破桶，显然是人们弃之不用的。住这样的地方他并不是第一个，但他确实是第一个自愿这么做的人，这出乎众人的想法。

他就这样生活着，有些人这样说，因为他全然不顾社会规范，而且还朝他所鄙视的人咧嘴叫喊。此刻他正躺在阳光下，心满意足，乐悠悠，比波斯国王还要快活（他常这样自我吹嘘）。他知道他将有贵客来访，但仍然无动于衷。

马其顿国王、希腊的征服者亚历山大正在视察他新的王国。他到处受欢迎受尊崇受奉承。他是一代英雄。他新近被一致推举为远征军司令，准备向那古老、富饶而又腐败的亚洲进军。几乎人人都涌向科林斯，为的是向他祝贺，希望在他麾下效忠，甚至只是想看看他。唯独第欧根尼，他身居科林斯，却拒不觐见这位新君主。怀着亚里士多德教给他的宽宏大度，亚历山大决意造访第欧根尼。

亚历山大穿过两边闪开的人群走向"狗窝"，他走近的时候，所有的人都肃然起敬，第欧根尼只是一肘支着坐起来。国王进入每个地方，所有的人都向他鞠躬敬礼或欢呼致意，第欧根尼一声不吭。

一阵沉默。亚历山大先开口致以和蔼的问候。打量着那可怜的破桶，孤单的烂衫，还有躺在地上那个粗陋邋遢的形象，他说："第欧根尼，我能帮你忙吗？"

"能，"第欧根尼说，"站到一边去，你挡住了阳光。"

一阵惊愕的沉默。慢慢地，亚历山大转过身，沉默不语。几分钟后，他对着身边的人平静地说："假如我不是亚历山大，我一定做第欧根尼。"

因为亚历山大真正理解自由的含义。

不论你对简单下什么样的定义,其本质都是摆脱过剩的物质。你依然可以追求烹饪之乐,但却不必订数种美食杂志、累积收藏无数的食谱;你依然可以追求最新的时尚,但却不必同款鞋各买一色或买许许多多的领带;你依然可以买下别墅,却不必依平日家居的方式来布置它;你可以鼓励多交朋友,朋友却不必多到非得用名片检索的地步。

今天,请开始更简单的生活,不要理睬生活带给你的焦虑,不要让生活的繁杂压垮你本就不重的身体,也抛却你的所有物品,只取你所需要的,而非你所不可求的。

# 第三章 随风逍遥，快乐人生

逍遥，不是让你四处乱撞，无事可做，而是让你的心处于一种自由快乐的状态，忘掉那些所谓的世俗的烦恼，树立生活的信心，做一个随风逍遥的快乐人。

## 心性旷达，不被世俗左右

**【原文】** 弃世则无累，无累则正平。

**【大意】** 舍弃了世俗就没有劳累，没有劳累就会心正气平。

庄子说："弃世则无累，无累则正平。"他告诉我们如果摒弃了世俗之气，人就不会感到苦累，从而心性平和。

现实中有不少庄子式的人物，他们乐观、豁达、心地坦然。他们蔑视权贵、淡泊名利，不被世俗所左右，善于享受真正的生活，善于发掘蕴藏在生活中的无穷快乐。他们之所以总是充满着幸福和快乐，也许正是由于他们总是忙于从事各种最快乐的工作——他们那富有的心灵总是充满着创造的活力。

同样，如果我们对工作、对事业高度热爱，就不仅能喜爱自己有兴趣的事，而且能喜爱自己不得不做的事，等于一辈子都生活在幸福的天堂中。一家报纸曾举办一次有奖征答，题目是："在这个世界上谁最快乐？"获奖的答案是：正从事着自己喜爱的工作的人，是最快乐的。求乐与事业非但不矛盾，而且是和谐统一的。对工作有乐趣，可以得到快乐，事业成功了，可以得到更大的快乐。正如埃及著名作家艾尼斯·曼苏尔所说："事业成功本身，便是一种最大的快乐，最大的幸福，最大的力量。"因此，我们追求事业成功，就是追求最大的快乐。

很久以前，为了开辟新的街道，伦敦拆除了许多陈旧的楼房。然而新路却久久没能开工，旧楼房的废墟晾在那里，任凭日晒雨淋。有一天，一群自然科学家来到这里，他们发现，在这一片多年未见天日的旧地基上，这些日子里因为接触了春天的阳光雨露，竟长出了一片野花野草。

奇怪的是，其中有一些花草却是在英国从来没有见过的，它们通常只生长在地中海沿岸国家。这些被拆除的楼房，大多都是在古罗马人沿着泰晤士河进攻英国的时候建造的。

这些草的种籽多半就是那个时候被带到了这里，它们被压在沉重的石头砖瓦之下，一年又一年，几乎已经完全丧失了生存的机会。但令人感到意外的是，一旦它们见到阳光，就立刻恢复了勃勃生机，绽开了一朵朵美丽的鲜花。

其实，人的生命也是如此。一个人，不管他经受了多少打击，也不管他经历了多少苦难，一旦爱的阳光照耀在了他身上，他便能治愈创伤，便能获得希望，便能萌生出新的生机，哪怕是在荒凉恶劣的环境里，也依然能够放射出自己的光和热。

荷马、贺拉斯、维吉尔、莫雷拉、莎士比亚、塞万提斯等都是乐观豁达的人，在他们的伟大创造活动中洋溢着一种健康、宁静的快乐。像这样心底快乐、本性宽厚的人还有路德、莫尔、培根、莱昂纳多·德·文西、拉法叶和米歇尔·安吉罗等。这些名人之所以总是充满着幸福和快乐，不仅是由于他们总是忙于从事各种最快乐的工作还有他们那种不被世俗所拖累的心态，因此他们那富有的心灵总是充满着创造的活力。

弥尔顿一生历尽无数的艰难困苦，但他始终乐观、爽朗。他的眼睛意外地瞎了，他的朋友背弃了他，他连遭凶险，"前途一片黑暗，令人毛骨悚然的危险声音在前面吼叫"，但弥尔顿一点也没有失去希望和信心，而是"振作起来，勇往直前"。

如果你的心情豁达、乐观，不让世俗所累，你就能够看到生活中光明的一面，即使在漆黑的夜晚，也知道星星仍在闪烁。一个心境健康的人，就会思想高洁，行为正派，就能自觉而坚决地摒弃肮脏的想法，不与邪恶者为伍。一个人既可能坚持错误、执迷不悟，也可能相反，这都取决于自己。这个世界是大家共同创造的，因此，它属于我们每个人，而真正拥有这个世界的人，是那些热爱生活、拥有快乐的人。所以，只有那些弃世俗的人才真正懂得快乐。

## 心纯如水自逍遥

【原文】大言炎炎，小言詹詹。

【大意】大言气焰凌人，小言则论辩不休。

庄子在他的《齐物论》中谈到人们之间的交往时这样说："他们睡觉的时候，精神交错，醒来时形体不宁，和外界交接相应，整天钩心斗角。"由此可以看出，人喜欢把自己圈在自己的世界，用自己的观点想去改变他人，心中的杂念太多，快乐就会无缝隙。

有一位老和尚和他的徒弟正在赶路，在一条湍急的小溪旁看到一位衣着端庄、貌美如花的姑娘，正坐在溪畔的石头上，望着河水发呆。

老和尚便上前念了声佛号，问那位姑娘为何独自坐在溪旁？

姑娘说赶着到邻村赴亲友的喜宴，可是溪水因为大雨变得又急又深，使她不敢过溪。

老和尚了解情况后，便背起姑娘过了溪。

姑娘道谢之后，便分头赶路。向前走出一大段路之后，他的徒弟满心疑惑，突然开口问道："师父，我们出家人一向四大皆空，需得要守五戒，尤其是这'色'戒……"

老和尚笑道："你认为，我背负那位姑娘过溪，做得不对？"

徒弟迟疑地答道："这个……男女授受不亲……"

老和尚笑道："这位姑娘啊，我在溪旁已经将她放下，任她自行离去了。而你啊。到现在还不愿将她从心头放下，硬是拴住她，还不肯放人家走。"

心纯如水，心像纯净的水一样没有杂念，才会使自己成长在快乐之中，心纯并非要你不谙世事，而是让你去除不必要的杂念，让好的占据你的心灵。

正确清理你的杂念，保持内心空灵的状况，适时地接纳别人的劝解，积极吸收正确的新观念，是让我们能够不断激发创意、快乐生活的不二法则。

## 快乐是一种自我感觉

【原文】不乐寿，不哀夭。

【大意】不把长寿当成是快乐，不把夭折看成是悲哀。

庄子认为不把长寿看成是一种快乐，不把夭折看成是悲哀，即快乐与悲伤都是来自于自身的感觉，原自你对事物的看法，生活中的快乐是自己去寻找的，面对别人认为可以快乐的事，而你却毫无兴趣，快乐又怎么会属于你。

人是需要享受生命的。无论你多忙，你总有时间选择两件事：快乐还是不快乐。早上你起床的时候，也许你自己还不晓得，不过你的确已选择了让自己快乐还是不快乐。

历史学家维尔·杜兰特希望在知识中寻找快乐，却只找到幻灭；他在旅行中寻找快乐，却只找到疲倦；他在财富中寻找快乐，却只找到纷乱忧虑；他在写作中寻找快乐，却只找到身心疲惫。有一天他看见一个女人坐在车里等人，怀中抱着一个热睡的婴儿。一个男人从火车上走下来，走到那对母子身边，温柔地亲吻女人和她怀中的婴儿，小心翼翼地不敢惊醒他。这一家人然后开车走了，留下杜兰特深思地望着他们离去的方向。他猛然惊觉，原来日常生活的一点一滴都蕴藏着快乐。

现实中，多数人一生中不见得有机会可以赢得大奖，如诺贝尔奖或奥斯卡奖，大奖总是保留给少数精英分子的。理论上来说，每个自由地区出生的孩子都有当上总统的机会，但是实际上大多数人都会失去这个机会。

不过每个人都有机会得到生活的小奖。每个人都有机会得到一个拥抱，一个亲吻，或者只是一个就在大门口的停车位！生活中到处都有小小的喜悦，也许只是一杯冰茶，一碗热汤，或是一轮美丽的落日。更大一点的单纯乐趣也不是没有，生而自由的喜悦就够你感激一生的了。这许许多

多点点滴滴都值得我们细细去品味，去咀嚼。也就是这些小小的快乐，让每个人的生命更可亲，更可眷恋。

如果生命的大奖落到你头上，务必心怀感激。但即使它们与你失之交臂，也无须嗟叹。尽情去享受生命的小奖吧！昨日的英雄只是今日的尘土，生命的大奖只是雪泥鸿爪，瞬间消逝，但是那些小小的喜悦却是日常生活中俯拾即是，无虞匮乏的。人生的大喜毕竟少有，可是只要你用心体现就可以发现，喜悦无处不在。

富翁奥曼自己买得起劳力士手表和名牌服饰，开得起豪华跑车，也能够到私人小岛度假，却坦白承认她没有满足感，甚至有好友在旁她仍然感到寂寞。

奥曼说："我已经比我梦想的还要富裕，可是我还是感到悲伤、空虚和茫然。钱财居然不等于快乐！我真的不知道什么东西才能带来快乐。"

像奥曼那样，为钱奋斗了大半辈子才悟出"有钱不一定快乐"道理的人不在少数。她如果肯在圣诞假期当中静下心来读读普拉格的《快乐是严肃的题目》这本书，她会感悟出，感恩之心是快乐的秘诀。

普拉格的书中引述了一个观点，就是人之所以不快乐，就是因为人本身出了问题，把有问题的部分修理好就行了。根据他的看法，不知感恩是造成不快乐的一大原因。特别是在布施礼物的"快乐假期"里，他提醒做父母的应该好好教导孩子知道感恩与满足。他认为："如果我们给孩子太多，让他们期望越来越大，就等于把他们快乐的能力给剥夺了。"他认为做父母、做长辈的有责任要求孩子们学会从心里说"谢谢"。

知足也是快乐的重要条件。心理学家说，人类不快乐的最大原因是欲望得不到满足、期望不得实现；而美国文化培养出来的普拉格则详细区分"欲望"与"期望"，他说虽然欲望也许有碍快乐，却是"美好人生"不可缺少和无法消除的成分；期望则是另一回事，例如，我们期望健康，但得付出代价。

普拉格举例说，某一天你发现身上长了个瘤，你心怀忐忑找医师检查。一个礼拜后，当听到良性瘤的诊断结果时，你会感到这一天是你一生中最快乐的一天。事实上，这一天和你怀疑身上有瘤的那一天一样，生理上的健康情形并没有改变，如今你却快乐得不得了，为什么？因为今天你并没有期望自己会很健康。所以你感觉不到快乐。

因此，应该"欲望"健康，但不应该"期望"健康！就好像人们不应期望人生当中许多事：求职口试顺利、投资策略成功，甚至所爱的人长命百岁。他说，如果我们分不清"欲望"和"期望"，我们便会感到"失望"。期望不得实现，不但会替我们带来痛苦，也会破坏我们的感激心。而感激心情是快乐的必要条件。

所有快乐的人都心怀感激，不知感激的人不会快乐，期望越多，感激心就越少。在期望获得满足的一刹那，你必须想到那绝不是必然的事，既然如此，感激之心会增加我们的愉悦，也会使我们将来不至于不快乐。

因此，快乐是一种发自内心的自我感觉，没有外物强加于你的快乐才是真正的快乐。

第三章 随风逍遥，快乐人生

# 生活在快乐之中

**【原文】**我决起而飞，枪榆枋而止，时则不至，而控于地而已矣。

**【大意】**我们（蝉和斑鸠）什么时候愿意飞就一下飞起来，碰到榆树、枋树就停落在上边，有时力气不够，飞不到，落在地上就是了。

庄子认为人的生活是否快乐，完全取决于个人对人、事、物的看法。蝉和斑鸠对大鹏的高飞不以为然，他们在自己的世界里寻找着快乐。

生活中如果我们想的都是快乐的，我们就能快乐；如果我们想的都是悲观的，我们就会悲伤；如果我们想到一些可怕的情况，我们就会非常害怕；如果我们想到的是不好的念头，恐怕就不会安心；如果我们想的只有失败，我们就会失败；如果我们沉浸在自怜里，旁人也都会可怜我们。但这并不是要我们对于所有的困难都用盲目的乐天态度去看待。

我们仍然要以正确的态度来看待生活。换句话说，我们必须关切自我的问题，但不是忧虑。关切和忧虑之间的区别就像当我们要通过交通拥挤的道路时，就会很注意自己正在做的这件事——可是并不会忧虑。关心的意思就是要了解问题在哪里，然后很镇定地采取多种步骤加以解决。

美国著名导演罗维尔·汤马斯，在第一次世界大战中用影片记录了劳伦斯和他那支多姿多彩的阿拉伯军队，也记录了艾伦贝征服各地的经过。他那个穿插电影中的演讲——"巴勒斯坦的艾伦贝与阿拉伯的劳伦斯"，在伦敦和全世界引起极大轰动。伦敦的戏剧节因此顺延了六个礼拜，还安排他在卡文花园皇家影院演讲这些冒险故事，并放映他的影片。他在伦敦声名大噪，又四处游历了好几个国家。随后，他筹备了两年的时间，准备拍摄一部在印度和阿富汗生活的纪录片。不幸的是一连串的时运不济使得他破产了。

从此以后，他不得不到街口的小餐馆去吃廉价的食物。要不是一位知名的画家——詹姆士·麦克贝借钱给他，他甚至连那点粗陋的食物也吃不到。当汤马斯面临庞大的债务而感到极度失望的时候，他很担心他目前的处境，可是他却不忧虑。他知道，如果他被霉运弄得垂头丧气的话，那么他在人们眼里就变得一文不值了，尤其是他的债权人。所以，他每天早上出去办事之前，都会买一朵花插在衣襟上，昂首阔步地走在牛津街上。积极而勇敢的生活态度使得他不被挫折击倒。对他而言，挫折是整个人生训练的一部分——是你要攀登高峰所必须经过的训练。

著名美国的心理学家哈德飞在他的著作《力量心理学》里，有这样一个实验。他写道："我请来三个人，用来实验心理对生理的影响，我们以握力计来度量。要他们在三种不同的情况下，尽全力抓紧握力计。在一般的清醒状态下，他们的平均握力是101磅。第二次实验是将他们催眠，并告诉他们，他们非常地虚弱。结果他们的平均握力只有29磅——还不到他们正常力量的1/3。吃饭后再让这些人做第三次的实验：之后，告诉他们说他们非常强壮，结果他们的握力平均达到142磅。可见当他们在思想里很肯定自己有力量之后，他们的力量就增加了50%。"由此可见，精神状态对我们身边力量有着令人难以置信的影响。

美国内战期间信仰疗法的创始人玛丽·贝克·艾迪曾有一段时间她认为生命中只有疾病、愁苦和不幸。她的第一任丈夫在他们婚后不久便去世了，她的第二任丈夫又抛弃她，和一个有夫之妇私奔。她只有一个儿子，却由于贫病交加，使她不得不在儿子8岁那年就把他送给别人抚养。

发生在麻省的安理市的一件事改变了她的命运。一个很冷的日子，她在走路时不小心滑倒了，摔倒在结冰的河上，昏了过去。由于她的脊椎受到了伤害，使她不停地痉挛，甚至连医生也认为她活不久了。医生们说：即使奇迹出现而使她活命，她也无法再行走了。躺在一张看来像是末日的床上，艾迪翻开她的《圣经》。她读到马太福音里的句子：有人用担架抬着一个瘫子到耶稣跟前，耶稣就对瘫子说：小子，放心吧，你的罪被赦免了……起来，拿你的被褥回家去吧！而那人就站起来，回家去了。

这几句话使她觉得产生了一种力量，一种能够赐给她的力量。她立刻下床，开始行走。艾太太说："这种经验就像引发牛顿灵感的那棵苹果树一样，使我发现自己要怎样地好起来，以及怎样地使别人也能做到这一

点。我可以很有信心地说,一切的原因就在你的思想,而一切的影响力都是内心的思想。"

生活中许多例证都表明我们内心的平静,来自生活所得到的快乐,并不在于我们在哪里,我们有什么,或者是什么人,与外在的条件并没有任何关系。思想的运用和思想本身,能把地狱造成天堂,也能把天堂造成地狱。

爱默生在他那篇叫作《自信》的文章结尾这样写道:政治上的胜利、收入的增加、病体的康复,或是久别好友的归来,或其他纯粹外在的事物,既能提高你的兴致,又让你觉得你眼前的日子是多么美好。千万不要去相信它,事情绝不会是这样的。除了你自己以外,没有别的人能带给你平静。

如果你被各种烦恼困扰到精神紧张不堪时,你可以创造自己的意志力,改变你的心境。这可能会多花一点力量,可是做法却非常简单。

实用心理学家威廉·詹姆斯,曾经发表这样的理论:"行动似乎是随着感觉而来,可是实际上,行动和感觉是同时发生的。如果我们使我们意志力控制下的行动规律化,也能够间接地使不在意志力控制下的感觉规律化。"这段话的意思是:我们不能单凭下定决心就能改变我们的情感,可是我们可以变化我们的动作,而当我们变化动作的时候,就自然而然地改变了我们的感觉。

同时他说:"如果你感到不快乐,那么唯一能找到快乐的方法就是振奋精神,使行动和言辞好像已经感觉到快乐的样子。"

这种办法是不是有用呢?在你不快乐时,不妨试一试:使你的脸上流露出很开心的笑脸来,挺起胸膛,好好地深吸一口气,然后哼唱一首歌。你会很快地发现威廉·詹姆斯所说的是什么意思了——也就是说,当你的行为能够显出你快乐的时候,你就不可能再忧虑和颓丧下去了。

生活中的开心、快乐是自己创造出来的,就如庄子所说,鹏的快乐在于弃风九万里独自的翱翔,蝉和斑鸠的快乐在于能随起随落自由自在,你的快乐找到了吗?它就在你的生活之中等待你的挖掘。

## 人生不必强力苛求太多

**【原文】** 人之有所不得与，皆物之情也。

**【大意】** 许多事情是人所不能干预的，这都是事物变化的实情。

庄子认为人的能力是有限的，所以面对无能为力的事情，不必强挂于心上，泰然处之，让快乐来主宰你的心灵。

快乐不是来自外在的物质和虚荣，也不是由大脑的反应来决定而要靠自己内心的真实感受。

唐代著名的慧宗禅师讲经而云游各地。有一回，他临行前吩咐弟子看护好寺院的数十盆兰花。

弟子们深知禅师酷爱兰花，因此侍弄兰花非常殷勤。但一天深夜，狂风大作，暴雨如注。偏偏当晚弟子们一时疏忽，将兰花遗忘在了户外。第二天清晨，弟子们后悔不迭：眼前是倾倒的花架、破碎的花盆，棵棵兰花憔悴不堪，狼藉遍地。

几天后，慧宗禅师返回寺院。众弟子忐忑不安地上前迎候，准备领受责罚。慧宗禅师得知原委后，不仅泰然自若，而且神态依然是那样平静安详。他宽慰弟子们说："当初，我不是为了生气而种兰花的。"

就是这么一句平淡无奇的话，使在场的弟子们听后，肃然起敬之余，更是如醍醐灌顶，顿时大彻大悟……

"我不是为了生气而种兰花的"，看似平淡的偈语里，暗示了多少佛门玄机，又蕴含了多少人生智能啊！现实生活中，无限制增长的欲望、不满足现状的心态，还有那诸多数不清的烦恼与磨难，常常使人患得患失。因此，很多人抱怨命运，抱怨时运不济，抱怨人生多"苦"。

常言道：人生在世，不如意事常八九。其实，只要你严肃冷静地分析人生，痛苦与欢乐几乎是与生俱来的。造物主让你来到人世，享受世界的

无限欢乐，但同时也要给你困苦、不幸的负重。人生就是一次爬山的旅行，辛苦是自然的，摔跤有时也难免，磨难就是这次旅行的代价。既然你能够愉快地享受人生，为什么不能快乐地接受生活赐予的苦难呢？况且，苦难已降临，生气烦恼又有何用？

栽种一株快乐的花朵于心田。无论生活面临怎样的境况，人生遭逢怎样的磨难，请让快乐的花朵开放在心灵的原野上，让灵魂的舞姿如花之绰约，满载着花的芬芳。

即使生命有多少凄苦，人生有多艰难，栽种一株快乐的心灵之花于心田，让绚丽的花朵昂然地绽放在生命的枝头。从此，你便自由自在，快乐逍游也定会盈满幸福！

# 放飞心情

**【原文】** 其出不䜣,其入不距;翛然而往,翛然而来而已矣。

**【大意】** 出生不欣喜,入死不拒绝;无拘无束地去,无拘无束的来罢了。

庄子认为"真人"漠视生死,只求为人无拘无束,快乐一生。人处繁华街市喧闹不已,让心随空境,放飞你的心情,让它无拘无束地飞向天空,寻找一份心的快乐。

如果你的生活太累,压得你喘不过气来,如果发觉身边的生活快让自己窒息,就放飞你的心情吧!不论飞向哪儿,让心情自由一下,让自己轻松一下。

在人来人往的世界里,你可曾拥有快乐自在?在你争我夺的国度里,你是否依旧怡然自得?在尘世喧嚣中,你的心灵是否压抑得太久了?

不要苦了自己的心灵,把它放飞吧,让它同断线的风筝一样在自由的国度里想怎样飞就怎样飞吧!

朋友,如果你愿意,就请同我一起来这里,放飞心灵、放飞你的心情吧。

这里是一片澄碧的天空,你瞧,天空如此的分明,白与蓝协调地搭配成一片美丽的风景。近处是深蓝色,很清纯;远处是淡蓝色,很淡雅。美丽的云朵很俏皮,一会儿靠近风筝说悄悄话,一会儿又跑得远远的,把风筝抛在后面。

放飞压抑心情。久居高楼中压抑的心情终于能在空中自由地劲舞,恣意享受着驰骋的快乐。感受着温暖的风伴着漂亮的风筝扶摇上升,快乐就犹如七彩烟花在空中绽放,透明的心境也随之在蓝色的天空尽情闪烁。朋友,你感到惬意了吗?

放飞风筝如同放飞你的梦想。在钢筋混凝土筑成的空间里,被搁置已久的梦想,终于能同心情一块上路了。让它飞吧,自由自在地飞吧!脚踏茵茵青草,头顶湛蓝天空,梦想怎能不飞呢?

放飞你的情感。在这样风和日丽的日子,且让你把美丽的情愫系于风筝之线,让它在广阔深情的天空下洗礼得更加圣洁。

放飞一只心灵的风筝,让它在美丽的蓝天下尽情飞翔,让美丽的天空不再空荡;放飞一只心灵的风筝,让它在湛蓝的天空里愉快欢唱,让我们的世界不再孤寂;放飞一只心灵的风筝,让它在心灵的城堡里快乐劲舞,让我们的生活不再烦闷枯燥。

放飞你的心情,就如同放飞一只心灵的风筝,让这只心灵的风筝能穿越光怪陆离的霓虹与灯红酒绿,穿越红尘沉浮的大悲大喜!飘于平静快乐之中。

# 独处中的快乐

**【原文】** 欲是其所非而非其所是，则莫若以明。

**【大意】** 若要肯定对方所否定的东西而非难对方所肯定的东西，那么不如用明的心境去观察事物本然的情形而求得明鉴。

庄子认为面对各种是是非非，不能有统一定论，不如回归本质寻找答案。做人也是如此，在事与非的环境中生活久了，难免会迷失方向，此时不如静下心来，重拾旧我。

如果要我们给简单一个恰如其分的注解的话，恐怕不能少"独处"一词，因为大多数人会在成群的人堆中寻找成功的路子，却希望渺茫，一旦有独处的机会，就会突然发现独处是最简单的、快乐着的生活之道。

独处有助于减轻快节奏生活造成的压力，带给你安详平和的心境。如果你发现自己总是被家人、朋友围绕着，耳边充斥着噪声，人声喧哗，忍受着繁忙工作、家庭琐事的无穷折磨，每天的神经都绷得紧紧的，得不到一丝喘息的机会，那你真该好好计划一下，找一天静一静，让那段时间全属于自己。把平常为之牵肠挂肚的工作抛得远远的，一个人去海滨游泳散步，看看电影，在公园的草坪上晒晒太阳，闻着花香，好好睡上一觉，彻底放松一下。让自己的心随风逍遥。

我们总是处于人群之中，在喧闹的人群里你听不见自己的脚步声。远离生活，能让我们重新认识到自我的存在，回归原点。当然，对于有工作又有家庭的人来说，寻找独处的机会很不容易。你可以和家人、朋友进行交流，向他们说明情况，征求他们的意见。那些关心爱护你的人，一定会给予你谅解和支持。从沉重的生活压力中解脱出来，你能心境平和地处理工作，对待家人、朋友，这将增进你们之间的感情。

推崇"简单生活"的丽莎说："几年前，我还没有开始简化生活，那

时候，我每天都忙个不停，不是工作开会就是被人约出去，参加一些莫名其妙的活动，每天的日程都排得满满的。就算能稍微空闲一点，放松一下，我的脑子还是充满了各种各样的念头，下一个预约的时间，将要涉及的内容，怎么准备晚上的约会。生活一片混乱。"

要想学会独处，你可以从每天抽出一小时开始。一个人静静地呆着，什么也不做，当然前提是，你要找一个清静的地方，否则如果是有熟人经过，你们一定会像往常那样漫无边际地聊起来。也许刚开始的时候，你会觉得心慌意乱，因为还有那么多事情等着你去干，你会想如果是工作的话，早就把明天的计划拟订好了，这样干坐着，分明就是在浪费时间。可是，如果你把这些念头从大脑中赶走，坚持下去，渐渐你就会发现整个人都轻松多了，这一小时的清闲让你感觉很舒服，干起活来也不再像以前那样手忙脚乱，你可以很从容地去处理各种事务，不再有逼迫感。你可以逐渐延长空闲的时间，四小时、半天甚至一天。

善于抛开一切烦心的事情，一旦养成了习惯，你的生活将得到很大改善，把你从混乱无章的感觉中解救出来，让头脑得到彻底净化。丽莎说："我现在每星期都留下一个下午什么也不做，所以能精神抖擞地面对生活，发现它不是负担而是享受。"

那么怎样才能做到"心灵独处"呢？因为心灵独处是最高的简单而又快乐的方式。怎样做呢？请你学会"大扫除"吧！

你一定有过年前大扫除的经验吧。当你一箱又一箱地打包时，是不是惊讶自己在过去短短几年内，竟然累积了那么多的东西？你是不是懊悔自己为何事前不花些时间整理，淘汰一些不再需要的东西，否则，今天就不会累得你连背脊都直不起来？

大扫除的懊恼经验，让很多人懂得一个道理：人一定要随时清扫、淘汰不必要的东西，日后才不会变成沉重的负担。

人生又何尝不是如此！在人生路上，每个人不都是在不断地累积东西？这些东西包括你的名誉、地位、财富、人际、健康等；另外，当然也包括了烦恼、郁闷、挫折、沮丧、压力等。这些东西，有的早该丢弃而未丢弃，有的则是早该储存而未储存。

问自己一个问题：我是不是每天忙忙碌碌，把自己弄得疲累不堪，以至于总是没能好好静下来，替自己做清扫？

对那些会拖累你的东西，必须立刻放弃——心灵扫除的意义，就好像是生意人的"盘点库存"。你总要了解仓库里还有什么，某些货物如果不能限期销售出去，最后很可能会因积压过多拖垮你的生意。

很多人都喜欢房子清扫过后焕然一新的感觉。你在拭掉门窗上的尘埃与地面上的污垢、让一切整理就绪之后，整个人好像突然得到一种释放。

在人生诸多关口上，我们几乎随时随地都得做清扫。念书、就业、结婚、生子、退休……每一次的转折，都迫使我们不得不"丢掉旧的你，接纳新的你"，把自己重新"扫一遍"。

不过，有时候某些因素也会阻碍我们放手进行扫除。譬如，太忙、太累；或者担心扫完之后，必须面对一个未知的开始，而你又确不定哪些是你想要的。万一现在丢掉的，将来需要时又捡不回怎么办？

的确，心灵清扫原本就是一种挣扎与奋斗的过程。不过，你可以告诉自己：每一次的清扫，并不表示这就是最后一次。不必强求全部扫干净，只需每天扫一点，至少那是你必须丢弃的东西，心灵垃圾少了，重担减轻了，人的心也就轻松了许多，快乐就会适时地钻进来。

第三章 随风逍遥，快乐人生

## 生活在快乐潇洒之中

**【原文】** 乘天地之正，而御六气之辩，以游无穷。

**【大意】** 顺着自然的规律，而把握六气的变化，以遨游于无穷的宇宙。

庄子认为人活着是为了一种潇洒，顺应自然，过属于自己的快乐生活。

人不可消极地游戏人间，但快乐潇洒是生活应有的原则，潇洒给生活带来快乐，快乐地生活也是一种潇洒。

人生本是一种快乐，雅人有雅兴，俗人有俗趣，无论在朝为官或在野为民，都自有其乐。锦衣玉食也好，粗茶淡饭也罢，求暖求饱而已，当然也求美。

人总是一波三折，七灾八难地活着，琐事烦事难事甩不开，扔不掉。即使是时时小心、处处设防，说不定什么时候还会遇上倒霉事，让人怎么快活得了？但是总得活着吧，无论是劲头十足还是虚有其声，总是往前奔。于是，想法儿去活，想法儿活得滋润、潇洒，像个人样。

快乐是一种独到的体验，只要乐趣真实常在，无论雅俗，都会活得有滋有味，也用不了太多的心思，你就会发现活着本来就不错。比如说，你有大本事或小本事，朋友多，路子广，会有种种发迹的机会；你拥有爱情，拥有家庭，拥有多彩的故事，你总有一些盼望，会发现一些趣事，甚至某个消息、某个话题、某种现象都能让你兴奋。这兴奋可能太俗，让人瞧不上眼，或根本就不值。但只要是真实地快乐的体验，也就够了。即使是真遇上不称心的事，也不要自己跟自己过不去，便能从容应对，潇洒地走出困境。即使一时解不开也用不着发烦，日子还长着呢。

活得潇洒才有快乐，潇洒是一种美好的生活态度，但并非人人能做到潇洒自如，有的人过于拘谨不会潇洒，有的人做过了头，不懂潇洒。

拘谨是一种僵化的思维模式带来的生活态度，常说的"死心眼""一条道儿跑到黑"。古代有个有名的例子，说一对青年男女相约在桥下某柱旁会面，大水到了，为了不失约，男子抱柱而亡。这个悲剧化的男子过去一直被当作忠贞、守信的象征，可实际上姑娘爱上他实在不值得。还有一个典型例子是柳宗元《三戒》中所写的永州某人。他生于子年，生肖值鼠，于是畏鼠护鼠，闹到室无完器，柜无完衣的地步。真正潇洒生活并非如此，而是一种不被现状所拘束，以一种自强不息和勇于创新的精神重新开拓新的生活领域，以一种惊人的潇洒的形象展示在世人面前。

有人把潇洒理解为穿着新潮，谈吐倜傥，举止干练飘逸。实际上，这仅是浅层次的认识。真正的潇洒，应该是指那种不以物喜，不以己悲，顺境不放纵，逆境不颓唐的超然豁达的精神境界。古今名人中，能真洒脱者，大有人在，唐朝诗人刘禹锡，因革新遭贬，他不为压力所阻，仍以顽强的精神与政敌相抗争，写出"玄都观里桃千树，尽是刘郎去后栽""种桃道士归何处？前度刘郎今又来"的乐观诗句，他以潇洒的态度，超过"巴山蜀水凄凉地"，坚守"二十三年弃置身"的人格，终于迎来了仕途上新的春天。

名人有名人的潇洒，伟人有伟人的快乐。有位伟人说过，"与天奋斗，其乐无穷；与地奋斗，其乐无穷；与人奋斗，其乐无穷。"伟人的乐乃乐之大家，有如范仲淹所云："先天下之忧而忧，后天下之乐而乐。"对于平凡的人来说，面对复杂多变的人生，自然也要有大境界才能包容得下，另外，更需要有平常的心境，快乐才能常住。

人生难得于世，既然有机会，就做一个潇洒快乐的人吧。

## 去除身上额外负担,随风逍遥

【原文】故知天乐者,无天怨,无人非,无物累,无鬼责。

【大意】所以了解天乐的人,不会受到天的怨恨,不会被非难,没有外物的牵累,没有鬼神的责备。

庄子认为懂得知晓快乐的人,不会被所谓的外物所劳累,也不会受到天、神的责备,所以快乐是一种内心真实体验。

禅家认为,透过净化自己,把心中的烦恼、苦闷、贪婪、嗔怒等加以清理,可以使自己生活得更加有活力,更加有朝气,正如有诗云:"千江有水千江月,万里无云万里天。"卸下不必要的负担,深吸一口气,让快乐盈满心底。

这是一个流浪汉的波斯神秘主义的故事。这个流浪汉在看不见尽头的路上长途跋涉,他背着一大袋沉重的砂子,一根装满水的粗管子缠在他身上。他右手托着一块奇形怪状的石头,左手拿着一块岩石,脖子上用一根旧绳子吊着一块大磨盘,脚腕上系着一条生锈的铁链,铁链上拴着大铁球。他头上顶着一个已腐烂发臭的大番瓜。这个流浪汉一步一挪地吃力地走着,每走一步,脚上的铁链就发出哗哗的响声。他呻吟着,他抱怨他的命运如此艰难,他抱怨疲倦在不停地折磨着他。

正当他在炎炎烈日下艰难行走时,迎面来了一位农夫。农夫问:"喂,疲倦的流浪人,为什么你自己不将手里的石头扔掉呢?"

"我真蠢,"流浪汉明白了,"我以前怎么没想到呢?"他摔掉了石头,觉得轻了许多。

不久,他在路上又遇到一位农夫。农夫问他:"告诉我,疲倦的流浪汉,你为什么不把头上的烂番瓜扔了呢?你为什么要拖着那么重的铁链子呢?"

流浪汉答道："我很高兴你能给我指出来。我没认识到我在做什么事。"他解开脚上的铁链子，把头上的烂番瓜扔到路边摔得稀烂。他又觉得轻了许多。但随着他继续往前走，他又感到了步履的艰难。

又有一位农夫从田里走来，见到流浪汉十分惊异："啊，好人，你扛了一口袋砂子，可一路上有的是砂子；你带了一根大水管，好像要去穿越卡维尔大沙漠，可你瞧，路旁就有一条清亮的小溪，它已伴随着你走了很长一段了。"听到这些话，流浪汉又解下了大水管，倒掉了里面已经变了味的水。然后把口袋里的砂子倒进一个洞里。他站在路上，看着落日沉思。落日的余晖映照在他身上。突然他看到了脖子上挂着的磨盘，意识到正是这东西使他不能直起腰来走路。于是他解下磨盘，把它远远地扔进河里。他卸掉了所有负担，徘徊在傍晚凉爽的微风中，寻找住宿之处。

《六祖坛经》上说，人要"总净心念摩诃般若波罗蜜"，其意思是要人洗涤自己的心灵世界，展现心中智能，照亮自己的人生。在现实生活中，有人觉得压力大，烦恼多，不愉快，这正表明在自己的精神生活中背负着许多不必要的"灰尘"，使人对生活和工作备觉辛劳无趣。其实，生活与工作本身就是一种承担和责任，是绝不轻松的，如果再额外加上不必要的精神负担，日子就很难过了。

所以人如果能让自己的心情像波平浪静的水面，让自己的思想像碧空万里的蓝天，依靠精神的信仰，就一定能净化自己，使自己正确地面对人生的挑战。

在第二次世界大战横扫欧洲时，一位名叫泰勒的年轻人正在欧洲服役，在后来出版的一本书里，泰勒这样写道：

"在1945年春天时，我整天处在忧郁之中，以致得了医生们称之为横结肠痉挛症的疾病，它给我带来了难以忍受的剧痛，那时我整个人几乎都是处在虚脱状态。如果不是战争及时结束的话，我的生命大概也要结束了。"

"当时我在步兵九十四师的死亡登记处做事，我的工作是记录作战死亡、失踪还有受伤的士兵的姓名，有时也负责掩埋那些被丢弃在战场上的士兵的尸体。我还得收集这些士兵的遗物，送还给他们的亲属。在做这些

工作时，我老是担忧出差错，我更担心自己会撑不过去而再也没有机会拥抱我唯一的儿子，他那时已经 16 个月大了，而我还不知道他长得什么样。那时我心力交瘁，体重连续下降了 34 磅，精神总是恍恍惚惚的。"

记住，无论谁都是永远站在过去和未来的交会点上，不可能活在过去或未来任何一种永恒中，如果你勉强要这样或那样，那只会摧残身心。善用并把握好你的时间，从这一刻到今晚上床。如果只是一天，不论多重的负担，人都能够背负；如果只是一天，无论多难的工作，人都能够努力完成；如果只是一天，任何人都能活得很快乐、有耐心、仁慈和纯洁——这就是生命的真谛。

让你的人生在轻松中快乐起来吧。

# 别跟自己过不去

**【原文】** 故天下皆知求其所不知,而莫知求其所已知者。

**【大意】** 所以天下的人都只知道舍内求外,即只知追求分外的客观的知识,而不知探索分内的无为恬淡,清虚合道之道理。

庄子认为天下的人只知道一味地追求外在的东西,而忘记了要保留内在的本身的恬淡,所以做人不能只重外,不重内。

看得开,想得透,做不到,常是我们的通病。我们容易将别人的事看得如水中倒影般明澈,而一旦涉及自己,就会"老眼昏花"认不清自己,看不清方向。

第二次世界大战期间,罗勃·摩尔在一艘美国潜艇上担任瞭望员。一天清晨,随着潜艇在印度洋水下潜行的他通过潜望镜,看到一支由一艘驱逐舰、一艘运油船和一艘水雷船组成的日本舰队正向自己逼近。潜艇对准走在最后的日本水雷船准备发起攻击,水雷船却已掉过头来,朝潜艇直冲过来。原来空中的一架日机,测到了潜艇的位置,并通知了水雷船。潜艇只好紧急下潜,以便躲开水雷船的炸弹。

3 分钟后,6 颗深水炸弹几乎同时在潜艇四周炸开,潜艇被逼到水下 83 米深处。摩尔知道,只要有一颗炸弹在潜艇 5 米范围内爆炸,就会把潜艇炸出个大洞来。

潜艇以不变应万变,关掉了所有的电力和动力系统,全体官兵静静地躺在床铺上。当时,摩尔害怕极了,连呼吸都觉得困难。他不断地问自己,难道这就是我的死期?尽管潜艇里的冷气和电扇都关掉了,温度高达 36℃以上,摩尔仍然冷汗涔涔,披上大衣牙齿照样碰得格格响。

日军水雷船连续轰炸了 15 小时,摩尔却觉得比 15 万年还漫长。寂静中,过去生活中无论是不幸运的倒霉事,还是荒谬的烦恼都一一在眼前重

现：摩尔加入海军前是一家税务局的小职员，那时，他总为工作又累又乏味而烦恼；抱怨报酬太少，升迁无指望；烦恼买不起房子、新车和高档服装；晚上下班回家，因一些琐事与妻子争吵。这些烦恼事，过去对摩尔来说似乎都是天大的事。而今置身这坟墓般的潜艇中，面临着死亡的威胁，摩尔深深感受到，当初的一切烦恼显得那么的荒谬。他对自己发誓：只要能活着看到日月星辰，从此再不烦恼。

日舰扔完所有炸弹终于开走了，摩尔和他的潜艇重新浮上水面。战后，摩尔回国重新参加工作，从此，他更加热爱生命，懂得如何去幸福地生活。他说："在那可怕的15小时内，我深深体验到对于生命来说，世界上任何烦恼和忧愁都是那么的微不足道。"

人有时会在危难的时刻想起生活的种种，就会豁然开朗，寻求另外一种生活。

有许多人要出名，等到出名之后，却又怪人人注意；女人要男人来爱，等到追求者众多时，又怪没有自己的时间。我们常常处于极端矛盾之中，而不自知。

生活是属于自己的，外界只能是干扰，不可能决定你的生活方式，不要处处和自己过不去，打不开心灵的结，那样你会生活在劳累之中。

懂得珍惜生命的人，也懂得如何让自己快乐，自己跟自己过不去，没有人能帮得到你，要想过得好，不如就地逍遥，让自己快乐生活。

# 第四章 肯定自我,保持本色

每个人都很难认清自我,所以面对外来的种种,往往对自己会产生怀疑,失掉自我本性,随波逐流,将真我埋没,人都是独一无二的,没有谁可以代替谁,关键是你是否保持了自我,成就属于自己的事业。

## 识人先识己

【原文】今夫嫠牛,其大若垂天之云,此能为大矣,而不能执鼠。

【大意】看那嫠牛,庞大的身子像遮盖天空的云气,有本领,但不能捕鼠。

庄子认为,无论什么事物,不论是庞大本领高的嫠牛,还是会捉老鼠的猫,都有各自的不足,做人亦如此,人应清楚地认识自己,才能在生活中游刃有余。

认识自己很重要,无论是在平淡的工作中,还是在令人羡慕的岗位上,都离不开"认真"二字,成大事者,都是从点点滴滴的事情做起,从自己的小位置上耕耘收获以达完善,到最后自己撑起一片蓝天。

不论你的职位是什么,高与低、轻与重,你成功的关键就是找准自己的位置,所言所行与自己的位置相符相宜,并且让你的领导知道你、肯定你和认可你。

在任何单位或部门里工作,找准自己的位置很重要,应根据职位的轻重采取不同的处世方式。职位重要,一般说明你已得到了领导的器重,可以尽可能地在主管领导所辖范围内施展才干。如果职位较轻,则说明你尚未被领导重用,一言一行还须谨慎从事,一方面要尽力表现自己;另一方面要学会悠着点儿,别表现得过头而成为"出头的椽子",那样可能会引来嫉妒和反感,使自己陷进人际关系的危机之中,最后使自己毁于"木秀于林,风必摧之"之中。这对有才干的人来说,是应该引以为戒的。

如何才算得体呢?

首先,自己工作要很称职。单位里的主管领导如何知道你干什么工作、并对你有较高的评价?大多数人都认为,领导眼睛是亮的,如果表现好,工作好,迟早会传到当官耳中的。情况往往不是这样,很可能你工作相当出色，可当官的根本不知道，这也是常有的事。

深谙此道的人总是设法使自己很称职，设法让别人看到自己的工作，得到一个工作干得好的名声。上级领导往往把这样的人看作是崭露头角的优秀人才和单位里的能人。

其次，千万不可"才高震主"。即不要对你的顶头领导构成威胁。如某个秘书或办事员，年轻聪明，能言善辩，在众人之中脱颖而出。他很有能力，工作起来似乎永不疲倦，可是，最后他发现自己所有的努力都遭到顶头领导的阻挠、破坏和打击。

这种情况往往是因为你的领导受到了你的才华的威胁，所以总是和你找别扭、不合作。在这种情况下，本应使你显现出自己价值的那些特性反而有可能对你不利。你越能干、越出色，你的领导就越会觉得是一种威胁，也就越发使你无法得到较快的提升。

面对忙碌紧张的现代生活，面对自己、认识自己尤为重要。

亚瑟·吉士博士说过："没有两个人的生活遭遇是完全相同的，每个人均有他独特的生活遭遇。"的确，每个人的生活遭遇都是独一无二的。尽管构成人体的基本因素相同，但我们每个人的生命都很奇妙地形成一道独特的风景。

要想迈向成熟，我们首先得了解并接受这个事实，因为这是我们与他人沟通的基础。除非我们真正把他人视为一个个独立的个体，正如我们本身的情形一样，否则，我们很难与他们建立起有意义的关系来。

怎样才能使我们意识到自己的独特性，这里有两点建议来帮助你改善自己：

1. 要有独处时间，整理思绪

对同一件事情不同的人通常有不同的处理方法。有人喜欢在人群拥挤的街道上，在熙熙攘攘的人群中沉思，这种方法，可以使人达到忘我的境界，从而想出许多解决问题的方法来；有人喜欢接触大自然，或者到花园里走走，或者只是坐在窗旁偶尔眺望窗外的蓝天或树木，让身心得到彻底的放松；有些人也许比较喜欢静室独处，或用其他自我隔离的方式。

总之，每天抽一小段时间出来，独处沉思，才能使你在生活中游刃有余。

2. 打破习惯的束缚，寻找新的空间

我们习惯于把自己束缚在习以为常的无聊事件里，以至于在里面窒息还不自知。周围更有不少人几乎每天都在不断重复相同的行为，生命也因此变得无聊、麻木、程序化而没有丝毫的波澜。

因此，打破通常不好的习惯束缚，生活才会五彩缤纷。

# 拥有自信，快乐生活

【原文】物固有然，物固有所可，无物不然，无物不可。

【大意】一切事物本来都有它是的地方，一切事物本来都有它可的地方，没有什么东西不是，没有什么东西不可。

庄子认为万事都有两面性，但最后却都是一个整体，所以人应该对自己的生活拥有自信，坚持对的事情就会往成功的方向发展。

信心对每个人来说是相当重要的。每一位成功者都相信上帝一定不会创造废物在这个世上，他们十分了解上帝所赋予他的使命，并坚定地相信，自己必然迈向成功的顶峰。

绝对的信心，加上不断的行动，成功就不再遥远，只要秉持下去，所发挥出来的威力及获致的成果，恐怕还会在你的想象力之外。

有个顽童，在悬崖边鹰巢里发现一颗老鹰的蛋，就将其带回父亲的农庄，放在母鸡的窝里，看看能不能孵出小鹰来。

不久那颗蛋果真孵出了一只小鹰。小鹰跟着它同窝的小鸡一起长大，每天在农庄里追逐主人喂饲的谷粒，一直以为自己是只小鸡。某一天，母鸡焦急地咯咯大叫，召唤小鸡们赶紧躲回鸡舍内。慌乱之际，只见一只雄伟的老鹰俯冲而下，小鹰也和小鸡一样，四处逃窜。

经过这次事件后，小鹰每次看见远处天空盘旋的老鹰身影，总是不禁喃喃自语："我若是能像老鹰那样自由地翱翔在天上，不知该有多好。"

一旁的小鸡总会提醒它："别傻了，你只不过是只鸡，是不可能高飞的，别做那种白日梦吧！"

小鹰想想也对，自己不过是只小鸡，就回过头去和其他小鸡一起追逐主人撒下的谷粒。

直到有一天，一位训练师和朋友路过农庄，看见这只小鹰，便兴致勃

勃要教小鹰飞翔,而他的朋友认为小鹰的翅膀已经退化无力,劝训练师打消这个念头。

训练师却坚持认为由高处将小鹰掷下,它自然会展翅高飞。不料,小鹰只轻拍了几下翅膀,便落到鸡群当中,和小鸡们四处找寻食物。

训练师仍不死心,再次带着小鹰爬上农庄内最高的树上,掷出小鹰。小鹰害怕之余,本能地展开翅膀,飞了一段距离,看见地上的小鸡们正忙着追寻谷粒,便立时飞了下来,加入鸡群中争食,再也不肯飞了。

朋友们开始嘲笑声他,他却将小鹰带上高处的悬崖:小鹰放眼看去,大地、农庄、溪流都在脚下,而且变得十分渺小。待训练师的手一放开,小鹰展开宽阔的双翼,终于实现了它的梦想,自由地翱翔天际。

如果你想追求人生成功的新领域,就扬起双翼,不用回头看地上争食的旧日同伴,也不必怀疑自己不可能。只要你的眼光看得够远,就能够真正飞起。不要因为几次试飞不成的挫折而甘心落回原地,只要你不断保持想飞的念头,不断尝试,就一定会成功。

有个失业的伐木工人,见到报上刊登的征人启事,便兴冲冲地前去应征。

到了应征的地点,林场的工头依例在甄选时要问明应征者的工作经历。

伐木工人回想自己的经历,总是打零工的时候少,失业赋闲的时候多,细想了许久,终于想好了答案。

轮到他时,工头问他曾在哪个林场长时间工作过,伐木工想也没想,立即回答:"撒哈拉丛林。"

工头瞪了他一眼:"我只听说过有撒哈拉沙漠,哪里来的撒哈拉丛林?胡说八道。"

伐木工人面不改色地回答:"撒哈拉那个地方,原本是丛林,自从我在那边伐过木之后,就变成一片沙漠了。"

对自己有了百分之百的信心之后,就要你不断地采取行动。你就会惊奇地发现,此时不但你热爱工作,工作也会爱上你。

建立绝对的信心,运用大量的行动,你的人生都将会被开拓成一个王国。

三个老人聚在一起争辩,谁是最重要的人物。

一个人说:"我可以直接走进白宫的椭圆形办公室,美国总统一见到我,立刻丢下手边堆积如山的文件,站起身来与我握手,这就是最重要的人物。"

又一个人说:"这还不能算是。我除了可以让总统丢下公事、陪我聊天之外,甚至当他桌上那具直通五角大楼的热线电话响了起来,他都宁可陪我谈话而不去接听。"

第三个人说:"这算什么。我不但让总统陪我聊天,甚至当他桌上热线电话响起来时,他过去接听,并立即将话筒递过来:'喏,找你的,你老婆问你要不要回家吃晚饭。'"

不论您想要的是什么,只要你真正愿意拥有梦想,你就有机会得到你想要的一切。

因此,扩大你的梦想,勇敢地去梦、去想,凡事皆有可能实现——只要你的梦想是正面的、为大众所喜爱的。你将发现,梦想就在你伸手可及之处。

梦想是成就的根源,成功者必是伟大的梦想家。有个落魄中年人,每隔三两天就到教堂祈祷,他的祷告词几乎每次都相同。

第一次他来到教堂,跪在圣坛前,虔诚地低语:"上帝啊,请念在我多年来敬畏您的份上,让我中一次彩券吧!阿门。"

几天后,他又垂头丧气地来到教堂,同样跪着祈祷:"上帝啊,为何不让我中彩券?我愿意更谦卑地来服侍您,求你您让我中一次彩券吧!阿门。"

又过了几天,他在教堂同样重复他的祈祷,如此周而复始,不间断地祈求着。

最后一次,他跪着对上帝说:"我的上帝,为何您不垂听我的祈求?让我中彩券吧!只要一次,让我解决所有困难,我愿终身奉献,专心侍奉您。"

就在这时,圣坛上空发出一个的声音:"我一直在听你的祷告。可是——最起码,你也该先去买一张彩券吧!"

梦想是成功的起跑线,决心则是起跑时的枪声,而行动犹如跑步者全力的奔驰,唯有坚持到最后一秒的,方能获得成功。

如同上帝已将中奖的彩券为你准备妥当,你应做的,是在祈祷完毕之后,立即起身为自己买一张彩券。生活如同彩券,准备好了,拥有信心,中奖的几率就会很高,快乐的几率也会增加。

## 人生畅行无阻的境界

【原文】是以圣人和之以是非而休乎天钧,是之谓两行。

【大意】所以圣人把是与非混同起来,悠然自得的生活在自然而又均衡的境界里,这就叫作物与我各得其所,自行发展。

庄子认为圣人能够各自维持自己的观点,自行发展不受他人影响,每个人都有每个人的长处,所以凡人也应如此,活出自我,才是真生活。

每个人来到这个世界上都是独立的个体,每个人有每个人的故事,大家生活在不同的地域空间,过着各自的生活,每个人在世界的存活都是独一无二的。正如,别人的一切都不属于你,只有你自己劳作出来的东西才真正属于你。因此,凡事没有必要去比较,体现自我价值最好。

有这样一个故事。

国王的御橱里有两只罐子,一只是陶的,另一只是铁的。骄傲的铁罐瞧不起陶罐,常常奚落它。

"你敢碰我吗,陶罐兄弟。"铁罐傲慢地问。

"不敢,铁罐兄弟。"谦虚的陶罐回答说。

"我就知道你不敢,懦弱的东西!"铁罐说着,显出了更加轻蔑的神气。

"我确实不敢碰你,但不能叫作懦弱。"陶罐争辩说,"我们生来的任务就是盛东西,并不是来互相撞碰的。在完成我们的本职任务方面,我不见得比你差。再说……"

"住嘴!"铁罐愤怒地说,"你怎么敢和我相提并论!你等着吧,要不了几天,你就会破成碎片,消灭了,我却永远在这里,什么也不怕。"

"何必这样说呢,"陶罐说,"我们还是和睦相处的好,吵什么呢!"

"和你在一起我感到羞耻,你算什么东西!"铁罐说,"我们走着瞧吧,总有一天，我要把你碰成碎片！"陶罐不再理会。

时间过去了，世界上发生了许多事情，王朝覆灭了，宫殿倒塌了，两只罐子被遗落在荒凉的场地上。历史在它们的上面积满了渣滓和尘土，一个世纪连着一个世纪。

许多年以后的一天，人们来到这里，掘开厚厚的堆积，发现了那只陶罐。

"哟，这里头有一只罐子！"一个人惊讶地说。

"真的，一只陶罐！"其他的人说，都高兴地叫了起来。

大家把陶罐捧起，把它身上的泥土刷掉，擦洗干净，和当年在御橱的时候完全一样，朴素，美观，毫光可鉴。

"一只多美的陶罐！"一个人说，"小心点，千万别把它弄破了，这是古代的东西，很有价值的。"

"谢谢你们！"陶罐兴奋地说，"我的兄弟铁罐就在我的旁边，请你们把掘出来吧，它一定闷得够受的了。"

人们立即动手，翻来覆去，把土都掘遍了。但，一点铁罐的影子也没有。铁罐，不知道什么年代，已经完全氧化，早就无踪无影了。

陶罐和铁罐的结局是不一样的，虽然它们都是用来盛东西，但铁罐总是生活在攀比之中，令自己的生活充满愤怨和烦恼，而陶罐却能虚而盈，消遥自在。

生活中，更不乏这样的例子。有一位爱比较的妻子对丈夫说："我们绝对不能输给别人，你看你的同事小林，职位也不比你高，因此他有什么我们也一定要有。你知不知道他最近家中又新添了什么？"

丈夫回答："他最近换了一套新家具。"

太太说："那我们也要换套新家具。"

丈夫又说："他最近买了一辆新车。"

于是太太又说："那你也应该马上买一辆啊！"

丈夫接着又告诉太太："小林他最近……最近……算了！我不想说了。"

太太马上追问："为什么不说，怕比不过人家呀！快点说下去。"

丈夫便小声地跟妻子说："小林他最近换了一个年轻漂亮的妻子。"

太太接着说："那你也……"

在生活中，普通存在着互相攀比的现象，这种现象是由于人们的心理在作怪而产生的。每个人都有每个人的价值，适当的比较可以找到自身的不足，但什么都要比较，人就失去了生活的乐趣。同样每个人都有每个人的特色，活出自己的风采，才会真正快乐，找到自己的位置。

深入理解，领会那无穷的大道，游乐于那开初寂静无物的境域，承受自然本性，而从不表露从不自得，这也就达到了空明的心境。

# 天生我材必有用——认清自我价值

**【原文】**今子有五石之瓠，何不虑以为大樽而浮乎江湖？

**【大意】**现在你有五石容量的葫芦，为什么就不想到把它作为腰舟而浮游于江湖之上？

惠子认为太大的葫芦没有什么用处，便把它打碎了，而庄子则认为可以将葫芦作为腰舟在湖上游，找到了葫芦的价值。每个人都有其存在的价值，问题是自己想成为什么、自己想做什么，这些关系一个人毕生事业成败的各个要件，必须要与一个人到底适合做什么相结合。

因为只有了解自己到底适合做什么，并朝此方向去努力，自己的哲学和价值观才会变得明确。如此一来，即使现状多么悲惨，遭遇到多大的困难，也不会迷失自己努力的方向，才能重新站立起来。

有一句话说得好："有了爱好才能做得精巧。"因为能对自己热衷的工作使出全力，脑袋中闪过一个接一个精彩的点子，而这些强烈的热情及信念促使行动产生，就能够扎实地步上成功之道。相反的，"这工作真无聊，不适合我"的想法，心不甘情不愿去做事的话，将永远都无法成功，结果终其一生都无法找到由工作而产生的生存价值。

美国国会议员艾尔默·汤玛士，年轻时家中很穷，因衣着破烂不合身而深觉尴尬，他说："我15岁时，实在长得比别人高了，而且瘦得像支竹竿。除了身材比别人高之外，在棒球或赛跑各方面都不如人。他们常取笑我，我也不喜欢见任何人。"

"如果我任凭烦恼与恐惧盘踞下去，我可能一辈子无法翻身。一天24小时，我随时为自己的高瘦自怜，其他的事也不能想，我的尴尬与惧怕实在无法用文字所能形容。我的母亲了解我的感受，她曾做过学校教师。她告诉我：'儿子，你得去受教育，既然你的体能状况如此，你只有靠智力

谋生。'"

于是父母把他送进大学,而一切生活自理,没有经济来源,甚至没有一套合体的衣服,这使他更加自卑。但不久以后的一件事,却带给他勇气、希望,让他认清了自我的价值,改变了后来的人生。

在他入学八周后,通过一项考试,得到一份三级证书,可以到乡下的公立学校授课。虽然证书有效期只有半年,但是这是除了他母亲以外,第一次证明别人对他的信心。

后来一个乡下学校以一天2美元或月薪40美元的薪资聘请他去教书,这更增加了他的信心。

领到第一张支票,他就到服装店购买一套称心的服装。现在即使有人给他一百万,他的兴奋程度也不及穿上第一套新衣服时的一半。

而他生命中的转折点是参加集会上的演讲比赛。对他来说,那当然是天方夜谭。母亲对他的期望增强了参加比赛的信念,其结果他这样说:"完全出乎意料的,我竟然得了冠军,我太吃惊了!群众开始欢呼,一些以前取笑我的男孩们跑来拍我的背说:'我早知道你能办到的!'我母亲紧紧拥抱我。当我回顾我的人生,看得出来那次演说得奖确实是我人生的转折点。当地一家报纸以头版文章刊登我的故事,而且看好我的未来。赢得演说优胜使我在本地得到肯定,更重要的是,它使我的自信倍增,也提升了我的士气,开拓我的视野,并让我认识到我拥有一些从不敢想象的才能。"

后来,艾尔默·汤玛士成为美国国会议员。

天生我材必有用,找到自我价值去创造价值,才会有快乐的人生之旅。

一位心理学家为了实地了解人们对于同一件事情在心理上所反映出来的个别差异。对正在建筑大教堂的敲石工人作访问进行研究。心理学家问他所遇到的第一位工人:"请问你在做什么?"

工人没好气地回答:"在做什么?你没看到吗?我正在用这个重得要命的铁锤来敲碎这些该死的石头。而这些石头又特别硬,害得我的手酸麻不已,这真不是人干的工作。"

心理学家又继续找到第二位工人,问他:"请问你在做什么?"

第二位工人无奈地答道:"为了每天的工资,我才做这样的工作,若不是为了一家的温饱,谁愿意干这份敲石头的粗活?"

心理学家又去问第三位工人:"请问你在做什么?"

第三位工人眼睛中闪烁着喜悦的神采说:"我正参与兴建这座雄伟华丽的大教堂。落成之后,这里可以容纳许多人来做礼拜。虽然敲石头的工作并不轻松,但当我想到,将来会有无数的人来到这儿,再次接受上帝的爱,心中便常为这份工作献上感恩。"

积极思考正如这位工人所传达的,凡事在他看来,都是好得不能再好。

一对老夫妇省吃俭用地将四个孩子抚养长大。在他们结婚五十周年的时候,拥有极佳收入的孩子们,商议着要送给父母什么样的金婚礼物。

由于老夫妇喜欢携手到海边享受夕阳余晖,孩子们决定送给父母最豪华的爱之船旅游航程,好让老两口尽情徜徉于大海的旖旎风情之中。

老夫妇带着头等舱的船票登上豪华游轮,可以容纳数千人的大船令他们赞叹不已。而船上更有游泳池、豪华夜总会、电影院等,令他们俩感到无限惊喜。

美中不足的是,各项豪华设备的费用皆十分昂贵,节俭的老夫妇盘算自己不多的旅费,细想之下,实在舍不得轻易去消费。他们只得在头等舱中安享五星级的套房设备,或流连在甲板上,欣赏海面的风光。

幸好他们怕船上伙食不合胃口,随身带着一箱方便面,既然吃不起船上豪华餐厅的精致餐饮,只好以方便面充饥,期间或想变换口味吃吃西餐,便到船上的商店买些西点面包和牛奶。

到了航程的最后一夜,老先生想想,若回到家后,亲友邻居问起船上餐饮如何,自己竟答不上来,也是说不过去。于是狠下心来,决定在晚餐时间到船上餐厅用餐,反正是最后一餐,明天即是航程的终点,也不怕宠坏了自己。

在音乐及烛光的烘托之下,欢度金婚纪念的老夫妇仿佛回到初恋时的快乐。在举杯畅饮的笑声中,用餐时间已近尾声,老先生意犹未尽地招来侍者结账。

侍者这时很有礼貌地对他说:"能不能让我看一看您的船票?"

老先生闻言不由得生气，"我又不是偷渡上船的，吃顿饭还得看船票？"嘟囔中，他拿出了船票。

侍者接过船票，拿出笔来，在船票背面的许多空格中划去一格。同时惊讶地问："老先生，您上船以后，从未消费过吗？"

老先生更是生气，"我消不消费，关你什么事？"

侍者耐心地将船票递过去，解释道："这是头等舱的船票，航程中船上所有的消费项目，包括餐饮、夜总会以及其他活动，都已经包括在船票内，您每次消费只需出示船票，由我们在背后空格注销即可。"

老夫妇想起航程中每天所吃的方便面，而明天即将下船，不禁相对默然。

在我们出生的那一刻，你是否已然想过，上天已经将最好的头等舱船票交给了你。使你可以在物质上、心灵上，享有最豪华的待遇，只要你愿意出示船票。更重要的是，千万不要浪费了你的头等舱船票。

当然也有许多人终其一生，只是过着犹如借方便面充饥一般的生活。这并非是他们应有的船票，而他们未曾想到去使用，或根本不晓得船票的价值。甚至当有人好意提醒时，还会像那位老先生一样大发雷霆。

当你明白自己的价值是何等的无穷。你就懂得应如何灵巧运用自己的船票，但不要忘了顺便扮演侍者的角色，提醒你的朋友、孩子也能够清楚掌握自己的伟大价值。可不要像老夫妇的孩子们一样，只给了头等舱船票，而未告知其用途。

认清自我价值，正确运用头等舱船票。您就会拥有最豪华的人生旅程。

## 顺应自然，保持本色

**【原文】** 故君子不得已而临莅天下，莫若无为。无为也而后安其性命之情。

**【大意】** 所以，君子不得已来到从政的地位而治于天下，最好是顺应自然。顺应自然才能使天下有自然本性的真情。

庄子认为，天下本太平，但被一些有欲望的人所统治，天下也因此大乱。做人应顺其自然，应顺应自然本色，而不应去扰乱它。这样，人们才会重归自然本性，归于平静。

每个人都有自己的本色，如果超出自己的能力范围，就会被许多事烦恼，也找不到属于自己的价值，所以，人都应有自知之明，这样才能活出自己，活出快乐。

孔子曾说："自知之明，自胜者强。"所谓自知之明，指的是一个人要有客观认识自己，正确评价自己和洞察事物的能力。人能够做到自知之明，就不会求于物质，不为利益所诱，也就不会丧失自我，一个人只有正确认识自己、理解自己，才能自我完善、自我实现，自己战胜自己的缺点和弱点，从而创造出自身的社会价值。

历史上大凡通达世情的人都有自知之明，从他们身上我们看到自知之明者所具备的品质：

1. 豁达大度，兼容并包

《汉书·高帝纪》记载，刘邦击败项羽后，在洛阳开庆功宴，他要群臣评说战争胜败原因，有人答道，"项羽量小妒人，陛下赏罚严明。"刘邦说："你只说对其一，却不知其二，若说运筹帷幄，出谋划策，决胜千里之外，我不如张良；镇守后方，安抚百姓，筹集军粮，我不如萧何；统率大军，攻城略地，出奇制胜，我又不如韩信。他们都是难得的盖世英杰。

而我能够重用他们，发挥他们的才能，这是我得天下的主要原因。项羽只有一个范增，还不能重用他，这就是他失败的原因。"刘邦能客观地认识自己，又能客观地认识他手下的文官武将，正是有自知之明，发挥出自己的管理才能，他才成就一代伟业。

2. 洁身自好，不图名利

据古书记载，公孙仪任春秋鲁国宰相，因为爱吃鱼，国人都争着送鱼巴结他，公孙仪拒不接受。他说："正因为我喜爱吃鱼，所以才不受鱼。"他自知"爱吃鱼"是个人嗜好，而不受鱼是他的"自知之明"，他明白"吃人家嘴短，拿人家手软"，他还明白"人一走茶就凉"的道理，身为宰相，有许多人奉迎送礼，一旦罢官，好鱼抑或不好都会没人理会。为求利丢了乌纱，得不偿失。

3. 先见之明，目光长远

仕途险恶，没有先见之明的人，必然是自以为是、自鸣得意、居功自傲、利令智昏，一旦为官，难免不遭祸患。可惜，能如严光那样有自知之明的人实在少啊！据《汉书》记载，严光与刘秀少年同游，后来刘秀当皇帝，命他入朝为官，他却躲了起来，他视"荣华富贵"如"草芥尘埃"，他深知"伴君如伴虎"，依他刚直的性格难免触犯龙颜，与其彼时遭罪，不若隐居山中。可见，严光确实是个深解处世之道又有自知之明的贤人。

再来说"自胜者强"这句话。古人云"欲胜人者，必先自胜"，但是有的人不甘寂寞，敢于向阻碍自己前进的势力挑战，敢于向自我封闭的困境挑战，他们相信自己有力量，能够从禁锢中解脱出来，寻找机会，主动走出去。有一个家喻户晓的典型例子，就是"毛遂自荐"。

有人把这个成语贬义化，但如果追查史料，会发现毛遂的成功不仅因为"自荐"，还因为"自胜者强"作基础，没有真才实学的自荐才是虚张声势、哗众取宠的举动。从毛遂自荐中，我们可以清楚地看到一个人勇于为自己创造机会，施展才能的重要意义。

孔子曾周游列国，到处宣传自己的"仁政"主张，从某种意义来说，这也是一种"自荐"，只是由于当时处于战乱纷争之时，诸侯争霸，有谁肯弃干戈施"仁政"？因此孔子走投无路，四处碰壁，只得自觉由从政转而从教。在《论语·子罕》中记载："子贡曰：'有美玉于斯，韫椟而藏诸？求善贾而沽诸？'子曰：'沽之哉！沽之哉！我待贾者也！"孔子主张将玉卖出去，他等待识货的人来。"美玉"好比一个人的才能，"贾者"就是能赏识才能的人。有"美玉"去寻找"贾者"，就是有才能的人去寻找施展自己本领的机会；孔子由自己的经历而发感慨说"我待贾者也"。

人贵在有自知之明，只有如此才能在纷繁的世界中保持自己的本色，不屈不挠，顺其自然，找到属于自己的真正价值，也可以在逆境时，全身而退。

第四章 肯定自我，保持本色

## 做人要做自己

【原文】且夫待钩绳规矩而正者，是削其性也。

【大意】等待曲尺、墨线、圆规、角尺来校正事物形态的，是损伤事物本性的行为。

庄子认为做人应该做自己，不要被所谓的墨线、圆规、角尺来束缚自己的手脚。自己应有自己的发展空间，善于发现自己的好，才能活得有价值。

庄子有一个故事《不必羡慕他人》：

独脚兽夔羡慕那多脚的蚿，蚿羡慕那无脚的蛇。蛇羡慕那风，风羡慕那眼睛，眼睛羡慕那心灵。

夔对蚿说："我用一只脚跳着行走，没有谁比我更简便的了，你用一万只脚行走，到底是怎样的呢？"

蚿回答说："我启动自然机能而行走，自己也不知道为什么能够这样。"

蚿对蛇说："我用很多脚行走，还不如你没有脚走得快，为什么呢？"

蛇说："我依靠天生的机能而动作，哪里用得着脚呢！"

蛇又对风说："我用背椎和腰肋行走，你呼呼地从北海刮起来，又呼呼吹入南海，好像没有形迹，为什么呢？"

风说："我能折断大树，吹飞大屋，在细小方面不求胜利，而求得更大的胜利。获得大的胜利，只有圣人才能够做到。"

夔羡慕蚿，蚿又羡慕蛇，蛇又羡慕风，风羡慕眼睛，眼睛羡慕心灵。它们彼此互相羡慕，却不知自身是最好的。何必与他人相比，让他人抹去属于自己的光环，不如给自己一个空间，让自己活得轻松快乐。

有一个人，他的手上有一只玉环，他的朋友每次看到他，都对他手上那只玉环的晶莹剔透发出许多称赞，并对它仔细端详把玩，又往往是接上一句大惊小怪："怎么？镶一节K金，难道有瑕疵？"然后就可看到一副透着无限怅然的惋惜面孔。逢此镜头，这个人总会不厌其烦、千篇一律地解释："不小心碰裂了，为了补拙，唯有包金一条路，土则土矣，但总胜过折断啊！"

　　这个人在十多年前，与它初次相遇时，曾被那翠绿光泽给吸引，爱不释手，为了所费不赀的售价，好不容易才痛下决心，把它带回家当纪念品，从此长系于手，视为珍物。自从有了它之后，她每天行走动作都格外仔细小心，唯恐一个不小心留下任何伤痕。而这份美丽无瑕的完美，曾经令人艳羡、夸赞，也成了他一个美丽的负担。虽然如此这般小心翼翼地呵护它，珍爱它，但在一次美国之行最后一顿晚餐之际，这个人却因倦乏之极，一个大意撞上乐园的门柱，只听"铿"的一声，玉镯断裂，留下了不可弥补的印记。

　　几年来，她已习惯了那样的称赞、好奇与疑问，并且渐渐了然世间一切种种完美的不可强求。

　　我有一个朋友。她从小就是模范生，从来就是拿第一的"乖乖牌"，从小到大，在学业、演讲、做事方面永都独占鳌头，旁人难以匹敌；她任教高中，在教学、带领学生方面，也是处处在人之上；她已惯于"人上人"的情势，为了永远高高在上，她只有永不停止地督促自己拼命往前，她比旁人付出更多的努力，几乎是走火入魔，也因此煎熬在高处不胜寒的冷冷孤独里而不自觉。一年、两年、数年的压抑累积，终于在教学的第十个年头正当要领教育部颁发的奖章之际，她已不胜负荷，承受不住的自我期许而病倒了，一场忧郁症，让她住进了医院。她自己一路行来是如此地追求完美，最后竟找不到自己，丢失了快乐。

　　人生一世，活着是为了什么？不是为了别人的称誉，也不是为了效仿他人，而是活出自己，亮出属于自己的本色。你拥有独一无二的个性，才成就你独特的事业，活出属于自己的快乐。

　　正如庄子所言，用太多的标准来衡量自己，实际上是对自己的一种抹杀。标准太多则束缚越多，人容易失去本性的自我。

## 不要被旁人的话迷失自己

**【原文】** 世俗之所谓然而然之,所谓善而善之,则不谓之道谀之人也。

**【大意】** 世俗上所认为是的就认为是,所认为对的就认为对,却不称他们为谄谀的人。

庄子认为无论世人对你的所作所为是何等的评价,那只是世俗人的想法,他们善于给人归类,不一定正确。每个人都应有自己的想法,别人认为不正确、不可能的未必是真理,只有坚持自己的想法,才能活出一个真正的自我,找到一条属于自己的路。

剑桥郡的世界第一名女性打击乐独奏家伊芙琳·格兰妮说:"从一开始我就决定,一定不要让其他人的观点阻挡我成为一名音乐家的热情。"

她出生在苏格兰东北部的一个农场,8岁时开始学习钢琴。随着年龄的增长,她对音乐的热情与日俱增。但不幸的是,她的听力却在渐渐地下降,医生们断定是由于难以康复的神经损伤造成的,而且断定到12岁,她将彻底耳聋。可是,她对音乐的热爱却从未停止过。

她想成为打击乐独奏家,为了演奏,她学会了用不同的方法"聆听"其他人演奏的音乐。演奏时她只穿着长袜,这样她就能通过她的身体和想象感觉到每个音符的震动,她几乎用她所有的感官来感受着她的整个声音世界。

她不想成为一名耳聋的音乐家,于是她向伦敦著名的皇家音乐学院提出了申请。她的演奏征服了所有的老师,破格成为该校第一个聋学生,并在毕业时荣获了学院的最高荣誉奖。

从那以后,她的目标就致力于成为第一位专职的打击乐独奏家,并且为打击乐独奏谱写和改编了很多乐章,因为那时几乎没有专为打击乐而谱写的乐谱。

至今，她作为独奏家已经有十几年的时间了，因为她很早就下定了决心，不会仅仅由于医生诊断她完全变聋而放弃追求，因为医生的诊断并不意味着她的热情和信心不会有结果。她用自己不懈追求的信念向世人展现了一个奇迹！

罗斯福总统的夫人曾向她的姨妈请教对别人不公正的批评有什么秘诀。她姨妈说："不要管别人怎么说，只要你自己心里知道你是对的就行了。"避免所有批评的唯一方法就是只管做你心里认为对的事——因为你反正是会受到批评的。

自己认准的事情就无须理会别人的议论，坚信自己可以做到，努力前进就行了。

"不要被他人的论断束缚了自己前进的步伐。追随你的热情，追随你的心灵，它们将带你到你想要去的地方。"

有一个名叫奥齐的中年人，对世界各种重大问题都有自己独特看法，如人工流产、计划生育、中东战争、水门事件、美国政治等。每当自己的观点受到嘲讽时，他便感到十分沮丧。为了使自己的每句话和每个行动都能为每个人所赞同，他花费了不少心思。他向别人谈起他同岳父的一次谈话。当时，他表示坚决赞成无痛致死法，而当他察觉岳父不满地皱起眉头时，便几乎本能地立即修正了自己的观点："我刚才是说，一个神志清醒的人如果要求结束其生命，那么倒可以采取这种做法。"奥齐在注意到岳父表示同意时，才稍稍松了一口气。

他在社会交往中，用改变自己的立场来博得他人的欢心，不能坚持自己的看法，人云亦云，又怎能开心。

我们在工作中常遇到这样的情况。领导让他的秘书看一篇报告写得如何。秘书看过后来汇报，说："我认为写得还不错。"领导摇了摇头。秘书赶快说："不过，也有一些问题。"领导又摇摇头。秘书说："问题也不算大。"领导又摇摇头。秘书说："问题主要是写得不太好，表述不清楚。"领导又摇摇头。秘书说："这些问题改改就会更好了。"领导还是摇头。秘书说："我建议打回这个报告。"这时领导说了句："这新衬衣的领子真不舒服。"

以得到别人的赞许为需要，就很难做到实事求是。如果你感到非要受

到夸奖不行，并常常做出这种表示，那就没人会与你坦诚相见。同样，你不能明确地阐述自己在生活中的思想与感觉，你会为迎合他人的观点与喜好而放弃你的自我价值。

生活中只要你做事，就会有反对意见，有批评。这是现实，是你为"生活"付出的代价，是一种完全无法避免的现象。所以，找到自己想做的事，并坚定不移地走下去，不为别人的意见所左右，这就是成功人士的不二法门。

生活中的甜言蜜语很多，中伤恶语也不少，学会保护自己，不要让自己迷失在他人的话语中，时刻保持头脑清醒，自在而活。

# 走自己的路，让他人去说吧

**【原文】** 吾所谓朋者，非谓其见彼也，自见而已矣。

**【大意】** 我所认为视觉的敏锐，并非是说能看清别人，而是在于能够看清自己罢了。

庄子认为一个人最重要的不是去认知他人，而是看清自己。

每个人身上都有独特的闪光点，问题在于你能不能发现，看清自己，走出自己的成功之路。

歌剧演员卡罗素美妙的歌声享誉全球。但当初他的父母希望他能当工程师，而他的老师对他的评价则是：他那副嗓子是不能唱歌的。

达尔文当年决定放弃行医时，遭到父亲的斥责："你放着正经事不干，整天只管打猎、捉狗捉耗子的。"另外，达尔文在自传上透露："小时候，所有的老师和长辈都认为我资质平庸，我与聪明是沾不上边的。"

沃特·迪斯尼当年被报社主编以缺乏创意的理由开除，建立迪斯尼乐园前也曾破产好几次。

爱因斯坦4岁才会说话，7岁才会认字。老师给他的评语是："反应迟钝，不合群，满脑袋不切实际的幻想。"他曾遭到退学的命运。

牛顿在小学的成绩一团糟，曾被老师和同学称为"呆子"。

罗丹的父亲曾怨叹自己有个白痴儿子，在众人眼中，他曾是个前途无"亮"的学生，艺术学院考了三次还考不进去。

《战争与和平》的作者托尔斯泰读大学时因成绩太差而被劝退学。老师评价他："既没读书的头脑，又缺乏学习的兴趣。"

如果这些著名人士没有走自己的路，沉浸于他人的评价中，怎么能取得举世瞩目的成绩？

人生的成功包括功、名。但是，世界上却永远没有绝对的第一。看过

马拉多纳踢球的人，还想一身臭汗地在足球队里混吗？听过帕瓦罗蒂的歌声的人，还想修炼美声唱法吗？其实，如果总是担心自己比不上别人，只想功成名就，那么世界上也就没有曹雪芹、帕瓦罗蒂、马拉多纳这类人了。

生活中，每个人都有展示自己的机会。那些每天一早来到公园练武打拳、练健美操、跳迪斯科的人，那些只要有空就练习书法绘画、设计剪裁服装和唱戏奏乐的人，根本不在意别人对他们姿态和成果品头论足，也不会因没人叫好或有人挑剔就停止练习、情绪消沉。他们的主要目的不在于当众展示、参赛获奖，而是自得其乐、自有收益。满足自己对生活美和艺术美的渴求。

走自己的路，让别人去评说吧，只要自己活得快乐，又何必去在乎他人的眼光。

# 命运掌握在自己手中

**【原文】** 独有之人，是谓至贵。

**【大意】** 具有这样独立特行的人，就可称之为至高无尚的贵人。

庄子认为人不应该让外物困扰，要做就做一个独立的人。

天下无论多少条路，都靠自己走，别人永远无法替代，而命运只有靠自己把握，只有自己才是自己真正的主人。

古代有这样一个笑话：一个衙门的差役，奉命解送一个犯了罪的和尚，临行前，他怕自己忘带东西，就编了个顺口溜："包袱雨伞枷，文书和尚我。"在路上，他一边走，一边念叨这两句话，总是怕在哪儿不小心把东西丢一件，回去交不了差。和尚看他有些发呆，就在停下来吃饭时，用酒把他灌醉了，然后给他剃了个光头，又把自己脖子上的枷锁拿过来套在他的身上，自己溜之大吉了。差役酒醒后，总感到少了点什么，可包袱、雨伞、文书都在，摸摸自己脖子，枷锁也在，又摸摸自己的头，是个光头，说明和尚也没丢，可他还是觉得少了点啥，念着顺口溜一对，他大惊失色："我哪里去了，怎么没有我了？"

是啊，什么都没丢，却将自己弄丢了，虽为笑话，却也让人深思。亨利曾经说过："我是命运的主人，我主宰我的心灵。"做人应该做自己的主人，应该主宰自己的命运，不能把自己交付给别人。生活中有的人却不能主宰自己，有的人把自己交付给了金钱，成了金钱的奴隶，有的人为了权力，成了权力的俘虏，有的人经不住生活中各种挫折与困难的考验，把自己交给了上帝。

做自己的主人，就不能成为金钱的奴隶，不能成为权力的俘虏，要不失自我，在各种诱惑面前保持自己的本色，否则便会丢失自己。过于热衷于追求外物者，最终可能会如愿以偿，但却会像差役一样把最重要的一样

给丢了，那就是自己。

我们有权利决定生活中该做什么，不能由别人来代作决定，更不能让别人来左右我们的意志，而自己却成了傀儡。其实，只有自己最了解自己，别人并不见得比自己高明多少，也不会比自己更了解自身实力，只有自己的决定才是最好的。

我们应该做命运的主人，不能任由命运摆布自己。像莫扎特、凡·高生前都没有受到命运的公平待遇，但他们没有屈服于命运，没有向命运低头，他们向命运挑战，并最终战胜了它，成了自己的主人，成了命运的主宰。

挪威大剧作家易卜生有句名言说："人的第一天职是什么？答案很简单：做自己。"是的，做人首先要做自己，首先要认清自己，把握自己的命运，实现自己的人生价值，这样，才是真正的自己。

# 打造属于自己的品牌

【原文】无己,恶乎得有有!

【大意】不限于个我,怎么专注形象而不能解脱。

庄子认为人以自我为中心时,才会专注于自身形象,换句话说,每个人都有各自的特点,以自己独有的个性存活于社会之中,因此也就有用于社会也在不同的行业,所以每个人都应有自己独立的品牌。

商品的好与坏,需要牌子来分清,好的商品会有好的品牌,人也一样,要想突出自我,就要打造好属于自己的品牌。

应如何创造你的品牌?有两个做法。

首先是消极的不要使你的"品牌"变坏,简单地说,就是不要让人对你的评语变坏,比如懒惰、投机、邪门、不忠、寡情、好斗、阴险……一旦你有了这些评语中的一项或多项,那么你被信赖的程度必定降低,虽然你事实上并不是那样的人,而在关键时刻,这些评语也有可能对你造成伤害。这种品牌印象要改变不太容易,就像我们买东西上当,以后就不信任那种品牌那般。而这些印象也常在无意间造成,人们也常常以"一次印象"来评论你这个人。因此做人做事必须特别小心,有时一有瑕疵,便一辈子也洗刷不清,商品可以换品牌,重新出击,人可不太容易。不过由于刻板印象和个人好恶,可能有一些人特别不欣赏你,并且尽挑你的缺点,有一两个这种人不足挂心,但如果很多人那样,问题恐怕就不小了。

其次应积极地强化你的品牌,也就是透过各种方法,来塑造你在别人心目中的印象,就像商品做广告那样。人的品牌的广告有很多种做法,故意制造一些事件使成为新闻或同行的谈话资料是一种方法,但这不太容易,要做也得花不少心思,没"操作"好更会弄巧成拙,因此并不鼓励你

这么做。倒是有一些做法可达到同样的效果，也就是发挥长处，避免拿出短处，长处有目共睹，别人就不太在乎你无伤大雅的短处，例如工作能力强，但就是自私些，有些人就欣赏工作能力，但不在乎你的自私，好比家电耐用品质好，但不在乎耗电。于是，"工作能力强"就成为你的品牌，这个品牌是"吃喝不尽"的。

人的品牌就和商品的品牌一样，商品只偷工减料、价格实在，就能争取一定的消费者，建立相当程度的品牌；人也是一样，打造好属于自己的个人品牌，在成功的路上就会畅通无通。

# 不要让生活之舟偏离你的航线

【原文】是役人之役,适人不适,而不自适其适也。

【大意】这样的人都被役使世人的人所役使,都被安适世人的人所安适,而不是能使自己得到安适的人。

庄子认为人容易随追他人,丧失自己,所以找不到快乐,生活之中人要想取得成功,就要做与众不同的自己。

做一个随波逐流的人,要比依照自己的鼓声节奏前进的人要容易得多。要做到无论何时都能够把握住自我,不管大家现在都做些什么,有什么新的潮流,一定要让生活的航线不偏离你。

爱默生在他一篇谈自信的文章中曾经写道:"要成为一名顶天立地男子汉,就必须不随波逐流。"当你在攀登顶峰时,你是站在某个"机构"的最上头;它可能是某个部门、某家工厂、某个公司。爱默生同时指出,那就是每个商界人士必需认识到的:"一个机构就是一个人加长的影子。"

当然,许多人通常都会需要也很欢迎别人在他需要的时候伸出援手。在你攀登顶峰的路上,你不要拒绝别人的帮助,但要记住,从长远来看,你依然是自己那艘船的船长,掌舵的是你,而这艘船是驶向你要去的地方——你必须是发号施令的人。毕竟,你未必喜欢他人的目的地。你绝对不能随着他人的节拍起舞。同样的,因为你未必喜欢他人那种音乐,牢记:"付钱给风琴手的人才有资格点歌。"你必须信任你的直觉,感觉什么是对的,什么是错的。当初哥伦布船上的船员都力促他返航,但他不为所动,继续他的航程。你必须学着培养"独立自主"的能力。建立属于自己的王国。

在你一路攀向顶峰时,当你环顾四周,很多时候会发现自己竟然是如此的孤独,就像人们所形容的:"高处不胜寒"。你可能突然想到:"我要依靠谁?我要与谁同行?谁会领着我走过艰辛的一程又一程?"

答案只能是：你自己。现在你一个人正步履蹒跚地朝着目标前进，而你所秉持的正是那份独立自主的能力。要不断努力去做你认为是对的事，那些你在内心里相信应该去做的事。

即使你发现自己是如此的孤独，如此的与众不同，你仍然应该为所当为。别人可能会要你向大家看齐，但想想看，如果大家都像是一个模子里刻出来的，那这个世界会是多么单调乏味。毕竟，在这个世界上，没有两个人的指纹是相同的，也没有哪两个人的声波是相同的，就连雪花也片片不同。

你所要遵守的规则就是：当你独自在事业以及生活的领域里站稳脚跟时，要确定你不会阻碍别人拥有相同的权利。让他们也保有他们的立足点，同时如果有必要，要让他们协助你保有你自己的立足点。

除了你自己之外，绝对没有一个人对你的命运操有最后的决定权。

你敬重父母、朋友，但是你最亲密的友人是你自己。你要先和自己做朋友，要先敬重自己；在博得别人好感之前，先获得自己好感，你拥有的最大财富是你的自我心像——对自己的好印象；不管是谁，都不能把它夺走。假如有人这样做，那是他固执己见，想要让你过他的生活，而非你自己的生活。

当然，你可以聆听父母、朋友的忠告，可是最终，要自己决定想做什么。在自己能力、知识范围之内，只要你想做的不会损害他人，那么，积极地向你的目标迈进，不要让任何人使你在航程中转向；因为你必须信任你的目标，你必须到达你的目的地。

你的目标和父母、朋友的目标是不相同的，你必须要做你觉得非做不可的事，那是你应该行使的权利。换句话说，要让自信帮助你而非反对你。要选择自己的事业，因为你相信它的发展。千万不要选择适应别人的事业，那是失败和苦恼的开端。做好属于自己的事业，开拓属于自己的天空，驶向属于自己的生活。

# 演好属于自己的角色

**【原文】** 言者有言,其所言者特未定也。

**【大意】** 善辩的人议论纷纷,他们所说的话也不曾有定论。

庄子认为善于辩论的人尽管在不停地说,但结果却仍没有定论,所以做人不要受别人的影响,因为别人也不知道具体结果怎样,你的未来又怎可交到这样人的手中,因此,做人还是做自己好。

在社会生活中,每个人都扮演着不同的角色,从社会人际关系学的角度讲,人都处在两个层次的社会关系之中:一是每个人都归属于一定的民族、阶级或党派,生活在一定的国度,处于人际间的宏观关系之中;二是每个人都有亲属、同事、上下级和业务联系等关系,处于人际间的微观关系中。每个人总是要同时以"宏观身份"和"微观身份",来对待和处理人际间的各种关系。不管是国家同国家之间的冲突与联合,阶级同阶级之间的抗争与妥协,还是个人同集体的对立与协调;不管是人们痛苦的离别,还是快乐的团聚;是深深的思念,还是暗暗的诅咒;是善意的劝告,还是恶意的挑拨;是残酷的争斗,还是友好的合作;是虚伪的应对,还是真诚的共处;是冷漠的相待,还是热情的交往……所有这些,都在人际间发生、发展、变化。也正是这些人际间的悲欢离合,冷暖亲疏,构成了纷繁复杂的社会。

莎士比亚有一句名言:"世界是一个大舞台,每个人都扮演一个重要的角色。"一个人要在社会上取得成功,首先要确定自己在社会上的角色。

确定自己的角色就是要明确自己的人生目标,给自己在社会生活中定位。

卡耐基曾经这样总结自己的教训:当我由密苏里州的乡下到纽约去的时候,我进了美国戏剧学院,希望能做一个演员。我当时有一个自以为非

常聪明的想法一条到达成功的捷径，这个想法非常之简单，非常之完美，所以我不懂得为什么成千上万富有野心的人居然没有发现这一点。这个想法是这样的：我要去学当年那些有名的演员怎样演戏，学会他们的优点，然后把每个人的长处学下来，使自己成为一个集所有优点于一身的名演员。多么愚蠢！多么荒谬！我居然浪费了很多时间去模仿别人，最后终于明白，我一定得维持本色，我不可能变成任何人。

这次痛苦的经验，应该能教给我长久难忘的一课才对，可是其实不然。我并没有学乖，我太笨了，希望那是所有关于公开演说的书本中最好的一本。在写那本书的时候，我又有了和以前演戏时一样的笨想法。我打算把很多其他作者的观念，都"借"过来放在那本书里——使那一本书能包罗万象。于是我去买了十几本有关公开演说的书，花了一年时间把它们的概念写进我的书里，可是最后我再一次地发现我又做了一件傻事：这种把别人的观念整个凑在一起而写成的东西非常做作，非常沉闷，没有一个人能够看得下。所以我把一年的心血都丢进了废纸篓里，整个的从新开始。这一回我对自己说，"你一定得维持你自己的本色，不论你的错误有多少，能力多么的有限，你都不可能变成别人。"于是我不再试着做其他所有人的综合体，而卷起我的袖子来，做了我最先就该做的那件事：我写了一本关于公开演说的教科书，完全以我自己的经验、观察，以一个演说家和一个演说教师的身份来写。

卡耐基取得了成功，是因为他终于明确了他自己的社会角色，从他自己的角度来从事社会活动。

人对自己角色的确定，一方面是自我评价，一方面是他人评价，同时也是由社会分工确定的。所以，人的社会角色也是在不断地发展变化的。每个人都要根据角色的发展变化，及时调整自己的心态，才能够在社交中受到欢迎，建立良好的人际关系。

现在有些人在台上的时候，很得意，一旦下了台，就灰溜溜的不知所为。相反，有些人自以为很能干却得不到领导的赏识，整天牢骚满腹，一生就在这种牢骚中度过。这些人都是不能正确面对自己的社会角色，难以进行正常的社交活动，导致人生失败。

其实，人对自己角色的认同，就能使人保持一个平常的心态，在自己的位置，以自己的身份和能力，做好自己的事情，与周围的人建立友好的关系。

有一位诗人写了一首诗，值得我们每个人欣赏、借鉴。

　　　　如果你不能成为山顶的一株松
　　　　就做一丛小树生长在山谷中
　　　　但须是溪边最好的一小丛
　　　　如果你不能成为一棵大树，就做灌木一丛
　　　　如果你不能成为一丛灌木，就做一片绿草
　　　　让公路上也有几分欢娱
　　　　如果你不能成为一只麝香鹿，就做一条鲈鱼
　　　　但须做湖里最好的一条鱼
　　　　我们不能都做船长，我们得做海员
　　　　世上的事情，多得做不完
　　　　工作有大的，也有小的
　　　　我们该做的工作，就在你的手边
　　　　如果你不能做一条公路，就做一条小径
　　　　如果你不能做太阳，就做一颗星星
　　　　不能凭大小来断定你的输赢
　　　　不论你做什么都要做最好的一名

明确了自己的角色，你才能在社会的舞台上成功地表现自己。

## 肯定自我，秉持本色

**【原文】** 夫随其成心而师之，谁独且无师乎？

**【大意】** 如果依据自己的成见作为判断的标准，那么谁没有一个标准呢？

庄子认为每个人都有个人对事物的判断标准，不受他人影响，人应保持自我本色，不要人云亦云。

我们每个人都是世上独一无二的，你就是你自己，不要按照他人的眼光和标准来评判甚至约束自己，你无须总是效仿他人。保持自我本色，才能体味什么是真正的快乐。

我们每个人的生活面貌都是由自己塑造而成的，如果我们能学会接受自己，看清自己的长处，明白自己的短处，便能踏稳脚步，达到目标；这样就不至于浪费许多时间和精力，空苦恼。

不能保持自己的本来面目，这一问题比比皆是。詹姆士·基尔奇博士认为："这是人性丛林中的一种普遍现象。"这也是造成许多精神衰弱症、精神异常或精神错乱的根源。曾对儿童教育问题写过十多本书和上千篇报道的安格罗·派屈说道："当理想中的自我与现实中的自我不相一致时，那就是一种不幸。"这种现象在好莱坞比比皆是，著名导演山姆·伍德说过，他最头痛的就是让那些年轻演员如何秉持本色，他们只想变成三流的拉娜·透拉，或三流的克拉克·盖博，而"观众要的是另一种口味"。在执导《战地钟声》等名片之前，山姆·伍德从事过好几年的房地产生意，形成了自己的推销风格。他声称，拍电影和做买卖的原则是一样的，如果你一味模仿别人，就不能成功。"经验告诉我，"伍德说道，"不能表现出自我本色者注定要失败，而且失败得很快。"

欧文·柏林也曾给乔治·葛斯文提出过忠告。他们两人初识的时候，柏林已是位有名的作曲家，而葛斯文还是个每星期只赚 35 块钱的无名小子。柏林很赏识葛斯文的才华，愿意付 3 倍的价钱请葛斯文当音乐助理。"但是，你最好别接受这份工作。"柏林说："如果你接受了，可能会变成一个二流的柏林，如果你秉持本色奋斗下去，你会是个一流的葛斯文。"葛斯文记下了柏林的忠告，果然成了美国当代著名的音乐家。

查理·卓别林开始拍电影的时候，导演要他模仿当时一个有名的德国喜剧演员。卓别林一直都不显得出色，直到找出了属于自己的戏路。鲍勃·霍伯也有类似的经验，他花了好几年的时间唱唱跳跳，直到还已本来面目，并以其机智的妙语广受欢迎。

基尼·欧屈一直想改掉自己的德州腔，穿着入时，像个城里人。他宣称来自纽约，别人却在背后笑话他。直到有一天他弹起竖琴，成为牛仔明星和歌星。

上天安排你到世上，就已为你打造好了属于自己的个性，所以，坚信自己是世上独一无二的，应该把自己的禀赋发挥出来。据分析，所有的艺术家都是具有一些天赋的；你是什么就唱什么，是什么就画什么。经验、环境的遗传造就了你的面目，无论是好是坏，你都得耕耘自己的园地；无论是好是坏，你都得弹起生命中的琴弦。爱默生在他的散文《自恃》中写道：

每个人在受教育的过程当中，都会有一段时间确信：嫉妒是愚昧的，模仿只会毁了自己；每个人的好与坏都是自身的一部分；纵使宇宙间充满了美好的东西。但如果不努力你什么也得不到；你内在的力量是独一无二的，只有你知道自己能做什么，但除非你真的去做，否则连你也不知道自己真的能做什么。决定你是否能克服危机的不是你尺寸的大小——而在于一个最好的你！你不应当丢掉自己身上最好的东西，去盲目模仿别人，把自己变成别人的影子。

"要想成为真正的'人'，必须先是个不盲从因袭的人，你心灵的完整性是不可侵犯的……当我放弃自己的立场，而用别人的观点去看一件事的时候，错误便造成了……"这是爱默生所讲的名言。这对喜欢强调"由别人的观点看事情"以增进人际关系的人来说，无疑是一大震撼。也许，我们可以把爱默生的话做如下解释："要尽可能用他人的观点来看事情——

但不可因此而失去自己的观点。"如成熟能带给你什么好处的话，那便是发现自己的信念及实现这些信念的勇气——无论遇到什么样的因素。

普林斯顿大学校长哈洛·达斯，对顺应群体与否的问题十分关切。他在 1955 年的学生毕业典礼上，以《超越盲从的重要性》的题目发表演说，指出：

"无论你受到的压力有多大，使你不得不改变自己去顺应环境，但只要你是个超越盲从而具有独立个性气质的人，便会发现，不管你如何尽力想用理性的方法向环境投降，你仍会失去自己所拥有的最珍贵的资产——自尊。想要维护自己的独立性，可以说是人类具有的神圣需求，是不愿当别人橡皮图章的尊严表现。盲从虽可一时得到某种情绪上的满足，却也时时会干扰你心灵的平静。"

达斯校长最后做了一个很深刻的结论。他指出："盲从是导致人生失去自我的危机因素之一，人们只有在找到自我的时候，才会明白自己为什么会到这个世界上来，要做些什么事，以后又要到什么地方去等这类问题。"

不能表现出自我本色者注定要失败，而且失败得很快。

我们每个人都应肯定自我，秉持本色，相信自己是独一无二的，用自己的智慧完成属于自己的使命。

# 第五章 无欲无求，平常心态

保持平常心是一种人生境界。它并不是消极地让人不思进取，无所作为，而是要人们对生命意义的把握进入一个更高的层次，以便能充分调动发挥生命的潜质，使生命更加灿烂地放射出原有的光华。

# 用平常心态看得失

**【原文】**是亦彼也，彼亦是也，彼亦一是非，此亦一是非。

**【大意】**事物的这一面也就是事物的那一面，事物的那一面也就是事物的这一面，事物的那一面有它的是与非，事物的这一面同样也有它的是与非。

庄子认为任何事物都有两面性，好与坏，是与非，不一而定。

潮起潮落，人生起伏，人都有过得志和失意的时候。所谓"得意不要忘形，失意不要失志"，就是一种泰山崩于前而面不改色心不跳的神态。只不过是，这种境界谁又能做得到呢？

人们好在别人面前显示聪明，害怕出丑。实际生活并非如此。聪明的人有时简直就像一个大傻瓜，他们当众出丑，却若无其事，他们被人嗤笑却会不以为然。然而，他们就这样聪明起来。有人网球打得不好，所以老是害怕打输，不敢与人对垒，至今他的网球技术仍然很糟糕。而有的人网球打得很差，但他不怕被人打下场，越是输越打，后来成了令人羡慕的网球手，成了网球队队员。

聪明令人羡慕，出丑往往让人感到难堪。但是聪明来自丑中练，做人不敢出丑，就不会聪明。

生活中值得赞赏的是那些勇敢地去干他们想干的事，即使在众人面前出了丑，还是洒脱地说："哦，这没什么！"就是这么一类人，他们还没学会反手球和正手球，就勇敢地走上网球场；他们还没学会基本舞步，就走下舞池寻找舞伴；他们甚至没有学会屈膝或控制滑板，就站上了滑道。

伊米莉，只会说一点点法语，却毅然飞往法国去做一次生意旅行。她坚持在展览馆、在咖啡店、在爱丽舍宫用法语与每个人交谈。她不怕结结巴巴、不怕语塞傻笑出丑吗？一点也不。因为伊米莉发现，当法国人对她使用的虚拟语气大为震惊之状过去后，许多人都热情地向她伸出手来，为她的"生活之乐"所感染，从她对生活的努力态度中得到极大的乐趣。他们为伊米莉喝彩，为所有有勇气干一切事情而不怕出丑的人欢呼。这类人还包括那些学习对他们来说并不容易学习新东西的人。

生活中很多人都不愿成为初学者，总是拒绝学习新东西。因为害怕"出丑"，宁愿错过自己的机会，限制自己的乐趣，禁锢自己的生活。

"过而不改，斯谓过矣。"意思是说：犯了一回错不算什么，错了不知悔改，才算真的错了。

人都不是完美的，没有人不会犯错误，有时还错上加错，既然错误是不可避免的，那么可怕的并不是错误本身，而是知错而不肯改，错了也不悔过。

面对错误要有足够的勇气去承认它、面对它，不仅能弥补错误所带来的不良后果，在今后的生活中更加主动活跃，而且能加深他人对自己的良好印象，从而很痛快地原谅其错误。这不但不是"失"，反而是最大的"得"。

事实上，勇于承认错误的人，同时可以获得某种程度的满足感，这不仅可以消除罪恶感和自我保护的气氛，而且有助于解决这项错误所制造的问题。戴尔·卡耐基告诉我们，即使傻瓜也会为自己的错误辩护，但能承认自己错误的人，就会获得他人的尊重，而且令人有一种高贵诚信的感觉。

喜欢听赞美是每个人的天性。对别人的批评，大多数人都会感到不舒服，有些人更会拂袖而去，连表面的礼貌也不会做，常常令提意见的人尴尬万分。下一次就算你犯更大的错误，相信也没有人敢劝告你了，其实这是做人的一大损失。

面对自己的过错与其找借口逃避责难，不如勇于承认，在别人没有机会把你的错到处宣扬之前，对自己的行为负起一切的责任。

如果你在工作中出错，要立即向领导汇报自己的失误，这样也许会被大骂一顿。可是上司的心中却会认为你是一个诚实的人，将来也许对你更加倚重，你所得到的可能比你失去的还多。

如果你所犯的错误可能会影响到其他同事的工作成绩或进度时，无论

同事是否已发现这些不利影响，都要赶在同事找你"兴师问罪"之前主动向他道歉、解释。千万不要企图自我辩护，推卸责任，否则只会火上浇油，令对方更感愤怒。

每个人都会犯错误，尤其是当你精神不佳、工作过重、承受太沉重的生活压力时。偶尔不小心犯错是很普通的事情，关键是犯错后要用正确的态度对待它。犯错误不算什么罪大难饶的事，"有则改之，无则加勉"，只要你用平常心态看待，不固守所谓的自尊，就能坦诚地面对自己、面对别人。

的确，若要改变一下自己的生活位置，我们总要冒出丑的风险。不要担心出丑。否则，你会受到困于静止的生活而又时时渴望变化的愿望的痛苦煎熬。相对的，害怕出丑，也会因失去许多生活机会而长久感到后悔，"一个从不出丑的人并不是一个他自己想象的聪明人。"做一个不怕"出丑"的聪明人，你会更加聪明。

## 用平常心享受非常事

**【原文】** 故为不轩冕肆志，不为穷约趋俗，其乐彼与此同，故无忧而已矣。

**【大意】** 所以不要为荣华高位而恣意放纵心志，不要因穷困窘迫而趋附世俗，身处荣华富贵与穷困窘迫的快乐相同，所以没有忧虑。

庄子认为无论世人处于什么地位，即是荣华高位亦或穷困潦倒都应有自己的快乐。用平常心去面对人生的风云变幻。

一个人做事总有一定目的，即使他没有在意。因为没有目的本身也是一种目的。只不过目的都与人喜好相联系，那种违背自己意愿的目的少之不少。

下围棋的人常说的是：平常心。所谓平常心，指的是无论面对什么样的比赛，都应该以平日下棋的心情去对待，这样就能下好。反之，过于兴奋，高度紧张，把一盘棋看得过重，以至于心理失衡，结果总是事与愿违，该赢的棋，也会输掉。

棋理与人生的道理是相通的。面对荣誉，我们也应该保持一颗"平常心"。用平常心态来享受那份荣耀。

山西"山药蛋派"作家赵树理的《老杨同志》塑造了一个平易近人，深入实际了解群众，与群众同甘共苦，敢于同恶势力作斗争的区干部老杨的形象。老杨在农民心中可算作是一个"大官"，他之所以能受到欢迎，就是缘于他那颗融于群众一体的"平常心"。

学贯中西、闻名四海的大学者钱钟书，从来都是拒绝报刊电台等新闻媒介采访的。一位外国记者到中国来想拜访他，钱钟书拒绝说："你知道有只鸡蛋好吃就行了。何必非要见一见那只下蛋的母鸡呢？"

不以名累，宠辱不惊，安之若素，永远保持着常人的本色，这是一类

名人的活法，是他们对待名利和荣誉的一种态度。

无论你有无名利，你还是你。始终保持朴素纯洁的做人的本色，实实在在真真切切从从容容走你的人生之路，这该是多么轻松惬意！

保持平常心是人生一种境界。它不是消极地让人不思进取，无所作为，不是宣言万物皆空劝人遁世，而是希望在拥有"平常心"能充分调动发挥生命的潜质，使生命更加灿烂地放射出原有的光华。

有人说："能够从事自己喜欢的工作，就是简单和快乐的人。"那么，烦恼和疲劳即无隙可乘。再者，当涌出兴味时也会产生工作意愿。就如陪着一个自己讨厌的人散步1公里，一定比与热恋情侣散步10公里更感疲倦。

如果是从事兴致高趣味浓的工作时，疲倦感就会很少。杰克在最近就有过这样的体验。前不久，他到路易斯湖畔的洛矶山脉度假数天，沿着柯拉尔·库里克一路垂钓，途中，有时须穿过高可及人的草原，有的地方树木横陈，走起来有如练桩一般，还数度被树根绊倒，如此共走了8小时，但他一点也不觉疲倦。原因何在？因为杰克钓了6尾大鳟鱼，使他有莫大的成就感，心情一直激奋不已。相反的，如若对钓鱼丝毫不感兴趣，也许杰克早就回家了。

哥伦比亚大学心理学教授桑代克博士对疲劳问题进行过一种实验。他以几个青年为对象，用各种方法引发他们的兴趣，使他们约一周皆未上床睡觉。因此，他在结论中指出："厌倦乃是工作效率减低的唯一原因。"

由此可见，我们的疲劳大多非因工作所产生，而是由于烦恼、挫折、懊悔。

如果发生上面的情况，那该怎么办？或许这一个速记员的实例能给你带来启发：她在奥克拉荷马石油公司服务，每天必须在一大堆的借贷契约书上填写一些数字并加以统计，工作性质极其单调，使她颇感厌倦。为自我防卫起见，她决心设法使它趣味化——每天跟自己竞争。当结束上午的工作时，她就统计一下所做成的数量，该天下午即以超过上午的成绩为目标。然后，再统计出全天的工作量，第二天则以超过前一天为目标而努力。结果，她的工作绩效名列全组第一。这给她带来什么好处呢？嘉奖？感谢？升迁？加薪？都没有。然而，她从此不再对工作感到疲劳厌烦了。

那是因为具有目标的努力，给予她一种精神刺激，使她涌出更大的活力和热忱，此后也让她能够享受更多闲暇。

在工作中，我们有时会被繁杂的事务弄得焦头烂额，甚至想到放弃，但由于生活所迫，我们必须面对现实，此时的我们不如换一种心态，或许你会发现自己也能做出非常之事。

有一个名叫哈朗·A·哈瓦德的贫穷少年，决心强迫自己一定要"敬业乐业"，从而使他的人生完全改观。他在一所高级的餐厅打工，工作卑微而烦琐，当其他少年兴高采烈玩棒球或与女生打情骂俏时，他却正在洗碗盘、擦桌椅，或舀冰激凌给客人。哈瓦德很轻蔑自己的工作，然因家境所逼，又无法放弃这份工作。于是他决心研究有关冰激凌的种种问题。诸如制造过程如何、使用何种材料、为何味道上有好坏之别等。由于长期沉浸于冰激凌问题的研究，使他成为高中化学课程的博学家。接着，他又转向对营养化学发生兴趣，考进马萨诸塞州立大学，专攻食品化学。其后，纽约的可可贸易中心，曾以大学生为对象举办一项征文活动，题目为有关可可和巧克力的利用问题，哈瓦德应征入选，获得奖金 100 美元。

哈瓦德毕业后由于没有适当的工作，便在自己住宅的地下室设立一个私人实验室。不久，麻省议会通过一条新法律：牛乳产品中必须标示它的活性菌数。哈瓦德恰为此行专家，他的故乡亚马斯特的 14 家牛奶公司纷纷聘请他担任该项工作——计算活性菌数。因应接不暇，使他必须聘用两个助手。

其后二十五年来，他仍坚守营养化学的工作岗位，而当年许多从事该行业的同事，有的已亡故，有的则改就他为，唯独他二十五年如一日，一直未减其研究的热忱和创意。并不断提携青年学子，而成为此业的指导者，其盛名始终屹立不倒。而当年被他所羡慕的那一群同学，如今有许多人正在失业中，他们落魄潦倒，只剩下对政府咒骂和自叹时运不济。如果哈瓦德没有化厌烦为乐趣这一念之间的改变，机会也许就不会降临到他身上的。

工作中，你的老板也希望你对工作发生兴趣，因为工作效率提高，就是增加他的利润。老板如何盘算我们姑且不管，最重要的是，你对工作发生兴趣，你的人生幸福也许可以倍增。因为在你清醒的时间中约近一半都

耗费在工作上,如果你不能在工作中找到乐趣,那么,你在任何地方恐怕也很难发现快乐、幸福了。从长远的眼光来看,对工作发生兴趣,除可消除烦恼外,与加薪或升迁亦有密切关系,即使未达到那些效果,也可将疲劳减到最低程度,使你能够享受余暇时间。

生活中不如学会"岩松无心,风来而吟。"以不变应万变,对于名利荣誉这些身外之物,又何必常挂于身,享受自然之风,快乐生活如浴春风。

# 打开心灵之锁，快乐生活

**【原文】** 人大喜邪，毗于阳；大怒邪，毗于阴。

**【大意】** 人过度欢心，定会伤害阳气；过度愤怒，定会伤害阴气。

庄子认为，人不能过度的处于欢心或愤怒之中，否则会伤害人的身体，生活中无论面对何种事，都应敞开心扉，把过度快乐与愤怒放之于外，不要压抑自己，保持平常心态。

世界不是独个存在的，它是一个整体，因而使人处于这样的环境之下，免不了交流，相互交流的过程就会使人的心态发生变化，有时会产生自闭心理。

有一位读高一的女生，青春期来的时候，她慢慢地产生了摆脱父母的心理，开始有自己的书房和小书桌，每天偷偷地写日记，藏在抽屉中，不让妈妈看。她希望用自己的内心去体验世界，可是面对纷繁的现实世界，繁杂的人际关系以及沉重的学习压力，又感到一种内心的不安全感。于是，她开始变得孤僻，害怕人际交往，在内心中产生一种莫名其妙的封闭心理。有时，一个人跑到小河边望着宁静的河水流泪，顾影自怜。她渴望与同学进行交往，羡慕其他同学快快乐乐，无忧无虑地参加集体活动，可她却又害怕主动与别人交往，还抱怨别人对她不理解、不接纳。

自我封闭会使自己不愿与人交流，不敢踏入新的交际圈子，长期积累下去会发展成为一种严重的心理疾病。

自我封闭这种心态，产生原因有以下几个方面。

1. 过分自尊的心理

世界著名心理学家马斯洛的自我实现心理学，提出了人的自尊需要。其实，每个人都希望自己得到公众的尊重和喜欢，但是这种自尊的需要仅仅是自己本人的一种希冀，能否在事实上得到，则取决于公众对自己言行

举止的评价和肯定。如果说将自尊的需要作为一种行动去指导自己的行为，这本没有理论上的错误。问题是这种自尊心理不能过度。一个人在社交中如果让自尊心理占据指导和支配地位，就会对人们会怎么看待自己非常在意。甚至有时会因为过分自尊心理之故，而不愿与比自己强的人交往，担心相比之下，会掉自己的"价"，失去尊重。如此思来想去，就会把自己封闭起来，不与外界往来，慢慢地就会脱离社会，行为孤僻。

2. 自卑情绪

自卑是人们对自己虚设的一种自我否定，也就是说"自己瞧不起自己"，缺乏自信和自强。这种心理一般表现为害怕失败，或者说不能正确对待失败。下面有十种类型的自卑情绪，如果你符合其中的一种或两种以上，就得小心了：

（1）为了追求超过限度的愿望而心焦气躁。

（2）由于企求赞赏的愿望太迫切，不时行之于言表。如未如愿，反过来责备别人。

（3）产生自己是十全十美的错觉，因而自以为能够产生本身产生不了的力量。

（4）企盼做出超出能力的事，由于达成无望，因而经常消极的嘲笑自己。

（5）曾经在竞争上输给别人，却一直难以忘怀。

（6）被别人的成功所压倒，叹息"鸿运"没有降临到自己头上。

（7）没有测量自己的尺度，总是以别人的尺度测量自己。

（8）逢人便说："我的工作条件不好怎能成功？"借此逃避自己的责任。

（9）经常担心被别人看穿了自己的烦恼，因此与人接触总是戒意在先。

（10）不敢面对缺乏能力的自己——刻意逃避自己，事实证明，有自卑感的人，总是畏畏缩缩，社交时自然"不战自败"。

3. 羞怯心理

怕羞者常害怕别人对自己否定，他们总是把别人看作是自己的法官，这样一来，跟其他人在一起就会感到不自在。特别是和名人或水平比自己高的人交往,这种"不自在"好比芒刺在背。久而久之就会把自己封闭起来,不与他人往来。

4. 愚昧无知

西方一位心理学家指出:"愚昧是产生惧怕的源泉,知识是医治惧怕的良药。"例如大家正在谈论某一个话题,如果一个人对此类问题毫无所知,在这种社交场合下,他若不是介入谈论,就会明白地告诉他人自己是无知于此道;若是介入谈论,便会由于无知而害怕"难堪",所以这种进退维谷的局面,便会使他封闭自我,不参与社交,孤立于一隅。

只有克服这种自我封闭的消极心态,正确认识自己,勇敢地走入社会,与他人进行交流,做事才会成功。克服心态的方法有:

(1) 要有社交成功的愿望。只要你想进入大家的圈子,想成为社交的一员,想受到大家的欢迎,想有许多朋友,你就会努力去适应社交,调动你的一切智慧去掌握社交的技能,与社会融于一体。

(2) 要敢于表现自己的长处。每个人都有自己的长处,需要你在交往中去发现,不断地显示自己的长处,你就会吸引别人的注意,你就会找到自己的志同道合者。只要你有自信,你就会使自己的长处得到充分的发挥。

(3) 在别人面前勇于承认自己的缺陷与不足,不但不会丢脸,反而会赢得别人的尊敬。每个人都有自己的短处,承认自己的缺陷和不足,不要怕他人的眼光,因为"头上的烂疮疤盖是盖不住的",只有承认它的存在,才有改正的可能。也只有敢于承认自己不足大家才会认为你是个诚实的人,值得信赖,就会愿意结交你,和你成为朋友。

(4) 多与别人交谈,敞开心扉,能容他人,他人也就能容自己。话是开心的钥匙,只要与人交谈就会收到交际的效果。多与人交谈就会渐渐地敢于说出自己的心里话,就会与人坦诚相待,就会容许别人发表自己的见解,彼此相容就会达成一致,就会建立友谊,你也就学会了交际。

打开心灵的钥匙,让自己融于社会,坦诚待人,你会在社会这个大舞台中找到属于自己的快乐。

## 凡事想得开——乐观做人

【原文】汝游心于淡，合气于漠，顺物自然而无容私焉，而天下治矣。

【大意】你应处于保持本性、无所修饰的心境，交合形气于清幽恬淡的方域，顺着自然的本性而不用半点儿私意，天下就可以治理好了。

庄子认为如果想治理好天下，就必须使自己清幽恬淡。做人也应如此，只有保持恬淡之心、乐观态度才能更好地做事。

如果你想拥有健全的、正常的、和谐的生活，不妨拥有一颗乐观的心。但是拥有乐观的同时你会发现悲观就在不远处。

悲观的人对人生的态度与乐观的人正好相反。认为一切都不可改变，对一切都持之以否定态度。对任何事情总是作最坏的预测，在观察人的时候，总是看到本质恶劣的一面、满肚子自私自利的动机。对悲观的人而言，社会是由一群狡猾、颓废而邪恶的人组成，他们总是想利用周遭的事物为自己谋利。这群人既无法信赖，也不值得对其伸出援手。

如果你曾与悲观的人进行合作，你会发现，只要你一提出计划，他们就马上会站出来反对，提出一连串的麻烦与障碍。而且他还会告诉你，即使圆满达成目的，最后只会尝到苦涩。经这么一说，你大概会对自己的计划产生动摇了吧。

悲观的态度具有很强的感染力，甚至能同化乐观的人。例如某天早晨，偶然在路上碰到一悲观人，他会立即将消极的态度与无力感传染给你。我们每个人的内心都有一种期待被唤醒、引诱的"倾向"。悲观的人能够巧妙地掳获这种"倾向"，借此实现其目的。

具体来说，悲观"倾向"有两点：一是对未来的不定与恐惧；二是人与生俱来的怠惰，希望躲在自己的壳里不要动。事实上悲观者的本质就是怠惰。他不愿努力适应新的事物，也不愿改变习惯。无论起床、用餐，以及度周末的方式，都希望依照固定的模式进行。

一般来说，悲观的人往往自私。以人推及，他认为既然每个人都那么贪婪、堕落，而且千方百计想占人便宜，自己又为什么必须宽以待人呢？他常常深怀嫉妒，只要听他说话就知道了。

相反，如果你与乐观的人相处，就会快乐很多，因为他们容易信赖他人，愿与他人共赴困难。虽然也能察觉别人的恶意或缺点，但也相信每个人都有优点，所以与乐观的相处，悲观的人也会受到感染。

悲观的人，就像一只躲在自己的壳里面的乌龟，稍微探一些头，就怕发生异常危险；相反，乐观者关心别人，让别人畅所欲言，给别人时间，观察对方的所作所为。如此便能够了解每个人的长处、优点，因而得以团结、领导众人，共同朝某个目标迈进。卓越的组织者、优秀的企业家，都具备这种特质。

另外，乐观的人也容易克服困难，转败为胜。因为他会在失败中积极寻找新的解决方法，在很短的时间内把不利的条件转变成有利的条件。悲观者则会因为一下子就看到困难而心生畏惧、退缩不前。要让乐观的情绪带走悲观，做一快乐人。

第五章　无欲无求，平常心态

## 雾里看花，荣辱皆云烟

【原文】定乎内外之分，辨乎荣辱之境，斯已矣。

【大意】清楚地划定自身与物外的区别，辨别荣誉与耻辱的界限，不过如此而已呀！

庄子认为无论外物内物，还是荣与辱，都是身外之物。不要被外在的事物动摇自己，应保有一颗自然心。

"不以物喜，不以己悲。"体现了人们对外物的一种正确态度。

台湾著名作家林新居有一作品《就是这样吗？》或许能给你一种启发。

"白隐"是日本著名的禅师，佛法功德均为当时之人所仰慕。

有一对夫妇，在住处的附近开了一家食品店，家里有一个漂亮的女儿。无意间，夫妇俩发现女儿的肚子无缘无故地大起来。面对这种事情，她的父母震怒异常！在父母的一再逼问下，她终于吞吞吐吐地说出"白隐"两字。

她的父母怒不可遏地去找白隐理论，但这位大师不置可否，只若无其事地答道："就是这样吗？"孩子生下来后，就被送给白隐。面对自己的名誉被毁，但他并不以为然，只是非常细心地照顾孩子——他向邻居乞求婴儿所需的奶水和其他用品，虽不免横遭白眼，或是冷嘲热讽，他总是处之泰然，仿佛他是受托抚养别人的孩子一般。

事隔一年后，这位没有结婚的妈妈，终于不忍心再欺瞒下去了。她向父母吐露真相：孩子的生父是在鱼市工作的一名青年。

她的父母立即将她带到白隐那里，向他道歉，请他原谅，并将孩子带回。

白隐仍然是淡然如水，他只是在交回孩子的时候，轻声说道："就是这样吗？"仿佛不曾发生过什么事；即使有，也只像微风吹过耳畔，霎时即逝!

　　为了让这个少女有生存的机会与空间,白隐甘心代人受过,牺牲了自己的名誉,在受到人们冷嘲热讽时淡然不惊,只是简单的一句"就是这样吗?"而在冤屈被洗刷之后还是那么一句平淡的话,"就是这样吗?"这种荣辱不惊的处世态度让人折服,可见白隐修养之高,道德之美。

　　19世纪中叶美国有个叫菲尔德的实业家,想要实现用海底电缆把"欧美两个大陆连接起来"。由此成为美国当时最受尊敬的人,被誉为"两个世界的统一者"。在举行盛大的接通典礼上,刚被接通的电缆传送信号突然中断,人们的欢呼声变为愤怒的狂涛,都骂他是"骗子"、"白痴"。可是菲尔德对于这些毁誉只是淡淡地一笑。他不作解释,只管埋头苦干,经过六年的努力,最终通过海底电缆架起了欧美大陆之桥。在庆典会上,他却没上贵宾台,只远远地站在人群中观看。

　　菲尔德不仅是"两个世界的统一者",而且是一个理性的战胜者。当遇到他人的质疑时,只淡然一笑,然后作出正确的选择,在实际行为上显示出强烈的意志力和自持力,这就是一种理性的自我完善。

　　每个人都不可避免的会面对成功与失败,只是大小与意义有所不同而已。面对成功与失败,应荣辱不惊。成功时要谨记,这荣誉只是过眼云烟,只是对自己能力的一种证明而已。失败了也不要一蹶不振,因为你拼搏了,奋斗了,何谈后悔。人生荣辱只为一时,时光流逝,一切皆云烟。

## 只要心性好，生活就会充满阳光

【原文】以仁为恩，以义为理，以礼为行，以乐为和，薰然慈仁，谓之君子。

【大意】用仁来普施恩泽，用义来分辨事理，用礼来规范行动，用乐来调和性情，状貌慈祥可亲，称为君子。

庄子认为君子应有仁、义、礼，有好的规范，做人拥有好心情，也就具备了仁、义、礼，快乐自在其中。

心性好，心态也就会随之平和与完善，这是因为心性因年龄的增长而成熟，随着岁月流逝，人世更迭，体会了各种各样的人生经历后，你就能更明白心态与生活的关系，应该具有一个什么样的心态。

心性，是对一个人的善恶成分，好与坏，正确与错误，如何判断自我与外界关系的一种综合反映。

人对同样事情，在不同的心情、不同的时间往往会有不同的看法。人生中的某些艰难与不顺，甚至危险与可怕的事件，往往也就在"这样"或"那样"的心理上事先形成了。

之所以说"事先"并不是说人有未卜先知的本领，而是他的行为往往就事先透露了他的结果。世间之事皆是人为所成，是人的思想决定了其所产生的后果。人想去谋利，想去得名，或想去做贼，这些想，都是"事先"动念。念先有了，事才会跟上。

动了什么念头，想去往哪里，这就是心性了。心性的好坏往往就决定了你心态的好坏。

人们习惯于把个人的品行过于社会化，个人品行的好坏，在更多的时候，是与社会公德相联系。仿佛只有在公众的场合里，品行才能显示它的好坏。而对个体的自我则没有太高的要求。

事实上，心性好与坏，对他人的影响力还不是最主要、最直接的，对个人生活所具有的心态的影响才最重要。一个人的命运如何，做事的成功与否，生活得是否美满，乃至悲欢离合的遭遇，都是在这个"心性"之中，由这个心性在作怪。

心性良好，健康的人，会注意到阳光、友情、温暖，寻找到欢乐，不缺乏自我安慰的办法，并有回避危险的能力。从这一点来说，好心性的人，会把日子过得舒畅，就是遇到挫折，也能自我调整，能较自然地处在一种对事物的全面理解中。

好的心性，使人保持一种健全的生活基调，人生的和谐也由此而生。而心性恶劣、糟糕的人，在生活中总是会遇到各种各样令人头痛的问题。容易处在不畅顺中，内心黯淡，日日阴郁。这种人，往往也是过分自利的人，人在过分自利的状态下，本身就是一种艰难，负担会很重。心性丑恶的人，自然常常存有不好的念头，生出不利于自己和他人的想法，容易走入褊狭，自身也会产生郁闷，步入迷雾，常与谬误为伴而不知。内心也总是阴云密布。这样的人，很少能体会阳光，温暖所来的快乐。

因为心性往往隐藏在个人的内心深处，所以不容易被看清。好的心性与坏的心性，也不是随时随地都能区分开的。但它却明明白白作用着一个人对事物和生活的整体看法，指导着人的每个行为，紧密联系着人的喜怒哀乐。人的情感往往就从这里出发。人生的幸福与不幸福，命运的畅通与否，甚至你到底能做多大的事，你的成功与失败，在长时间的过程中，往往都取决于你自己的心性。

心性好，世间温暖不请自来。

# 难得平常心

**【原文】** 人之不以好恶内伤其身，常因自然而不益生也。

**【大意】** 人不因好恶损害自己的本性，常常顺任自然而不用人为去增益。

庄子认为人不受外界好恶的损害，顺其自然就会增益，所以做人不要太累，只要自己轻松快乐就好。

人的一生潮起潮落，好与坏，悲与喜，就像你不知道天上何时下雨一样，非人所能控制，人能控制的只有自己，面对外在的一切，保持平常的心态最重要。

徐相洛最可钦可佩之处，是他有一颗平常人的心。因为有平常心，所以能够正确地看待自己的过去和现在，在发达时，不把自己看得不可一世、高人一等，在公司倒闭后不把自己看得一文不值、自暴自弃，而是在人生的大起大落面前能够自始至终保持平静的心态。

这一天，62岁的徐相洛穿着侍者的服装，在首尔市中心一家大酒店，学习如何端拿不锈钢盘子。他在那家酒店参加侍者课程培训并对自己能在经济艰难时期找到工作感到庆幸。徐相洛是三美集团前副主席，集团的主要公司三美钢铁是韩国最大的不锈钢厂家。

大公司的副主席做餐厅的侍者，而且还怡然自得。这在许多人看起来简直是不可思议的事情，关于公司老板经理在破产后跳楼自杀的事不少，而像徐相洛这样身份的人，在企业倒闭后竟快乐地做起侍者来还是很少见的。面对生活的激流，他能进则进，能退则退，不因为自己过去曾居高位而不甘于低就，而是积极地面对自己的现状，重新做一个自食其力的普通劳动者。这倒应了中国人的一句名言：达则兼济天下，穷则独善其身。

徐相洛的良好心态很值得每个人学习，像徐相洛这样大起大落的人不是很多，生活中平凡的人占大多数，但平凡人有时也经历一些起起落落，比如升学、升迁、落榜、失业等，面对现实，无论你身处何位，都应有一颗平常心，这样你才会笑看世界，过好人生赐予你的每一天。

第五章 无欲无求，平常心态

## 淡泊明志,宁静致远

**【原文】** 辨乎荣辱之境,斯已矣,彼其于世,未数数然也。

**【大意】** 能辨别清楚光荣和耻辱的界限,就这样罢了,他对于世俗的名誉,是未曾汲汲追求的。

庄子认为宋荣子能将光荣与耻辱的界限分清楚,已取得了不小的成就,但对于名誉他却不急切的追求,用一种淡泊的心态来看待它。

现实社会中面对荣辱人们很少能理智的对待,所以应该让自己拥有一个宁静致远的心态。

我们的行为主要是受理性和情绪这两个因素制约的。理性使人变得理智、冷静而办事少出错误;而情绪则是一把双刃剑,当一个人的情绪高涨时,办事效率会明显的提高,但当一个人情绪低落时,同样也会出现更多的差错,所以这把双刃剑用不好,就会出问题。最好的办法是能保持情绪的稳定,这样不使它大起大落,保持一种平静的心境,然后加上准确的理智的作用,二者充分的结合,定能相得益彰。

理性的强与弱还与情绪有关。情绪与理性并不是互相对立的。良好的情绪可以给理性指明方向,使理性更加成熟、更加完善。也使你的思考更顺利、心情更愉快、成就感更强烈、奋斗的步子更快。当然,理性的强弱看起来与一个人的办事能力并非成正比,理性强的人未必都很聪明,未必都有很高深的智慧,而理性弱的人也未必办事能力不强。但是我们必须承认一个事实:一个心情变化起伏很大的人或变化频率很高的人,无论能力强还是差,他做事出错误的判断及抉择的比率要比一般人高。有时候他甚至会丧失自己的选择判断能力,因为他的心情被扰乱了,从而严重地影响了他的神经系统的功能,在这种情况下,他是非常不利的。

在人性的丛林中人与人之间保持着竞争和共生的关系。整个系统处于一种表面上的暂时的平衡。这种平衡表面安静，并无太大的变化。但实际上，这种动态的均衡无时无刻不在变化，事实上它里面潜伏着种种险恶和危机。有很多状况必须慎重对付，对付不当，重则惹祸上身，轻则灰头土脸，甚至好事也变成坏事。而这么多的人情事故当中，有的很单纯，有的很复杂，有的看起来单纯而实际复杂，有的看起来复杂而实际单纯。单纯的，或是复杂的，对付它们都没太大问题。最困难是我们无法判断事情的真实面目，在真假难辨，虚实不明的情况下，可能是自然原因造成的，也可能是由人为设置的假象。对付失当，就要惹大麻烦！

面对这些状况，也唯有透过理性及智慧来认真研究、思考、发现，才能拨开层层迷雾，了解到事物的真实面目。这个时候，如果你一遇到这些困难便知难而退，或是心情马上紊乱起来，担心、忧虑、恐惧一拥而上，那么你的结果就可想而知了。你势必会败得一塌糊涂。而只有此时你保持平静的心如平静的湖面一样，可以让你的思考澄得更清，让你的智慧及才智一一浮现出来，这样你才能临危不乱，做到难事不怕。显然，此时此刻，平静的心情就显得尤其重要了。

浮躁是现代人的一种通病。目光短浅，胸无大志，为了眼前的一点区区小利而红了眼。看到别人的成就自己就不平衡起来，就抱怨起来。说到他人的长处，就开始诋毁他人好高骛远，不切实际，不踏踏实实地着手干自己的工作，而是光想干大事，幻想一夜成为百万富翁，却没有任何行动。这种人可以说整天的心情是无法平静下来的，像猴子掰玉米一样，掰一个丢一个，而最终结果仍是一无所获，可见，这种浮躁病是害人不浅的。要想事业成功，必须首先立志，然后用平静的心态去钻研某一个行业或领域，将全部注意力和身心都投入进去，而不是目不暇接地看看这，又看看那。

那么如何才能达到心静如水的境界呢？对于不同的人可能会有不同的方法。而每个人达到这个境界需要的努力也会不同的。对于本来就倾向于安静型的人，当然很容易进入状态，而对于性格较为活泼外向的人来说则应努力做到以下几点：

1. 暗示自己

每天，多提醒自己，不要急躁要安静，保持心平气和。这样，每当你稍有浮躁时，你会靠这种暗示和自我鼓励，慢慢放松并最终成为习惯就

好了。

2. 生活形成规律

当你每天的生活井井有条,形成规律以后,你会发现,生活也并不是使你疲惫不堪,有了规律之后,心情自然会好多了,轻松的心情会有助于你以平静的心态去应付战斗的。

3. 练习气功

实践证明,气功是一项很好的运动,它能使人从繁杂的社会中暂时逃离出来,而去寻找一个内在的自我,通过练功,你的内、外混元气畅通了,你会悟出很多自然界的奥秘来,而且能达到心平气和的境界。

4. 回归自然

不知你是否有此感觉?当你登山或去森林中漫步时,只要你将自己的身心投入到大自然之,专心聆听大自然的声音,去呼吸清新的空气,你会发现所有的烦恼便会随风而逝。这时你会在回归自然的过程中,返璞归真,找到真实的自我。

总之,理性是战斗的实力,不管成功到什么程度,有功不能太自居而傲,应该淡泊一点,稳定好自己的情绪,平静好自己的心境,这也是成功的助跑器。

# 以平常心面对"好"与"坏"

**【原文】** 万物无足以铙心者，故静也。

**【大意】** 万物不能扰乱他（圣人）的内心，所以才宁静。

庄子认为圣人之所以能做到心静，是因为外物的好与坏都不足以影响到他。

社会上的好与坏，是与非往往不是我们所能控制的，所以无论遇到什么事都要保持一颗平常心，这样才不会失去快乐。

有一位女士是一家杂志社的主编，朋友介绍一位美工给她。这位美工刚从另一家杂志社离职，还没找到工作。这位女士看他很客气，也一副很听话的样子，便接受了她。

这位美工的能力只能说是中等，但女士待他不错，放手让他发挥，还主动帮他争取待遇，那位美工也感激涕零地表示将"鞠躬尽瘁"，于是女士更对他好了。

这样一年下来，这位美工生活安定了，并在别家杂志找到兼差，但也因此稍微影响本来的工作；可是他却开始抱怨待遇太低，设计的东西也越来越差，最后竟然丢下没完成的工作，到另外一家杂志社去了。

这位女士气得快炸了，没事就说："对人好，错了吗？对人好，错了吗？"

像这位女士这种情形很多人碰过，有道是"把心肝切给人吃，人还嫌腥"。

"对人好"并不是一件错事，而是不要忽略了人性中"恶"的一面。人是善恶并存的，就如细菌在适当的温度下便会滋长那般。如果你对他人太好，给了别人"好好先生"的印象，就会提供了他心中的"恶"抬头的时空。这位美工连个招呼也不打就弃这位女士而去是一种例子，另外还有

因为你的"好"而"软土深掘",得寸进尺的。

我们并不认为因为对人好反被人恶意对待,就不应对人好,但上面的例子的确是个教训,因此"对人好"要讲究方法。

要先从"不好"开始,再进到"好"的层次。所谓"不好"倒也不是无理的苛待,而是给他一种精神上的压力,让他知道你并不是好好先生,那么对方便不会有"反正他不会对我怎样"的侥幸。过一段时间后,再对他"好",这样对方会因"松了一口气"而感激你,而且也会认为你不是"坏人"。尔后你便可后来"好"与"不好"交互运用。也就是说,宁可先严后宽,再宽严并济,若先宽后严,绝对会引起对方的反感,怨你、恨你,就像给小孩糖果,先给少再给多,他会很高兴,并且称赞你的"好";若先给多后给少,他就要生气哭闹了。大人也是如此。

另外,也可让对方为你的"好"付出代价,绝不可让他有"得来容易"的感觉,否则他就不会珍惜你对他的"好"了。

无论是先宽后严,或先严后宽,永远有根本不理会你的"好"的人,也大有人在。因此保持平常心,不因对方的无情而生气也就很重要了。

主动对别人好,只求问心无愧,但绝不可强求别人以同样的好回报你。他人对自己的好同样也不可强求,不要去太在意,好与不好是彼此心里的一个尺度。保持一颗平常心,方是做人的成功之处。

# 做拥有平凡心态的快乐人

【原文】因众以宁所闻,不如众技众矣。

【大意】要是存在出人头地的心理,何尝又能够超出众人呢?

庄子认为人要想出人头地,就必须以平常的心态看待,不可强出头,否则只会朝相反的方向发展。

快乐来自平凡的心态,在自己的能力范围内做自己想做的事,快乐自己,娱乐他人。

理想是生命的动力,但一旦人们过分执着它就会变成一种生命的桎梏,你的生命也必将因此而备感沉重,最后在不断失望的重负中委顿、死亡。切记:"平凡的即是伟大的"不要小视你的平凡,一切伟大的事物都是在"平凡"的积累过程中诞生的。

有一天,一个国王独自到花园里散步,使他万分诧异的是,花园里所有的花草树木都枯萎了,园中一片荒凉。后来国王了解到,橡树由于没有松树那么高大挺拔,因此轻生厌世死了,松树又因自己不能像葡萄那样结出许多果实,也嫉妒而死;葡萄呢?则哀叹自己终日匍匐在架子上,不能直立,不能像桃树那样升出美丽可爱的花朵,于是也死了;牵牛花也病倒了,因为它叹息自己没有紫丁香那样芬芳,其余的花草树木等植物也都是因为自己的平凡而垂头丧气,没精打采,只有细小的心安草在茂盛地生长。

国王看了看这根渺小得几乎不能再渺小,平凡得几乎不能再平凡的心安草问道:"小小的心安草啊,别的植物全都枯萎了,为什么你这小草却这么勇敢乐观,毫不沮丧呢?"

小草回答说:"国王啊,我一点也不灰心失望,因为我知道,如果国王您想要一株榕树,或者一株松柏、一些葡萄、一颗桃树、一株牵牛花、

一棵紫丁香什么的您就会叫园丁把它们种上，而我知道你希望于我的是要我做小小的安心草。"

"安心草"的生活在有些人看来是太平凡无奇了。有些聪明能干、有远大抱负的年轻人总是瞧不起那些平凡过日子的人。他们认为平凡的人"没出息"、"微不足道"、"活得没意思"，如果他们自己奋斗失败，无所作为，面对和常人一样平淡无奇的生活时，就会觉得生活无聊透了。因而生出了无尽的烦恼。

其实平凡中有时候也含有一些伟大的道理。或者说是因为平凡所以伟大。一位古代哲人曾说过：没有大烦恼与灾祸的日子，就是天大的幸福。而古希腊的大哲人伊壁鸠鲁说得更经典，"幸福，就是身体的无痛苦和灵魂的无纷扰。"

生活有目标，想出人头地，可以说是一种相当积极的心态，可是这必须建立在对平凡生活的肯定之上。唯有对平凡生活的肯定，才能让人更发愤向上。相反的，如果对平凡生活的状况一直抱着不满的态度，那么想出人头地的想法，反而会给你带来负面的影响。

生活不管再怎么平凡渺小，一个能把一家大小的生活都照顾得很好的母亲，就已经有足够的理由值得我们尊敬了。不仅我们需要这样想，这些默默耕耘的人更需要有这样的自信。那些不懂得成功艺术的人，通常是那种不懂得从平凡中找出伟大的人。

每个人都有不同的成功哲学，只要你能够打心底深处对自己的生活方式感到满足，那么你就已经离成功不远了。一个人如果无法成功对待人生的话，那么他的一生就会变得毫无意义。因此在心里面描绘出自己成功的样子对每个人来说也很重要。

有着敏锐的感性，也是艺术至上主义者的芥川龙之介，说过这样一句话："希望自己的人生过得幸福快乐，必须从日常的琐事爱起。"这句话你不用担心无法理解，只要照字面的意思解释就可以了。人生其实就是由一大堆琐事所堆积起来的。然而就是因为是琐事，所以我们大多都不会去在意它，甚至也记不得它。然而，想去爱这些琐事，并且把它们都做好，必须有相当的努力与能力才能做到。

在公司中常可以看到这种人。他们看起来相当朴素踏实，说穿了也没有什么过人的能力，可是就是能够把事情做得有条不紊，并且步步高升。

"为什么像那样的人也当得上经理呢？"

"也许因为他善于拍马逢迎吧！"

像这样的想法，是绝对错的。正因为这种人善于处理公司中的琐事才有今天的地位。相反的，那些叱咤风云于一时的人，往往到了最后都会被遗忘，因为他们虽然相当的抢眼，可是对公司而言，他们的贡献却不如那些善于处理琐事的人。

因为平凡是一种十分积极而有意义的心态，因为只要你把自己对人生的苛求抛开了，你就不会再有挑肥拣瘦的想法而愉快地接受现实中的繁杂琐事了。

从这里我们可以发现一个生活的道理。如果你觉得自己并没有特别杰出的能力，那就尽可能地试着做一个平凡的人物，把琐事都做好，因为公司和人生的事务有九成以上都是烦人的琐事。如果你能够把那些琐事做好的话，那么你就可以和那些有能力的人一样，受到很高的评价。

千万不可以小看这些琐事，它有时候也可能是改变历史的重要之处，有的人可能会在无意中成为人们眼中的英雄。

被人们认为是迄今为止最有智慧的人物之一的爱因斯坦曾告诉我们："不要努力去做一个成功的人，宁可努力去做一个有价值的人。"他不但给我们指明了一个人生发展的取向，而且也教给了我们一种对待人生的方式，这可能也是最有智慧的人生箴言吧！

在一处荒芜的山脚下，一群正在玩耍的孩童见到一位行动迟缓的老人，背上背着一袋沉重的树种，手中握着一个小铲子。老人用铲子吃力地将树种埋入地里。

大家好奇老人的动作，老人对小孩说："我在这附近已经种了一万粒种子了。但其中可能只有百分之一会发芽成长。虽然机会不大，我仍希望在我晚年可以做点有用的事。"

二十年之后，小孩都长大成人，又回到这个山脚。这里的景象让他们大吃一惊。因为老人当年的付出，使得这一片不毛之地成为树木参天的森林，一大片的绿色林木，令人赏心悦目。

　　你现在默默地付出，或许不能一下子看到成果，然而当树籽植入土中，总有发芽滋长的一天，若干年之后，当后代子孙望着这片茂盛的森林而感慨前人的恩惠的那一刻，便会想起这位平凡中见伟大的老人。

# 第六章 随遇而安,知足常乐

人的能力是有限的,当你发现自己用尽全身力气也无法达到期望的目的,不如停下你的脚步,随遇而安。人不易知足,却必须学会知足,这样,你才能获得快乐。

## 智者生存之道

【原文】适来,夫子时也;适去,夫子顺也。

【大意】偶然来到世上,你们的老师他应时而生;偶然离开人世,你们的老师他顺依而死。

庄子认为人的生死都是偶然的,也是不可强求的,面对生死应有怎样的心态最重要。

有"智"者事竟成,人生要生存要发展离不开才智,才智需要有进退自如的能力。

著名心理学家威廉·詹姆斯说过:"世界由两类人组成:一类是意志坚强的人,另一类是心志薄弱的人。后者面临困难挫折时总是逃避,畏缩不前。面对批评,他们极易受到伤害,从而灰心丧气,等待他们的也只有痛苦和失败。但意志坚强的人不会这样,他们来自各行各业,有体力劳动者,有商人,有母亲,有父亲,有教师,有老人,也有年轻人,然而内心中都有股与生俱来的坚强特质。所谓坚强的特质,是指在面对一切困难时,仍有内在的勇气承担外来的考验。"

在纽约的小镇上有一位名叫吉姆的男孩,他十分可爱,是个天生顶尖的运动好手。不过在他刚入中学不久腿就瘸了,后来,腿病迅速恶化为癌症。医生告诉他必须动手术,他的一条腿便被切掉了。出院后,他挂着拐杖返回学校,高兴地告诉朋友们,说他将会安上一条木头做的腿:"到时候,我便可以用图钉将袜子钉在腿上,你们谁都做不到。"

足球赛季一开始,吉姆马上回去找教练,问他自己是否可以当球队的管理员。在练球的几星期中,他每天都准时到球场,并带着教练训练攻守的沙盘模型。他的勇气和毅力迅速感染了全体队员。有一天下午他没来参加训练,教练非常着急。后来才知道他又进医院做检查了,并得知吉姆的病情已恶化为肺癌。医生说:"吉姆只能活6周了。"吉姆的父母没有将此事告诉他。他们希望在吉姆生命的最后时期,能尽量让他正常过日子。吉姆又回到球场上,带着满脸笑容来看其他队员练球,给其他队员加油鼓劲。因为他的鼓励,球队在整个赛季中保持了全胜的纪录。为庆祝胜利,他们决定举行庆功宴,准备送一个全体球员签名的足球给吉姆。遗憾的是吉姆因身体太虚弱没能来参加。

几周后,吉姆又回来看球赛。他脸色十分苍白,除此之外,仍是老样子,依旧满脸笑容,和朋友们有说有笑。比赛结束后,他到教练的办公室,整个足球队的队员都在那里。教练还轻声责问他:"怎么没有来参加餐会?""教练,你不知道我正在节食吗?"他的笑容掩盖了脸上的苍白。

队员们拿出要送他的胜利足球,说道:"吉姆,都是因为你,我们才能获胜。"吉姆含着眼泪,轻声道谢。教练、吉姆和其他队员谈到下个赛季的计划,然后大家互相道别。吉姆走到门口,以坚定冷静的目光回头看着教练说:"再见,教练!"

"你的意思是说,我们明天见,对不对?"教练问。

吉姆的眼睛亮了起来,坚定的目光化为一种微笑。"别替我担心,我没事!"说完这句话,他便走了。

两天后,吉姆离开了人世。

吉姆对自己将不久于人世,能坦然接受。没有丝毫的退缩说明他是一个意志坚强、积极思考的人。他将悲惨的事实转化为富有创意的生活体验。或许,有人会说,他还是死了,积极思想最终也未能帮他多少忙,这并不完全对。因为他凭借信仰的力量,在最坏的环境中创造出令人振奋而温暖的感觉。他不像鸵鸟那样将头埋进沙堆,逃避事实。他完全接受了命运,决定不让自己被病痛击倒。虽然他的生命如此短暂,他去用心珍惜它,把勇气、信仰与欢笑永远留在他所认识的人们心中。一个能做到这一点的人,他的人生已充满意义。

这种积极心态的力量,便是意志坚强,这便是拒绝被打败,这也就是尽你一生所有勇敢面对人生。

你肯定不愿成为一个懦夫,但是当你遇到困境时,也许你会提心吊胆起来,心想:"唉,我要是能逃离这里该多好呀!"有这种心理的人是一种

懦弱的表现，因此做任何事情，都不能回避现实！

如果你保持积极的心态，掌握了自己的思想，并引导它为你明确的生活目标服务的话，你就能享受为你带来成功环境的成功意识；生理和心理的健康；独立的经济；出于爱心而且能表达自我的工作；内心的平静；没有恐惧的自信心；长久的友谊；长寿而且各方面都能取得平衡的生活；免于自我设限；了解自己和他人的智慧。

相反，如果你抱持一种消极心态，并渗透到你的思想之中，就会影响你的工作和生活，你将会品尝到贫穷与凄惨的生活；生理和心理的疾病；使你变得平庸的自我设限；恐惧以及其他破坏性的结果；限制你帮助自己的方法；敌人多，朋友少；产生人类所知的各种烦恼；成为所有负面影响的牺牲品；屈服在他人的意志之下；过着一种毫无意义的颓废生活。

面对两种心态你或许会产生疑问："事实果真如此吗？我一生中就碰到过许多困难与挫折，每当这些时候，我也读过不少积极心态的力量的书，可是仍解决不了问题。"或许还会说："是的，我也认为那一套没用。我的事业正陷入低潮，我也试过持有积极心态，但我的生意依旧毫无起色。积极思想无法改变事实，要不然我怎么还会遇到失败呢？"

如果产生如此疑问，只能说你并不完全真正了解积极心态力量的本质。一个有积极心态的人并不否认消极因素的存在，他只是能够不让自己沉溺其中。积极心态要求你在生活的一时一事中学会积极的思想，积极思想是一种思维模式，它使我们在面临恶劣的情形时仍能寻求最好的、最有利的结果。换句话说，在追求某种目标时，即使举步维艰，仍有所指望。事实也证明，只有维持好的心态，才有可能获得成功。积极思想是一种深思熟虑的过程，也是一种主观的选择。

一个具有积极心态的人绝不是一个懦夫，因为他相信自己，相信生命。他了解自己的能力，面对困境一点也不畏惧，且能永远立于不败之地。他会从所发生的一切事情中掌握对自己最有利的结果。他所坚持的原则是，不断地将弱点转化为力量。

积极能使一个懦夫成为勇士，从心志柔弱变成意志坚强，由软弱、消极、优柔寡断的人变成积极的人。

如果你以积极的心态面对现实，并且相信成功是你的权利的话，你的信心就会使你成就所有你所制定的明确目标。但是如果你接受了消极心态，并且满脑子想的都是恐惧和挫折的话，那么你所得到的也都只是恐惧和失败而已。

如果你不能得到立即回报，却仍以愿意而且愉快的态度提供更多服务，就是在培养你积极且愉悦的心态，而这正是培养引人注目的个性的基础。

当你培养出吸引人的个性时，几乎所有的人都会愿意依照你的意愿为你工作。所以说培养吸引人的个性，是一件很有价值的事情。你希望别人如何对待你，你就应以相同的态度对待对方；多多动用"己所不欲，勿施于人"的金科玉律，如果对方没有立即给你回报，你应该再接再厉。

要不断发掘自己的积极因素，要坚持对自己说：

别人知道我是可以信赖的。

我有勇气。

我是个靠得住的人。

我很愿意使别人高兴。

无论是面对多大的事，都要消除消极思想，使自己更积极些。

亚布拉罕·林肯说过："人下决心想要愉快到什么程度，他大体上也就愉快到什么程度。你能够决定自己头脑中想些什么。你能控制着自己的思想。"

成为积极还是消极的人，全在于你自己的抉择。没有人与生俱来就会表现出好的态度或不好的态度，是你自己决定要以何种态度看待你的环境和人生。做一智者，在环境中随遇而安，用积极的心态处理人生的挫折。

## 学会享受此时此刻

**【原文】** 夫适人之适而不自适其适，虽盗跖与伯夷，是同为淫僻也。

**【大意】** 贪图达到别人所达到而不安于自己所应达到的境界，无论盗跖和伯夷，都同样是偏僻的行径。

庄子认为无论高贵低贱，人都应认清自己，不要崇尚自己达不到的境界，徒增烦恼。应该在现实中学会享受真实的自己。

庄子认为形体劳累而不休息就会疲乏不堪，精力使用过度而不停歇就会充气劳损，精力枯竭。水的本性，不混杂就清澈，不搅动就平静；闭塞而不流动，也就注定不能澄清，这是自然本质的现象。人不能强欲所求，忽视自我心境的修养。

在繁忙的生活中，你应该学会享受，享受生活的一个重要条件就是，你必须注意自己的所作所为，然后放慢脚步。匆忙总是让我们出错。最好的享受就是享受你正在做的而不是即将做的事情，就如梭罗说的"吸尽精髓"。不要一边吃饭一边想着要干的工作，或者一边吃一边看电视，在吃东西的时候你最好是专注于所吃的东西，看电视就专注于你所选的内容，用心体味。

如果你想简单而快乐，就要学会享受此时此刻，因为生活中确实有许多美好的东西需要你去吸取。

可惜的是，生活中的此时此地总是被忽略，我们无意中疏忽了"此刻的生活"。想一想吧，早上还没起床时，你就开始担心起床后的寒冷而错失了被子里最后几分钟的温暖；吃早餐的时候你又在想着开车上班的路上可能会堵车；上班的时候就开始设计下班后怎么打发时间；参加派对又在烦恼着回家路上得花多少时间了。

人们总是生活在下一刻里。急着等周末来临、暑假来临、孩子长大、年老退休。等到老时，或许真的也可以说是："我真是等不及要去死了！"

我们一刻也不停地转着。我们对堵车的公路乱骂脏话；我们在超市中像没头的苍蝇，毫无耐性；我们对着电视不停地调换频道；我们一个劲儿地催促孩子快点。我们似乎在生活中找不到快乐，生活总是被繁杂、忙碌所取代。

梭罗说："我们可以杀死时间而毫无后遗症。"我们确实在"杀"时间。这曾经是无所事事的说法，但现在我们是真的在摧毁我们的时间。我们的时间花在杀死灵性、杀死享受愉悦的能力上。我们过于自我中心，以为创立了人类有史以来一个最佳的文明，但我们根本没有时间享受。这像是浮世德与魔鬼的交换条件。

查斯特·菲尔德爵士认为，现代人之所以不能拥有此刻的、美好的生活，是因为我们总是担心时间不够，就像我们总是觉得钱不够一样。学习享受已经拥有的时间、金钱与爱是我们最重要的一课。

要充分享受你的时间，就一定要学会放慢脚步。当你停止疲于奔命时，你会发现生命中未被发掘出来的美；当生活在欲求永无止境的状态时，就会永远都无法体会到更高一层的生活。

如果你总是丢掉东西或者弄乱东西，结果不得不花时间整理。就像你开快车被警察拦住，浪费了本来想节省的时间。

因为我们总是在赶时间，没时间与朋友谈话，结果就变得越来越孤独；因为忙碌，没有时间反省，也没时间注意身边的事物。因为忙得没有时间注意所有征兆，连身体有病的早期征兆都觉不出来；当你急着买东西时，就没有时间倾听那个小小的声音："我们真的需要这个新东西吗？"

享受生活是帮助人们充实人生，帮助人生充满活力的方法。但大多数人的大多数时候都不知道自己在干什么。适当的"白日梦"或许对人的心理健康有益。但过多地沉溺于白日梦而忘记真实的生活却有些不切实际。

因此，必须摆脱对"下一刻"的迷思和幻想：它们有的不切实际，有的虽然是事实却剥夺了此刻的生活。

摆脱不切实际的幻想可以让你明白：生活不会适应你，而是你必须去适应生活。而且不是看你喜欢它变成什么样，而是原本它是什么样子你都得适应。与现实保持接触可以帮助你就世界所能给予的去接纳它，不会使

你为它所无法给予的而扭曲它、错怪它。丢弃对这个尘世的幻想和对你自己的幻想可以去除生活的悲惨成分,使你能真实地面对你该处理的问题。

生活在此刻随遇而安,就是享受你正在做的而不是即将做的事情,就如你在吃东西的时候最好是专注于所吃的东西,它的色泽、香气、味道和营养。也许你需要一套饮食哲学——你需要知道自己是为欢乐而吃、为健康而吃还是为欢宴而吃,进而决定是吃肉、吃素或者其他。否则,你就对食物完全没有感觉,更别提获得什么营养。

不要总是生活在幻想之中,让自己疲惫于得不到的境界,人生需要知足,满足于你所拥有的,才会快乐。

# 抓住人生的关键所在

**【原文】** 得其环中,以应无穷。

**【大意】** 抓住事物的要害,以顺应事物无穷无尽的变化。

庄子认为只有抓住最主要的,就可以用不变应万变。只要自己保持一种观乐的态度,无论遇到什么事,都可以拥有快乐。

做一件事情,你可以高高兴兴、快快乐乐地去做,也可以很痛苦地去做,关键在于你自己的选择,因此如果你能够选择快乐,为什么要选择痛苦?要知道:快乐是一种选择,痛苦也是一种选择。

每当遇到烦恼的时候,你都要想:如何让我比现在更快乐?每一次遇到挫折的时候,你都要想,成长的机会要来临了;每当作事遇到压力的时候,你都要告诉自己,我一定要享受这工作的乐趣和过程。

也许有的时候,你无法控制自己的要做的事情,因为可能是别人要求你做的,虽然,你无法控制这件事情,但你永远可以改变做这些事的心情。

所有的事情之所以会有思考的瓶颈,是因为你原来的目的没有明确,对你自己做事情的宗旨没有了解。

很多业务员很怕被拒绝,因为,他满脑子想着要卖产品,顾客一旦拒绝,他就会有一种很大的挫折感。

如果,你的推销宗旨、理念是:"提供顾客很好的服务,帮助顾客解决他们的问题。"以这样的想法来做的话,任何事情都会是非常简单的。

例如,你要拜访非常多的顾客,你可以说因为下雨不要去了;也可以说因为要去建立人际关系、交新的朋友;更可以说是要去分享自己的喜悦,分享他们的喜悦,也把你的快乐带给他们。

如果你有这样的想法,做每件事情都会非常愉快,而且一定会非常成功。

有些人"对自己要求很严";他们在遇到失败或失意的时候,很难原谅自己;许多人都是这样,给自己设定的标准很高,有时就难免没办法达到那样的标准。给自己定下了很高的标准,就需要有适当的平衡,那就是要能让自己快活一下,适时奖励一下自己,享受一下人生。若是没有这种平衡,很高的标准,就未必是件好事。工作得很辛苦,或者是遇到困难时,给自己一点奖赏,一点礼物,这就是赏心乐事。通常都是小事,但是能叫我们觉得很愉快,例如吃过午餐后,在公园里散散步;花一小时阅读一本自己喜欢的书;经过一天辛苦工作之后,喝一杯酒。

如果你想获得快乐,不妨这样做:

第一,写下你所有的赏心乐事。

第二,展望未来的一周(或者一天、一个月),事先计划好,在繁忙的工作之后,辛苦的一天之后,令人不愉快的任务之后,消耗大量精力之后,给自己一点奖励,快活一下。

第三,要把上述情形养成习惯。

如果你想不出什么赏心乐事来,不妨请教一下你的朋友或同事,就可以得到不少主意。经过一段时间的请教,你就能了解其他人有关这方面的事情,而且会发现,其实每个人都会不时地让自己过得快活一点,只不过有些人比其他人更懂得怎样快乐罢了!更重要的是,慢慢地你也会找到属于自己的快乐。

但千万不要让自己太沉溺于享乐!不如提供些主意给你吧:洗个热水澡,洗头发;下午休息一下,写几封信,到外面散散步;周末时到外面游玩一下;和好朋友玩游戏;和子女共处一段时间;给自己买一束花;偶尔吃块巧克力糖;找只猫来爱抚一下;呆在洗澡间里,把门锁起来,和外界隔绝10分钟。

就男人而言,学习怎样照顾自己,怎样让自己过得快活一点,通常是格外的重要。我们现在这个社会中,家庭和工作仍然是分开的,仍然有男人的工作和女人的工作之分。男人和女人从小就受教导,相信女人是情绪方面的专家,通常比较能让自己过得快活一点,而许多男人则受到过时想法的限制,不能让自己快活一下,没有解脱,没有娱乐。这是很遗憾的。

一定要让自己快乐,这样你才会发现快乐无穷无尽。

## 不为功利之争所累

**【原文】**蹍市人之足，则辞以放骜，兄则以妪，大亲则已矣，故曰：至礼有不人，至义不物，至知不谋，至仁无亲，至信辟金。

**【大意】**踩了路上的行人的脚，就要道歉说不小心，兄长踩了弟弟的脚，就是怜惜抚慰，父母踩了子女的脚，也就算了。因此，最好的礼仪就是不分彼此，视人如已，最好的道义就是不分物我，各得其宜，最高的智慧就是无须谋虑，最大的仁爱，就是对任何人也不表示亲近，最大的诚信，就是无须用贵重的东西作为凭证。

人生在世，乐字为高。你争我夺，到头来只赚得满头白发，远不如随缘者致性，缘聚缘散，到头来皆是一场空，又何必强求凡尘俗世。

《庄子》有一寓言："螳螂捕蝉，黄雀在后"，是说人往往机关算尽，反误了卿卿性命。

竞争激烈的现实使人个个都聪明起来，工于心计。人们把心事都用于这种功利之争上，忽略了生命中其他宝贵的东西。

人们又往往一味追求欲念而迷忘本性，这就是庄子所谓"观于浊水而迷于清渊"。

唯欲念是无穷的，而满足总是有限的，这样必然会导致悲惨的后果。但这观点，现代人是无法接受的，因为现代人往往沉湎物欲，一去而不知返。

淡泊知足并非是一种消极避世或与世无争的思想，而是包含着谨慎处世的意义。《老子》中认为知足常乐体现为以下三点：一是仁慈，二是勤俭；三是不敢为天下先。"一曰慈，二曰俭，三曰不敢为天下先。慈故能勇，俭故能广，不敢为天下先，故能成器长。"如果一个人能做到上述三点，就可以成为勇敢、富有和有地位的人。

如果将英国人与另一国家的人相比较，你会发现英国人能够最大限度地使自己的利己主义与他人的利己主义不发生冲突，各不相扰；而另一国家的人却不能将自己的喜悦与他人分享。因此不是过犹不及，就是太爱钻

牛角尖。事实上，无视对方的立场与利益，盲目地追求自身的利益，这样做也许获得暂时的好处，但长此以往，终有一天会搬起石头砸自己的脚。

"祸莫大于不知足，咎莫大于欲得。"天下最大的灾祸是不知足；天下最大的过错是贪得无厌。过于执着于追求名利地位的人，其损失也一定很大。过于积存物质财富的人，其享受方面也远不及别人。只有知足才适可而止，才不会走向另一个极端。这就是《老子》中所讲的"甚爱不费，多藏必厚亡。知足不辱，知止不殆，可以长久"。

疏广、疏受父子，在西汉昭帝时，先后受命为太子太傅、太子少傅。疏广学识渊博，教导有方，疏受好礼恭谨，温文尔雅，父子二人并为太子之师，天子尊敬，大臣钦美，荣冠朝野。任职5年以后，皇太子年纪也长大了，疏广对疏受说："我听说知足就不会受到侮辱，知止就不会有危险，功成身退，这是最符合事物发展的规律，你我父子，官至二千石，功成名就，如果此时不及时抽身退去，只怕将来会后悔的，我们现在一同离开长安，告老还乡，终其天年，这不是最好的结局吗？"

疏受叩头道："听从父亲的安排！"于是两人称病求去，汉宣帝答允了，临走时送他20斤黄金，皇太子送50斤。当他们离别长安时，满朝公卿钱行于都门之外，车连数百辆，路旁围观的人叹赞道："贤哉，二大夫！"

回到故乡以后，他们以朝廷所赐黄金，每日摆酒设宴，广请乡里父老，并经常问还剩多少黄金，督促赶快花掉。有人劝他们道："何不买点田产房屋传给子孙？"

疏广说："我岂是老糊涂了，不顾及子孙！我想过，我们家还有薄田、茅屋，只要子孙们辛勤劳作，完全可以满足衣食之求，不会比一般人差；如今若是再多给他们添置财产，实是会使他们变坏。本来是很贤明的，财产多了，便会胸无大志；本来愚昧的，财产多了更会去干坏事。而且富有的人，容易遭人嫉妒。我纵使不能使子孙变得知书达理，也不愿意他们去干坏事而结怨乡亲。这些黄金本来是皇帝赏给老臣养老的，拿出来同大家共同享乐，安度晚年，不是很好吗？"

人在面对更大的诱惑时，应该懂得如何去取舍，太多的贪婪会给自己招来祸端，当你发现你所做的足以换来今后的快乐，何不放松一下，去品味另一种人生滋味。

# 唯有知足才能常乐

**【原文】** 与物相刃相靡，其行进如驰，而莫之能止，不亦悲乎！

**【大意】** 和外物接触便互相摩擦，驰骋追逐于其中，而不能止步，这不是很可悲的吗？

庄子认为人不应该总处于奔波劳碌之中，应适可而止。懂得知足常乐。

知足在生活中往往难以把握，因为人是有欲望的，能够在欲望面前不为所动的很少，但我们并不因此反对新的追求。但不要贪婪。给自己定好位，知足也是向上的动力。

有这样一种人：在大庭广众之下双目昂视，面色凛然傲气冲天，旁若无人。也有一种人，就怕人不知道他才高八斗，无论走到哪儿，说不上三句话，便开始为自己宣传，即使做谦虚之态，亦是以退为进，并无诚意。

这样的人或许在某方面有过人之处，但他的不凡和智慧一定不是最高，因他居然将人外有人，天外有天，学无止境，三人行必有我师之类的真理放置一边，犯了量小易盈、自满自大的毛病，使与他相处的人很难承受。

还有一种人，眉眼之间洋溢着和平的神气，动不动笑容满面，说起话来风趣横生，不忧不怨的人，是属于知足常乐的一型。

自满与知足从字面上看来，仿佛都是对自身情况感到满意的反应，实际上两者的内心的出发点和其表现给人的感受，却是大大的不同，其间境界的高低更是差之千里。而从根本上说，知足也罢，自满也罢，与外在客观条件并不一定有相互的关联，一个人自觉得生活到这个程度，于愿已足，并不代表他的生活真的一定就无懈可击，样样可打满分，主要是他能衡量自身的能力，正视客观的条件，不妄想不贪求，也不去与他人比高下，能够以宽容坦荡的心去对待生活，使自己的人生不受外界的影响和干

扰，随缘地和平度过。

对于那些骄傲的人，不一定自信和对自身的一切都心满意足，如果你仔细分析你就会发现，事实正好相反。

依心理学上的说法，那种处处要表现自己的不凡，就怕谁人不知他的出类拔萃和光荣历史，无法克制地要以骄傲的面孔示人的人，通常是心理上欠缺安全感、满足感或自怜狂在作祟的人。因为缺少安全感、满足感，便相对的失去了自信，因此便急于要在别人的赞美或惊叹声中找回自信心，以此来证明自己不同凡响。骄傲、自满、目中无人，是由于反常心理在后面推动，不但予人极坏的印象，也是一种十分可悲的病态。

知足常乐也许有人认为不符合社会发展潮流。譬如，今天的社会无处无时不在竞争，名、利、权，永嫌不足，争得到的趾高气扬，争不到或争得不够的怨懑颓丧，你却不争，不怨，亦不说酸溜溜的话去损别人，仍然乐呵呵地过日子，说不定有的人就会认为你是胸无大志，没出息或没能力，很可能由此就看轻了你。

知足的人本身就不在乎这些外在的评语，因为他活着是为了自己快乐。知足并不代表不进取、不进步或拒绝竞争，而仅仅是表明了一个人对本身的存在和对这个与他人共处的社会的态度。可以说是洞察人间百态，看透世事无常后的一种大彻大悟后的坦荡胸怀。

懂得知足的人才能常乐，不用每天面对纷纷挠挠的世界不知所措，不用处心积虑地去对付别人，每天活在自己快乐的世界，这样的快乐才能长久。

# "适应"是生存的必然要求

**【原文】** 知天之所为,知人之所为者,至矣。

**【大意】** 知道哪些是自然的本领,哪些是人的本领,这就达到了认识事物的极点。

庄子认为认识事物有一个过程,应分清自然与人的各自本领。面对工作我们也有一个适应过程,你才会真正明白工作的含义。

人要生存,必然拥有自己的工作,才能解决自己的衣食住行,每个人都有第一份工作,怎样适应这样一个环境呢?其中除了生理适应、知识技能适应外,更重要的是心理适应。也就是说,来到一个新的环境,职业工作的各种信息会引起许多心理反应,如感知、情绪、性格等方面的变化,如何对待这些变化,就是一个适应问题。

人们适应职业环境的过程,也就是其劳动态度不断变化的过程。劳动态度是当人进入职业岗位以后,面临着执行具体劳动任务时的心理倾向。一般说来,年轻人思维灵活,性格开朗,兴趣广泛,对工作和适应能力比较强。但是,年轻人在适应职业生活的过程中,也常遇到困难,感觉到不适应的情形。诸如觉得工作太紧张、人际关系太复杂、自己知识技能差、一时不能胜任工作等。因此,有些年轻人容易产生情绪波动,要么想调换工种,要么想更换环境,从而影响正常的生活、学习和工作,影响身心健康。那么,如何适应职业环境呢?可以从三方面考虑。

1. 做好充分的思想准备

任何一个初涉社会的青年人,对工作的适应都有一个过程。通过对青年走上工作岗位后劳动态度变化的研究表明,劳动态度的主观指标为职工对工作的专业的满意程度。青年参加工作或从事新的工作后,其劳动态度一般要经历以下四个阶段:

（1）新异阶段。对于新的生活内容、工作环境、操作活动、人际关系等大多会有一种新异感，往往有新的打算和长远规划。

此时，他们严格遵守纪律，认真完成各项工作，有较高的积极性。

（2）动荡阶段。由于紧张定时的职业生活与就业前的松弛状态相比，感到疲劳和枯燥，传统的就业观念与新型的就业意识相互作用，以前的职业理想与实际从事职业的相悖，单纯的工作幻想与复杂的现实职业生活相矛盾、冲突，于是产生了机械感和单调感，对工作感到不适应，积极性也降低了。

（3）适应阶段。经过一段时间的职业生活后，人际关系，社会各方面信息，本职业务的掌握，人们就会感到一种习惯和适应，认清自己职业的价值和地位，感到更多的安慰和满意。

（4）稳定阶段。对本职业务的熟练掌握，职业生活习惯的养成，把年轻人推上了一些重要工作岗位，开始成为骨干力量。领导的重视、同行的承认，实现社会期望的决心，以及对工作的兴趣和责任心，使人们形成了稳定的劳动态度。

因此，做一份职业需要一个过程，你不必担心太多。只要有足够的心理准备就行了。

2. 学会进行自我调节

人的职业环境不是静止的，随着工作人员和任务等的更迭变化，职业环境常处于变动之中，要适应变化着的工作环境，就必须经常自我调节。不断根据变化了的环境来分析自己的个性，学习新知识，掌握新本领，来调节与新环境相适应的东西。调节法的根本意义在于使人有效地控制情绪，锻炼坚强的意志，创造克服困难的条件。

3. 正确使用对比法

人在工作中遇到烦恼，就容易产生怀旧情绪，留念学校生活，这是不现实的。正确的对比，应把学校生活的特点与社会职业的功能相比较。人需要成长，不可能永远待在学校，知识需要用才有其价。同时，可以感受来自不同职业的信息，看看自己的职业与别的职业有什么联系，在社会不同职业中居什么地位，起什么作用。经过对比，逐渐认识本职工作的特殊性质和意义，增强热爱本职工作的积极情感。对比法的根本意义，在于使人清楚地了解自己从事的职业活动的社会价值，增强职业荣誉感，在自己的职业中成才、成长。当你适应新的环境，并在工作环境中找到自己所需的东西，你的信心也就随着增长，随着阅历的加深，你会觉得工作中的快乐很重要，保持良好的心态，快乐每一天。

第六章 随遇而安，知足常乐

## 让事实说话

【原文】人之有所不得与，皆物之情也。

【大意】许多事情是人所不能干预的，这都是事物自身变化的实情。

庄子认为事物有其自身的发展规律，非人所能为，因此，在不可变更的事实面例，人应该学会适应。

事实是客观的，不是主观臆断的，人们在事实面前往往变得非常渺小。克莱斯勒公司的总经理凯勒先生说："要是我碰到很棘手的情况，只要想得出办法解决的，我就会做。要是干不成的，我就干脆把它忘了。"

面对不愿发生的事和不可避免的坏事情，用积极主动的心态去面对它，也可以让自己的生活快乐。一个小男孩在一间废弃的老木屋里的阁楼上玩耍。当他从阁楼爬下来的时候，先在窗栏上站了一会儿，然后往下跳。他左手的食指上戴着一个戒指。当这个小男孩跳下的时候，那个戒指勾住了一颗钉子，把整根手指拉脱了。

小男孩尖声叫着，吓坏了，以为自己死定了，可是当他的手好了之后，就再也没有为此事烦恼过，烦恼又有什么用呢？还不如去接受这一个不可避免的事实。如果有必要，我们差不多能接受任何一种情况，使自己适应，然后就整个忘了它。

在成长的岁月中，你我一定会碰到一些令人不快的人和事，它们既然是这样，就不可能是别的样子。但我们也可以有所选择，可以把它们当作一种不可避免的情况加以接受，并且适应它，否则忧虑会毁了我们的生活，甚至最后可能会弄得精神崩溃。

叔本华说过："能够顺从，就是你在踏上人生旅途中最主要的一件事。"

很显然，环境本身并不能给我们带来快乐或不快乐，只有我们对周围环境的反应才能决定我们的感觉。必要时我们都能忍受灾难的悲剧，甚至战胜它们。我们也许会以为我们办不到，但我们内在的力量却坚强得惊人，只要我们肯加以利用，就能帮助我们克服一切。

接受事实，并不代表被事实压垮，如果事情是不可避免的，也不可能再有任何转机，那么，为了保持我们的理智，让我们不要"左顾右盼，无事而忧"。

有一篇文章说，"我们要节省下精力，创造出一个更丰富的生活"。没有人能有足够的情感和精力，既抗拒不可避免的事实，又创造一个新的生活，你只能在这两个中间选择一个。

事实终归是事实，不可强行逆之，学会接受事实，你就会在现实中寻得一份快乐。

第六章　随遇而安，知足常乐

## 快乐的人容易满足

**【原文】** 注焉而不满,酌焉而不竭。

**【大意】**(天然的府库)无论注入多少东西,它都不会满溢,无论取出多少东西,它也不会枯竭。

庄子认为天然的府库是取之不尽,用之不完的,如果人的贪欲陷入其中,不能自拔,那他就只有等待沦陷。

知足常乐,可以说为每个中国人所熟知,但在现实中又有几人能做到这一点呢?许多人聪明,但却不知足,贪心过重,为外物所役使,终日奔波于名利场中,抑郁沉闷,难以享受人生之乐。

知足者才能常乐。"人心不足蛇吞象",人的欲望是无止境的,如果任其膨胀;必将后患无穷。人有了贪欲,就永远不会满足,不满足,就会感到欠缺,高兴不起来。贝蒂·戴维斯在她的回忆录《孤独的生活》中曾写道:"任何目标的达到,都不会带来满足,成功必会引出新的目标。正如吃下去的苹果都带有种子一样,这些都是永无止境的。"除非你真正懂得常乐的秘诀,否则将永远不会满足于自己所拥有的。

有一个人,偶然在地上捡到一张百元大钞,他得到这笔意外之财以后,总是低着头走路,希望还能有这样的运气。

久而久之,低头走路成了他的一种生活习惯。若干年后,据他自己统计,总共拾到纽扣近四万颗,针四万多根,钱则仅有几百块,可是他却成了一个严重驼背的人,而且在过去的几年中,他没有好好地去欣赏落日的绮丽、幼童的欢颜、大地的鸟语花香。

贪心的可怕之处,不仅在于摧毁有形的东西,而且能搅乱你的内心世界。你的自尊,你所遵守的原则,都可能在贪心面前垮掉。

人的不知足,往往由比较而来。同样,人要知足,也可以由比较得到。人的欲望是没有止境的，如果任由其膨胀，则会由此生出许多烦恼。如果能多看一下不如自己的人，和他们比一下，而不是一味地和比自己强的人比较，那么一切不平之心也许就会安宁。我们不妨抱一种"比下有余"的人生态度。

有个青年人常为自己的贫穷而牢骚满腹。

"你具有如此丰富的财富，为什么还发牢骚？"一位智者问他说。

"它到底在哪里？"青年人急切地问。

"你的一双眼睛，只要能给我你的一双眼睛，我就可以把你想得到的东西都给你。"

"不，我不能失去眼睛！"青年人回答。

"好，那么，让我要你的一双手吧！对此，我用一袋黄金作补偿。"智者又说。

"不，我也不能失去双手。"青年人焦急地说。

"既然有一双眼睛，你就可以学习；既然有一双手，你就可以劳动。现在，你自己看到了吧，你有多么丰富的财富啊！"智者微笑着说道。

如果你想获得什么不妨看看自己拥什么，生活中如能降低一些标准，退一步想一想，就能知足常乐。人应该体会到自己本来就是无所欠缺的，这就是最大的富有了。

真正的满足是内心的满足，而非物质的满足，物质是永远无法让人满足的。真正快乐的人知道什么是满足，因为只有在满足中才能体味什么是快乐。

## 远离痛苦，知足常乐

【原文】以有涯随无涯，殆已。

【大意】以有限的生命去追求无限的知识，就会弄得很疲困。

庄子认为人的能力是有限的，不要总是追求自己难以达到的目标，人应该知足常乐。

快乐是自己的，不是他人的。

记得台湾的一位大学校长在新生接待会上问了一个这样的问题："同学们，你们快乐吗？""快乐！"下面的同学立即欢呼起来。"好，好，我的话到此结束。"大家惊愕了半天，然后才恍然大悟，顿时掌声大作。这位颇有风趣的校长其实是很了解学生心理的，也很了解人的心理。他认为人的根本目的是追求快乐，而如果大家都很快乐，自己就不必再扫别人的兴了，因此，这位校长的做法很高明。

快乐是一种什么样的心境呢？或者说快乐到底是什么样子呢？这个问题，也许很难说清楚。但有一点必须肯定，快乐是很主观的，一个人的快乐他人是看不见的，只有通过他的表现和行为举止才有所了解。一个人认为是快乐的事，而另一个却未必认为快乐。总之，快乐是很奇怪的，因人而异，因事而异日。

追求快乐是人性之一。哪个人不愿自己生活得快乐点？有人说人生来都是痛苦的，哪有快乐可言？正因为人生多痛苦，所以追求快乐才是应该努力的一个方面！人生活的根本目的是什么呢？可以归根到底是为了"快乐"二字。成功的事业、富足的家产、自我实现……都是为了最终的快乐。快乐是一副润滑剂，有了它你的生活将会光滑许多，没有它你前进的道路上谁能想到又会有多少障碍和阻力？人生至多也不过百年，匆匆之后便成为过客。

快乐的反面是痛苦。痛苦何来呢？人生来就是要追求快乐的，生来便具有各种欲望。这些需要和欲望应该是得到满足的，而一旦得不到满足，是于理想和现实之间出现差距时，人的需要便产生了匮乏，也产生了痛苦。痛苦无时不在，无处不有，而人越是痛苦，才越觉得快乐的可贵，才会拼命地去追求快乐。当你得到了新的快乐，新的痛苦又产生了，这样痛苦是没有止境的，因为人的欲望更是无止境的。那么，这是不是就应该说不去追求快乐了呢？不，快乐是能追求到的，尽管人的欲望无穷，只要能知足，便能常乐。

知足的人即满足于自我的人，知足者能认识到无止境的欲望和痛苦，于是就干脆压抑一些无法实现的欲望，这样虽然看起来比较残忍，但它却减少了更多的痛苦。在能实现的欲望之内，他拼命为之奋斗，一旦得到了自己的所求，快乐便油然而生，每上进一个台阶，快乐的程度也会上进一个台阶。只有经常知足，在自我能达到的范围之内去要求自己，而不是刻意去勉强自己，去强迫自己，而是自觉地知足，心平气和去享受独得之乐。

人生的旅程不是一帆风顺的，处处有坎坷、崎岖，甚至是断崖。痛苦更是无穷无尽，难道非要一味地求苦而将快乐置于身边而不顾吗？这是生活的根本目的吗？不，绝不是。也许有人会说："不吃苦中苦，怎熬人上人？"那么，什么才算"人上人"？人与人之间可比吗？

竞争，使得每个人都为了眼前的利益而奔走忙碌，丝毫不敢有所懈怠，这是很正常的。于是，就有了攀比，希望在各个方面都超过自己周围的人，当超过了自己周围的人还想再超过其他更远的人，还想样样争第一，事实上，一个人以有限的精力能实现他所有的梦吗？不可能，注定了他的大多数梦只会成为泡影。这样，盲目的攀比，其结果只能使自己更加的痛苦，而仍一无所得。人为什么总这样独断？为什么不允许别人超过自己呢？别人也是人，任何人没有理由只相信自己的力量，不让别人超过自己，甚至没有理由去怀疑别人。每个人应该拥有自我，去安静地生活，干自己该干的事情，做自己喜欢的工作，在自己的范围内寻找有意义的事情，去和对手竞争，一步一步向高的阶层攀登。这样，便能在人生的每一步成长的过程中，体验到自我实现和成长的足迹，同时也会体会到自我奋

斗的快乐！

一位西方哲人说过，成功是没有标准的。只要你尽了自己的力量，发挥了所有的潜力，而且尽了所有的财力和物力。这样，尽管结果仍不是最优秀的，仍不失为一种成功。因为成功并不意味着都是第一，结果在有的领域是主要的，而过程则自有它的魅力之处。重复结果，并不是说不要过程，结果给人带来的快乐只是暂时的，而过程所带来的快乐的回忆则是无尽的和永恒的。

人性中有很多失败的例子是由不知足所造成。由于人太贪婪了，欲望太强了，而其自身的能力又有限，这样必然会导致自己应有的下场。清朝乾隆年间和珅的下场不是给我们以深刻的启示吗？为了积聚财富，和珅像发了疯，什么手段都敢使，其穷奢极欲达到了极限，其结果呢？还不是机关算尽聪明，倒误了聊聊性命，身死人首？《红楼梦》中的王熙凤不也是如此吗？

人的社会是复杂的，并不是一个人所能左右了的。一个人一旦过于突出或冒尖，这也是很危险的。人一旦出名是要注意自己的安全问题的。与其看着自己奋斗一生的东西毁于一旦，不如在生活中过一种平稳、安定的日子，这样的生存也未必就不比大起大落好。这是一种生存哲学，也是一种生存艺术，知足的人，往往比其他人过得充实，过得快乐。

当然，这里并不是反对努力奋斗，只是说相对于无止境的成就来说，一个人达到个人所能及的成就也就可以了。由于每个人是有区别的，所以就达到何种成就来说又是不同的，不过所有成就还需你去奋斗得来，但千万不要永无止境。

## 放宽爱的尺度，知足快乐

**【原文】** 缘督以为经，可以保身，可以全生。

**【大意】** 顺着自然的理路以为常法，就可以保护生命，可以保全天性。

庄子认为如果顺其自然的生活，就可以让自己的生命和天性得到保护，所以对生活不要太苛求，顺其自然才能娱乐身心，幸福才能长久。

人在乎的越多，失去的也就越多，如果你强行控制他人的行动，有一天你会发现他跑得更快。

人，总是为了追求名、利、权势而劳碌终生；对于情爱，贪求不厌，总想把对方牢牢握住，怕有天会消失不见，可是越这样，你会发现，事情会变得越糟糕。

有位太太的先生是知名的企业家，对她百依百顺，以世俗人的眼光看起来，她是很幸福，物质生活是上上等的，可以说是幸福中的幸福人。但她仍觉得很苦，看到一个朋友时，哭得很伤心，朋友问她："你有什么不满意呢？"

她说："你不知道啊！他对我感情不专，使我痛苦、不满"。朋友劝她说："到底你要追求多少感情才满意呢？"不要太强求，感情如同一个球，愈硬碰，它跳得愈高愈远。

她问："那要如何解决呢？"朋友回答道："放宽尺度，你爱的范围太狭窄了，犹如把感情当成一条绳子，缚（管）得他对你产生敬而远之的心理，才使你那么痛苦。你应该以柔和的感情来宽容他的一切，不要以占有欲、威力来加在感情上面，否则先生表面又顺又爱，但内心却又烦又畏，也就难怪他会对你有欺骗的行为。你若能把爱扩大到去爱他所爱的人，他一定会感谢你，同时也更珍惜这份感情中的恩情，因为你所给予他的爱是那么的自在。"人的感情就像是洪炉，只要你多给他宽大的爱，满足他的

感情，再冷再硬的心也会被它融化，这位为情所苦的太太，后来果真做到去爱他所爱的那些人，夫妻的感情如此，父母子女的感情也是如此。

"问世间情为何物，直教人生死相许"，婚姻是一种"缘"，若能因缘聚而相知相惜，实在是幸福。在通过共同生活交融中，彼此能互相包容欣赏对方的优点，方能圆融一生。在人生旅途上，彼此互相扶持、互相勉励，放宽彼此爱的尺度，勿强求于人，勿强求于己，在知足中找到感情的快乐。

# 第七章 适时无为,则无不为

退一步是为了更好地进,适时无为,是为了更好的有为,聪明的人善于将「有为」与「无为」合用,是为了收获最好的「达」。

## 适时无为,实则有为

**【原文】**故君子不得已而临莅天下,莫若无为。无为也,而后安其性命之情。

**【大意】**所以,君子不得已而居于统治天下的地位,那就不如一切顺其自然。顺其自然方才能使天下人保有人类自然的本性与真情。

无为,然后能无不为;无为,然后能有作为。

有为与无为两个看似相反的作为,其实是相互贯通的。顺应客观,无为而治,并非完全听天由命,任人摆布,而是在顺应客观的同时,主动地、策略地、乐观地、自觉地去驾驭现实环境中所遇到的矛盾,并制定合理的方针、策略。所谓"无为而治",其实是指大有为而无为,貌似无为,实则有为,眼下无为,长远有为的一种为政策略。

人说话不在多,只求精,有时默默无言,就足以使对方慑服。就像诸葛亮布下空城计,看上去空空荡荡,反而给敌人一种受到包围的不详预感,只得夹着尾巴溜走了。"欲擒故纵","大智若愚","大巧若拙",其意思是遇事不慌,镇定自若,挥洒自如。这是在个人为人处世或企业经营或谈判中都可以动用的高招。也是一种智慧人生。

庄子继承《老子》政治论的精髓,一言以蔽之,即"无为"。"以无事而治天下,吾何以知其然哉? 以此:天下多忌讳,而民弥贫;朝多利器,国家滋昏;人多技巧,奇物滋起;法令滋彰,盗贼多有。"其意为,禁令越多,人民越贫;技术越进步,社会越混乱;智慧越增加,人民越不幸;法令越完备,犯罪者越滋生。为此,他奉劝领导者们要"无为而民自化,好静而民自正"。

这种"无为"包括三个方面。一是作为领导者应尽量少施行命令或指示;二是不要实行使下属负担过重的政策;三是对下属的各种活动尽量避免介入或干涉。但这并不是说领导者对一切都不管,而是要领导者随时留心下属的动向。口出怨言或者发牢骚、自叹倒霉的领导者并不称职。因为无论工作多么辛苦,都是自己应负的责任,所以表面上不应显出痛苦的样子。而要以悠闲自在的精神状态面对下属。就像鸭子若无其事、轻轻松松自由地划进水面一样的自然。

"有为而治"和"无为而治"符合辩证法的原理。"有为"是手段,"无为"也是手段,"治"才是目的。表面看来,"有为"和"无为"似乎是不相容的,但作为工作方法来看,它们能够殊途同归,共同达到"治"的目的。

随着社会生产的高度发展,生产规模的扩大和部门层次的增多,一个高层(相对来说)的领导者即使精明强干,能力超群,也是无法事必躬亲,样样"有为"的。他必须忽略可以忽略的东西,做到大事"有为",小事"无为"。

那么,如何做好"有为"与"无为"呢?

首先,高层领导者只需在事情的开始阶段表现出"有为"来。实践证明:很多事情不必高层领导者躬亲其过程,而只需要在开始表示一个态度就可以了。这种表态可叫"拍板",也可叫"决策"。算是"有为"的举动。高层领导者仅在工程之始参加的"奠基仪式""开工动员"等亦属于此类性质。

其次,高层领导者只需在事情的中间环节上表现出"有为"来。此时的"有为",是为了引导、完善群众运动,促使高潮的到来。而当高潮形成后,他应当奔向新的目标,在新的领域开始自己的"有为"。

再次,高层领导者的"有为"只需要在两头有所表现就够了。意在表明一件事的开始和完结。以便把群众的思路引向一个领域和转向新的领域。同时,也表明领导者对有关事情的态度和此事在全局中的地位。

另外,对有的事情,高层领导者只需扮演"旁观者"的角色,自始至终都在表现着自己的"无为"。但这种"无为"的目的在于给其下属提供"有为"的锻炼机会。

值得说明的是,高层领导者的"有为",不应是直接指向目的的活动,而应是直接指向被领导者的活动。对一个高层领导者首先的和基本的要

求,应该是他能够组织别人"为"什么,而不是单纯他个人能够"为"什么。一个高级军事指挥员,如果放弃组织战役、调兵遣将的战略任务,而去直接参与肉搏或冲锋,那么他就不是一位优秀的指挥员。原因是,他的"有为"和"无为"正好颠倒。

什么"有为",什么"无为",何时"有为",何时"无为",对于一位成功的高层领导者来说,至关重要。

第一,如果不该"不为"时有所作为,不仅会限制下属的主动性、积极性,而且还会妨碍、干扰下属的工作。这样长期下去,会使下属不能独立处理自己分内的事,养成照抄照搬的依赖心理,即我们说的"有靠头"。

第二,不该"有为"时有所作为,必然会破坏整个领导机构的系统功能,影响各级领导者在"管理场"中的固定位置,导致工作秩序紊乱。一个领导者,如果越俎代庖,干了下属的事,难免顾此失彼,势必疏于职守,"金字塔式"的领导系统的发散性和收敛性功能必然不能兼备运行。

第三,不该"不为"时有所作为,很容易将不成熟的意见强加于人,从而造成失误,降低组织的威信。在实践中,一些高层领导者用自己不成熟的意见支配组织,给事业造成损失的例子,是屡见不鲜的。人们在总结经验教训时,往往习惯用组织的失误或不成熟来为领导者开脱"罪责",这样的评判未必准确。因为,组织的思想、行为是受人(领导及其成员)支配的。因此,组织的人尤其是高层领导者成熟与否直接表现为组织的成熟与否。从这个意义上讲,只有不成熟的个人,没有不成熟的组织。同是一个组织,为什么有的人担任高层领导者,工作就做得好,而另外的人却做不好呢?

第四,不该"有为"时而有所作为,即使高层领导者的用心是良苦的,也必然如前所述,因小失大,祸害无穷。一个高层领导者只有真正站在社会实践系统所赋予他的固定位置上考虑全面,掌握方向,而在具体事务上则较为超脱,当"甩手掌拒",那他才算是高明的高层领导者。有所不为,才能有所为,历史的辩证法就是如此。

北欧航空公司董事长卡尔松大刀阔斧地改革北欧航空系统的陈规陋习。开始时,他的目标是要把北欧航空公司变成欧洲最准时的航空公司。但他想不出该怎么下手。卡尔松到处寻找来负责处理此事的人,最终找到了合适的人选。于是卡尔松去拜访他:"我们怎样才能成为欧洲最准时的航空公司?你能不能替我找到答案?过几个星期来见我,看看我们能不能达到这个目标。"几个星期后,他来见卡尔松。卡尔松问他:"怎么样?可不可以做到?"

他回答:"可以,不过大概要花6个月时间,还可能花掉你160万美元。"

卡尔松插嘴说:"太好了,说下去。"因为他本来估计要花5倍多的代价。

那人吓了一跳,继续说:"等一下,我带了人来,准备向你汇报,我们可以告诉你到底我们想怎么干。"

卡尔松说:"没关系,不必汇报了,你们放手去做好了。"

大约4个半月后,那人请卡尔松去,并给他看几个月来的成绩报告。此时北欧公司已成为欧洲第一。但这还不是他请卡尔松来的唯一原因,更重要的是他还省下了150万美元经费中的50万美元,总共只花了100万美元。

卡尔松事后说:"如果我只是对他说,'好,现在交给你一件任务,我要你使我们公司成为欧洲最准时的航空公司,现在我给你200万元,你要这么这么做。'结果怎样,你们一定也可以预想到。他一定会在6个月以后回来对我说,'我们已经照你所说的做了,而且也有了一定进展,不过离目标还有一段距离,也许还需花90天左右才能做好,而且还要100万元经费等。'可是这一次这种拖拖拉拉的事却不曾发生。他要这个数目,我就照他要的给,他顺顺利利地就把工作做好了。"

可见,正是卡尔松的"无为"变成了"有为"。

"无为而治"和"有为而治"兼而有之的领导方法对人们来说,并非生疏。它在实践中早被广泛地应用着,只不过是,有的被自觉应用,有的被不自觉应用,有的被正确应用,有的被不正确应用罢了。

高层领导者的"有为"如果能够沁出牡丹的芳香,那么高层领导者的"无为",则是为了让下属"有为",以显示绿叶的清馨。两者兼而有之,方能收到牡丹绿叶之效。

"有为"与"无为"兼而用之,才是最好的"达"。

# 无心插柳柳成荫

**【原文】** 无为为之之谓天。

**【大意】** 用无为的态度去做就叫作自然。

庄子认为做事应用自然的态度，一切不必强求，无为的自然往往会开花结果。

一个人越是有私心，就越难以做自己；越想有所为，就越难以有所为。如果你与全国人去争国家，与全天下人去争天下，与全事业领域中的人去争成败，结果必然是一无所获。

你如果不与他人去争，恬淡无为，或许会有所得，不争之争反而天下莫能与之争。所以庄子说："深知什么是雄强，却安雌柔的本分，甘愿做天下的溪涧。甘愿做天下的溪涧，永恒的德性就不会离失，回复到婴儿一样单纯的状态。深知什么是明亮，却安守于昏暗的本分，甘愿做天下的模式。甘愿做天下的模式，永恒的德行就没有过失，恢复到不可穷极的真理。深知什么是荣耀，却安守卑下的本分，甘愿当天下的川谷。甘愿当天下的川谷，永恒的德性才能得到充足，回复到自然开端的朴素、纯真的状态之中。"

委曲便会保全，屈枉便会直伸；低洼便能充盈，陈旧便会更新；少取便会获得，贪多便会迷茫。做事情时，没有必要刻意去寻找结果，用随性的方法有时会是最好的方法。

计划之中总有计划，比如每件大事都有它的计划，分门别类，按部就班。而每个计划又有若干阶段的独立计划，每一独立计划，前后彼此，都有着密切的联系，并且是相互衔接的。

例如一次战争，都有全盘计划，而每一次战役，又有每一次的计划。一个国家有整个国家计划，而每一部门，又有每一部门的计划。如政治建设计划，经济建设计划，农业建设计划，教育建设计划，国防建设计划等。

计划中又有按时期、种类的分别计划，国家是这样，个人也是这样。一个人有一生的计划，一年的计划，一日的计划。一件事又有一件事的计划，然后按计划行事，按时计工，自然有所成就。

春秋时期，齐国宰相管仲，把国家治理得有条不紊，征服了许多割据一方的诸侯小国。最后，只剩下齐国没有征服。

当时，齐国有好几位大将军纷纷向齐桓公请战，要求率重兵去攻打楚国，管仲却连连摇头。他对大将军们说："齐楚交战，旗鼓相当，胜负难决。齐就粮草而言，得把辛辛苦苦积蓄下的粮草倾仓用光；更有齐楚两国万人的生灵将成尸骨！"

大将军们听后不敢再出声，都用询问的眼光注视着智慧超人、功劳卓著的管仲。管仲却不慌不忙，带领大将军们看齐人炼铜铸钱去了。

一天，管仲派100多名商人到楚国去购鹿。当时，鹿是较稀少的动物，仅楚国才有。但人们只把鹿作为一般的可食动物，两枚铜币就买一头。管仲派的商人在楚国到处扬言："齐桓公好鹿，不惜重金。"

齐商人开始购鹿，3枚铜币一头，过了10天，加价为5枚铜币一头。

楚国成王和大臣闻此事后，颇为兴奋。他们认为繁荣昌盛的齐国即将遭殃，因为10年前卫国的卫懿公好鹤而把国亡了，齐桓公好鹿正蹈其覆辙。于是他们便放松警惕，在殿里大吃大喝，等待齐国大伤元气，他们好坐得天下。

这时管仲却把鹿价又提高到10枚铜币一头。

楚人见一头鹿的价钱如此之高，纷纷做猎具奔往深山去捕鹿，不再种田；连楚国官兵也陆续将兵器换成猎具，偷偷上山了。

又一年，楚国遭到大荒，铜币却堆成了山。

楚人欲用铜币去买粮食，却无处买。管仲已发号施令，禁止各诸侯国与楚商通粮。

如此下去，楚军人黄马瘦，大大削弱了战斗力。管仲见时机已到，便集合八路诸侯之军，浩浩荡荡，开往楚境，大有席卷残云之势。楚成王内外交困，无奈之下，忙派大臣求和，同意不再割据一方，欺凌小国，保证

接受齐国的号令。

管仲不动一刀，不杀一人，就制服了本来强大的楚国，为东周列国赢得了一个安定的时期。后来，有人把管仲这次用的计策称为"买鹿之谋"。

古人说：天地以顺为动，所以日月就以四季更替而不差失；圣人以顺为动，所以刑罚清明而人民归服。阴阳以顺则豫，天地以顺动而有规有序，圣贤以顺动就能正直，国家以顺动就能富强，战争以顺动就能取得胜利，全人类与天下所有万事万物以顺动就能宜而可止，达到至善。宜就适当，适当就真实无妄，真实无妄就不停息，不停息就久远，久远就宽厚，宽厚就高明。这样不见自彰，不动自变，不战自胜，不争自有，无为自成，无私自大，就是顺应的功效。

所以对于领导者来说，成功的秘诀在于顺应，一切随性、随缘、随自然，才能够不争天下却得天下。

# 聪明人做聪明事

**【原文】** 若能入游其樊而无感其名，入则鸣，不入则止；无门无毒，一宅而寓于不得已，则几矣。

**【大意】** 如果能够进入到追名逐利的环境中遨游而不为名利地位所动，君主能采纳你的意见就说，不能采纳你的意见就不说。不去寻找仕途的门径，也不向世人提示索求的目标，心思凝聚全无杂念，把自己寄托于无奈何的境域，那么差不多合于"心斋"的要求了。

事情很多，看你怎么去做，怎么去处理，聪明人懂得"入则鸣，不入则止"。随着经济的迅速发展，使越来越多的人成为职场中人，随之而来的是越来越多的职场问题。作为一名为生存、为事业而努力的职场中人，不可能"入则将相，出则隐逸"，如果上司"给你难堪"，你应学会游刃于职场而有余。

如果你遇到"暴脾气"的上司并被无端指责，你可与上司进行一次真诚而深入的沟通，让上司了解你的工作态度，同时你也要了解上司的具体要求，以便在今后的工作中减少这种冲突。如果你的上司并不是有意指责你，相信通过你的努力会与上司达成谅解。当然，也有些上司会故意为难你，在这种情况下，如果你觉得自己与上司确实无法相处，那么你可以另寻他主。

有的上级不愿意用表扬激励下属，而是好挑剔、指责。这样的人有两种：一种是水平较高，认为你应该把一切都做得很好，干的漂亮是应该的，做得不好便是无能。因为他总是用自己的能力和水平，要求水平能力不同的下属，所以总是不满意；再一种就是嫉妒心较强者，从不承认别人的优点，没有尊重他人劳动成果的习惯，更不懂表扬的艺术。不会设身处地考虑下属的难处，也不肯亲自去实践，只是坐在上面发议论，以为不挑出毛病，就不足以显示自己的水平高，不足以证明自己的价值。

有的上级在让下属做事时,加上一句"别搞砸了呀","不要再出什么闪失了","我怀疑你的能力"等等,以为用这样的话便可提醒下属加倍注意。然而事实却相反,一些下属听了这种话会想:"既然这么怀疑我,你自己去做好了,干吗要我干呢?"有的上级因不信任下属,而邀请其他部门的人来做本该由下属做的事,这更令下属感到尴尬,甚至愤怒。如果你的上级也有这些"症"状,如果你是一位刚参加工作不久的新员工,下面几种方式或许对你有所帮助。

(1)了解你的上司与你自己。首先了解你的上司是何种类型的领导,然后看看你自己,是不是你上司满意的那种员工。如果不是,有没有改进的必要。迅速摸清上级的工作思路,好恶情况,按上级的要求开展工作,以免费力不讨好,走弯路、白辛苦。

(2)如果你是部门主管人员,你的工作方式以及你的为人方式与上司保持协调一致是十分重要的。举例说,如果你的上司较容易发脾气,你协调的方式是最好保持沉默。

(3)面对上司对你发脾气,如果这个脾气发得对,你就必须承认错误并且做出承诺如何去改正或提高,而不是对错误进行辩护。如果他的脾气发得不当,你可以给他指出并且向他把事情解释清楚,告知他不应当对你发脾气,而且,你与他达成谅解后还可以为他提供一些解决问题的建议。

(4)明确上司的工作要求。这包括上司对你的工作目标、工作方式的要求。在这一方面,部门主管应尽力达到上司的要求,如果达不到,应及早向上司反映。

减少与上司的冲突,还必须注意不要将情绪带到工作中去,这时即使你受到了极大的委屈,也不能把这些情绪带到工作中来,很多人会以为自己是对的,等着上司给自己一个"说法",于是,正常的工作也中断了。由于很多工作是靠着众人之间一起协作才能完成的,你一旦停顿,就会影响了工作的进度,拖了别人的后腿,使其他同事对你产生不满,更高一层的上司也会对你形成坏印象,而上司更有理由说你是如何如何不对了。这时,我们必须告诫自己,克服自己的情绪化,无论是哪种情况都不要影响自己手头应做的工作。而有些人以不做工作来胁迫上司,这是极不理智的行为,只会使自己今后的处境更为不妙。

与上司产生不愉快时，难免会产生些情绪，需要向人倾诉，如果失误在于上司，同事对此都不好表态，他们也不愿意介入你与上司的争执，又怎能安慰你呢？假如是你自己造成的，他们也不忍再说你的不是，往你的伤口上撒盐。

更有甚者可能把你对他的诉说，经过添枝加叶后告到上司那儿，加深你与上司的裂痕。

所以，当你"得罪"了上司后，不要急于向人倾诉，不要指望得到人们的理解，最好的办法是自己清醒地理清问题的症结，找出合适的解决方式，使自己与上司的关系重新有一良好的基础。

利用一些轻松的场合表示对他的尊重。如果你与上司有冲突，不可用敌对或是藐视的眼光看待对方，否则只会使自己今后的处境更加尴尬。或者不妨在一些轻松的场合，比如会餐、联谊活动等机会时，向上司问个好、敬杯酒，这些做起来很自然得体，既没有拍马讨好之嫌，又能表示你对他的尊重，上司自会记在心里，排除或是淡化对你的敌意。

找个合适机会沟通。当你控制住了自己的情绪后，下一步就是要消除你与上司的隔阂，因为你还要与上司相处，受其领导，如果相互之间心存敌意，总会给你的工作以致你今后的发展带来负面的影响，所以最好自己主动地伸出"橄榄枝"。如果是你错了，你就要有认错的勇气，找出造成自己与上司冲突的症结，向上司做解释，并对其做合适的恭维，表明自己在以后的工作中会以此为鉴，并希望继续得到上司的关心。

假若是上司的原因，可以找个适当的时间和场合，在较为宽松的时候，以婉转的方式，把自己的想法与他沟通一下，或以一时冲动或是方式还欠周到等原因，与上司达到和解，这样有益于恢复你与上司之间的良好关系。

只要你是上班族中的一员，就会处于人际职场里，难免有时会"得罪"上司，这可能是你自己造成的，也可能是对方引起的，但不管谁是谁非，无论从哪个角度来说都不是件好事，只要你还没想调离或辞职，就不可陷入僵局，否则在这样的环境里工作你不仅不愉快，而且还可能会影响你的前程。所以不可一时冲动，而要理智地处理，为自己留有回旋的余地，做一个职场聪明人。

## 退一步路更宽

【原文】夫以出乎众为心者,曷常出乎众哉!

【大意】要是存在出人头地的心理,何尝又能够超出众人呢!

庄子认为光有越众的心理,却没有超出众人的实力,不如先学会退一步向他人学习,然后超出众人才水到渠成。

退一步需要有艺术,换句话说,不可以白退步,要退得有价值。

有一道脑筋急转弯题:飞机在高空中盘旋,目标紧紧咬住装载紧急救援物资的卡车,就在这危急时刻,前面出现一个桥洞,且洞口低于车高几厘米,问卡车如何巧妙穿过桥洞。

问题早就有了答案——把车轮胎放掉一部分气即可。问题的答案简单却教给我们一个做人的道理,遇事不如像轮胎放气一样低一低头,你会发现再抬头会比原来看得更远。开始时不是一筹莫展,搞得焦头烂额,就是硬往前撞,哪管它三七二十一,死了也悲壮。这固然表明一个人有勇气和自信,但往往会适得其反,事情会扯不清理更乱。毫无价值的牺牲,最终受害的是自己,随着"吃垫"的增多,也长了些许的"智",在每逢遇到类似的难题时,不妨向后退一步是不错的方法。

纵观历史,也有借鉴的镜子。三国刘备再三低头让步:从三顾茅庐到孙刘联合,每一次低头,都会蹀到"柳暗花明又一村",终于做成"三足鼎立"中的辉煌。这是古人的典范。有一人在广告公司谋事,由于年轻易冲动,便轻而易举地得罪了经理。于是,在以后的日子里,每次开会都自然而然成为会议的第一个主题——挨批。被批得面目全非后,真想一走了之。但是转念一想,如果真的走了,一些罪名不光洗不清,而且会被再蒙上厚厚的污垢;再者,这是一家很有名气的广告公司,自己完全可以从中源源不断地得以"充电"。于是坚持留了下来,整理好乱七八糟的心情,低头实干，以兢兢业业来为自己疗伤，以实实在在的业绩回击谎言。一笔又一笔的业务，增添了他的信心，也使他积攒下了许多经验财富。坦率地讲，最重要的是，此人学会了退一步路会更宽的做人道理。

漫漫人生路，有时退一步是为了踏越千重山，或是为了破万里浪；有时低一低头，更是为了昂扬成擎天柱，也是为了响成惊天动地的风雷；退步是为了更好地进步。

# 第七章 适时无为，则无不为

# 敢于正视自己的不足

**【原文】**将为胠箧、探囊、发匮之盗而为守备，则必摄缄縢，固扃鐍，此世俗之所谓知也。

**【大意】**为了警惕撬箱子、掏口袋、开柜子的小贼所做的防守戒备，就应捆紧绳索，关紧锁钮，这是世俗上所说的聪明。

庄子认为所有为防备盗贼做的努力，其实是为盗贼更好地窃取，即聪明反被聪明误，所以无论做什么事，都应正视自己的不足。

敢于承认自己的不足，这是一种期待成长的勇气，每个人都有长有短，真正看清这一点，不仅需要你有一双明亮的眼睛，也需要你有一颗透明的心。

生活中你会时常觉得自己在很多地方不如别人。

比如在家务上，不如勤劳能干的主妇；在工作上，不如善于察言观色的同事；在处理人际关系上，甚至不如未成年的少年；在新知识的运用与掌握上，不及年轻人的迅速灵敏；碰到复杂事物，又缺乏长辈的精明练达、长袖善舞；最糟的是遇到紧急情况缺乏应变能力，反应迟钝，甚至明明稳操胜券的事情，却偏偏输得干干净净。

某人也许会扬扬自得地对你说：你不用和我吵，你根本吵不过我。你吵你准输。想想也确实如此。口讷，碰到情急的事情，往往张口结舌，而且失却判断，根本忘记事情的核心点及对方理论的关键，莫名其妙地被对方的声势所压倒，真是窝囊。这就印证了一句话：会拉有被，会说有理。世上原是有是非的，却还得看你怎么说，和谁说。

调子放得最低最低，心态修炼得最静最静，经历了几番风雨几轮挫折，渐渐地，就会明白了，一个人不可能处处胜于人。有得必有失，样样齐全了，你也许会遭到更大的、意料不到的天灾人祸。就像小病小灾缠绵一生的人，往往安享天年，而无病无痛、大红大紫的人常常遽祸忽至，防不胜防。命运往往是无常的，做什么都要留有余地。

其实，从另一种角度来说，敢于正视自己的不足，也是某种程度上的自信。只有敢于正视自己，才能胜于人。天外有天，楼外有楼，一个人怎能时时处处胜过所有的人呢？每个人都有自己的优点与优势，也都有自己的缺点与短处，扬长避短才是机智，拿自己最不擅长的柔弱之处去硬碰别人修炼得最拿手的看家本领，其结果是可想而知了。

人虽有各种潜能与优越，但你不可能在所有地方都有机会发挥出来，你只能在一个地方用足你的力气，在你没有用力气的地方，在你无暇顾及的地方，你必然不如那些在这地方用足力气的人。你的精力有限，机遇也有限，因此，你能如人的地方肯定很少很少，而不如人的地方绝对很多很多。人往往难得糊涂，也难得明白，只有真正的明白，才能使你的人生更上一层楼。

## 舍小我成就大我

【原文】故田成子有乎盗贼之名,而身处尧舜之安。

【大意】所以田成子虽有盗贼的名声,但自己仍处在尧舜一样安稳的地位。

庄子认为田成子虽有不好的名声,但他却有稳固的地位,用自己的小我成就了自身的大我,实乃明智之举。

成功有的时候需要的是结果,而不是过程。这就犹如人跳高跳远,退几步助跑一段才能跳得又高又远。成功者不会在意小得小失,他们追求的往往是最后的结果,只有成功才是他们最终的真实目标。

公元616年,李渊被诏封为太原留守,北边的突厥用数万兵马多次冲击太原城池。李渊遣部将王康达率千余人出战,几乎全军覆灭。后来巧使疑兵之计,才勉强吓跑了突厥兵。超乎意料的是在突厥的支持和庇护下,郭子和等纷纷起兵闹事,李渊防不胜防,随时都有被隋炀帝借口失职而杀头的危险。

许多人认为李渊当时是内外交困,必然会奋起反击,与突厥决一死战。不料李渊竟派遣谋士刘文静为特使,向突厥屈节称臣,并愿把金银珠宝统统送给始毕可汗!

李渊为什么这么做呢?原来李渊根据天下大势,已决定起兵反隋。要起兵成大气候,太原虽是一个军事重镇,但不是理想的发家基地,必须西入关中,方能号令天下。西入关中,太原又是李唐大军万万不可丢失的根据地。那么用什么办法才能保住太原,顺利西进,才是关键。

当时李渊手下兵将不过三四万人马,即使全部屯驻太原,也要一边应付突厥的随时出没,同时又要追剿有突厥撑腰的四周盗寇,这已是捉襟见肘,而现在要进伐关中,显然不能留下重兵把守。唯一的办法是采取和亲政策，让突厥"坐受宝货"。因此李渊不惜俯首称臣。

李渊的舍小我成就大我的计划获得了很好的效果。始毕可汗果然与李渊修好。后来，李渊派李世民出马，不费多大力气便收复了太原。

而且，由于李渊甘于让步，还得到了突厥的不少资助。始毕可汗一路上送给李渊不少马匹及士兵，李渊又乘机购来许多马匹，这不仅为李渊拥有一支战斗力极强的骑兵奠定了基础，而且因为汉人素惧突厥兵英勇善战，李渊军中有突厥骑兵，自然凭空增加了声势。

李渊的这种舍小我成就大我的做法虽然从名誉和物质方面处于暂时的不利，但在当时的情况下，不失为一种明智的策略，它使弱小的李家军既平安地保住后方根据地，又顺利地西行打进了关中。如果再把眼光放远一点看，突厥在后来又不得不向唐求和称臣，突厥可汗还在李渊的使唤下顺从地翩翩起舞哩！这种牺牲是九牛一毛了。

生活中也是如此，无论是工作还是日常生活，暂时放下个人恩怨，以愉快的心去面对烦恼的事，日子会轻松许多，或许你的曾经放弃会给你留下超乎想象的结果。

第七章 适时无为，则无不为

## 在拥有中学会放弃

【原文】掊斗折衡，而民不争。

【大意】烧掉符、毁掉印，而百姓就会朴实单纯。

庄子认为只有将外在的制约去除，人们才能恢复到原来的本质。

人往往习惯拥有，爱好拥有，觉得拥有是最踏实与安全的。人们不想放弃，觉得放弃就会有损失，迷失自己，其实则不然。放弃，并不意味着消失与失败。像下围棋一样，小的利益虽然放弃，得到的却是更大的利益。

要想获得，首先就要懂得去放弃。汉代司马相如所著《谏猎书》有云："明者远见于未萌而智者避危于未形。"放弃是一种智慧，也是一种理性的抉择。

岛村芳雄出生在日本一个贫困的乡村，年轻时背井离乡到东京谋生，在一家材料店当店员，每月薪金只有1.8万日元，还要养活母亲和三个弟妹，因此生活非常拮据。

岛村想自立门户创业，但资金问题一直困扰着他。于是，他选定一家银行作为目标，一次又一次地提出贷款申请，希望人家大发善心。前后经过3个月，到了第69次时，对方终于被他那百折不挠的精神所感动，答应贷给他100万日元，当亲朋好友知道他获得银行贷款时，也纷纷帮忙，这样，岛村又借到了100万日元。于是辞去店员的工作，成立丸芳商会，开始了贩卖绳索的业务。

为了打开市场，岛村想出了"先予后取"的方法：

首先，他往麻产地冈山以0.5日元的价钱大量买进45厘米长的麻绳，然后按原价卖给东京一带的纸袋厂。这样做，不但无利，反而损失了若干运费和业务费。

生意虽然亏了本，但"岛村的绳索确实便宜"的名声远播，订货单从各地像雪片一样飞来。

于是，岛村按计划采取积极的行动。他拿进货单据到订货客户处诉苦："到现在为止，我是一毛钱也没赚你的。如果让我继续为你们这么服务的话，我便只有破产一条路可走了。"客户为他的诚实做法深受感动，心甘情愿地把每条麻绳的订货价格提高为 0.55 日元。

然后，他又到冈山找麻绳厂商商量："您卖给我一条绳索 0.5 日元，我是一直照原价卖给别人的，因此才得到现在这么多的订单，如果这种无利而赔本的生意继续做下去的话，我只有关门倒闭了。"

冈山的厂商一看他开给客户的收据存根，也都大吃一惊，这样甘愿不赚钱做生意的人，他们生平头一次遇见，于是不假思索，一口答应将单价降到每条 0.45 日元。

这样，一条绳索可赚 0.10 日元，按当时他每天的交货量 1000 万条算，一天的利润就有 100 万日元。

可见，在拥有中学会放弃，有时可以带来更大的收获。所以说不要在关键时刻前怕狼后怕虎，由于舍不得放弃而最终大失败。

拿破仑在滑铁卢大战中，大雨造成的泥泞道路使炮兵移动不便。拿破仑不甘心放弃最拿手的炮兵，而如果推迟时间，对方增援部队有可能先于自己的援军赶到，那样后果不堪设想。然而，在踌躇之间，几小时过去了，对方援军赶到。结果，战场形势迅速扭转，拿破仑遭到了惨痛的失败，并且从此一蹶不振。

拿破仑的失败向世人证明：在人生紧要处，在决定前途和命运的关键时刻，不能犹豫不决，徘徊彷徨，而必须明于决断，敢于放弃。卓越的军事家总是在最重要的主战场上集中优势兵力，全力以赴去争取胜利，而甘愿在不重要的战场上做些让步和牺牲，坦然接受次要战场上的损失和耻辱。

同样，在人生的战场，我们也须学会放弃，而倾注自己的时间和精力于主战场上，不必计较次要战场的得失与荣辱。就算"鱼"与"熊掌"同等重要，在必须只取一件时，也必然要放弃一件。

不要怕选择错误，因为错误常常是正确的先导，它会教我们逐渐学会

放弃。

现实中,我们也应学会在拥有时敢于放弃。学会可以为了一棵树而放弃整个森林,这也许便是另一种珍惜。未来是不可知的,而对眼前的这一切,我们还来得及把握,我们还可以在无限中珍惜这些有限的事物!

人生,也就是在这种放弃与珍惜之中得到升华的。

在我们的生命中难免会长出一些杂草,侵蚀我们美丽丰富的人生花园,搞乱我们幸福家园的田地。我们要学会对这些杂草铲除和放弃。放弃不适合自己的职业,放弃异化扭曲自己的职位,放弃暴露你的弱点缺陷的环境和工作,放弃实权虚名,放弃人事的纷争,放弃变了味的友谊,放弃失败的恋爱,放弃破裂的婚姻,放弃没有意义的交际应酬,放弃坏的情绪,放弃偏见恶习,放弃不必要的忙碌压力……

只有懂得放弃和敢于放弃才有机会,同真正有益于自己的人和事亲近,才会获得自己想要的东西。我们才能在人生的土地上播下良种,致力于有价值的耕种,最终收获丰硕的果实,在人生的花园采摘到美丽的花朵。

懂得在拥有中放弃,需要你的智慧与勇气,在放弃丢掉你不值得带的包袱,才可以简洁轻松地上阵,人生的旅途才会更加愉快,事业才会更加辉煌。

## 妥协退让有时是必要的

【原文】弹残天下之法，而民始可与论议。

【大意】毁尽天下的圣智法制，百姓才可以议论是非和曲直。

庄子认为若让百姓敢于议论是非，首先要做的就是去掉约束议论的法制，任何事物有所得必有所失，要想达到自己的目的，妥协退让有时是必要的。

关键时刻的进退哲学可以决定一个人事业的成败，适时的妥协和退让是最明智的选择，此乃是成大事必备的，必要的妥协和退让会让你的生活焕然一新。

日本著名的电器经销商铃木太郎，在总结自己的成功之道时认为，在陷入进退两难的境地时，不仅要小心谨慎，更要高瞻远瞩，从而作出正确的选择，以赢得最大的胜利。

1960年的一件事对铃木太郎的震动很大。当时，日本铃木电器公司与德国西门子公司就有关技术合作问题进行广泛而深入的商务谈判。双方正陷入谈判的困境，一方面，西门子公司坚持技术使用费的提成率要占销售总额的9%，铃木太郎不赞同这一提案，经过艰苦的斗争，最终把提成率压低到5%。但西门子公司尽管作出了让步，却又提出新的要求：作为提成率优惠的条件即专利转让费定为60万美元，并且要一次付清。这又让铃木太郎陷入了两难的处境。答应还是不答应，他在思索着。若答应则公司必将陷入财务危机，一场灾难势必在劫难逃。不答应，则公司又会失去一次发展的大好时机。

当时铃木电器公司的资本总额不过4亿日元，而60万美元相当于2亿日元！这笔技术转让费对于刚刚起步不久的铃木公司来说的确是一个相当沉重的负担。对方的要求、条件能否接受？如果妥协和退让值不值得做

呢？铃木太郎对此感到极度的犹豫。此时的形势对于铃木公司来说极其不利。因为合同文本是由西门子公司单方面拟订的，这样，就有许多条款是向着他们自身的，比如，其中的违约和处罚条款的订立就明显有利于西门子公司。

在这种形势对己不利的情况下，铃木太郎高瞻远瞩地指出，退一步海阔天空，懂得退才知道进，他决定采取"假人之手，从中渔利"的经营策略：如果做些妥协、退让，接受对方的条件和要求，付出这笔钱，也就是先吃亏，后赚钱。这样做也顾全了大局，对铃木公司的发展，对日本电子工业的发展都是有利的，因为接受了对方的条件和要求，就可以利用他们的技术专利，为自己生财，这叫"借脑生财"，他在实践中用活了这一招。

铃木太郎的退实则为进。为了保证技术合作项目效益的稳定，他又对西门子公司做了深入细致的调查研究。在调查中，他发现西门子公司拥有一个30多名研究人员的研究所。这个研究所实际上就是西门子公司的大脑。他们设备先进，人员精良，每天都在进行着世界最新技术和最新产品的开发研究。这也是西门子引领世界先进潮流的秘密所在。

铃木太郎深知，如果他要创造一个同等水平、同样规模的研究所，无疑要花上几十亿日元和几年的时间，而现在，仅以2亿日元为代价，便可以充分利用西门子公司研究所的人员和设备，等于是拿2亿日元和几十亿日元交换。这实际上是一笔非常划算的交易。可惜，大多数的人却都看不到这一点，只是简单地心痛于表面上花的那些钱。

由于铃木公司从西门子公司获得了最新的研究成果，所以，当时凡是世界上最先进的科技成果，几乎都有铃木公司的参与。这为他们一跃而发展成为驰名全日本乃至全世界的公司打下了坚实的基础。可以这样说，双方的合作使铃木公司开始确立了国际大公司的地位。

从表面上看，似乎是他落了下风，不仅做出了妥协和让步而且还接受了西门子公司巨额的专利转让费和不公正的违约和处罚条款。

但事实却证明，铃木太郎才是这场没有硝烟的战争中最大的赢家。

适当的妥协与退让在现实中会时常涌现，铃木太郎在面对突如其来的经济危机，同样巧妙地运用了此策略，使公司立于不败之地。

由于日本是一个四面临海的岛国，本身就缺乏工业资源，在这场危机中，金融界一天比一天萎缩，疲软，导致工厂缩小、倒闭；员工被减薪、解雇；劳资纠纷不断……然而，铃木并没有重视这场到处弥漫的危机，他继续扩充自己的事业。大规模地建设公司总部、第四工厂、员工住宅。

不久这场经济危机就影响到了日本的商业市场，铃木太郎这才感觉到了危机的压力：销售额剧减一半，仓库里堆满了卖不出去的滞销品。更糟糕的是，由于公司刚刚贷款建了新厂，资金极端缺乏，若这种滞销情况持续下去的话，整个铃木电器公司的倒闭只是一个时间问题。"屋漏偏逢连阴雨"，恰恰在这关键的时刻，铃木太郎偏偏病倒，不得不躺在病床上。

面对危机一般的化解难关的方法就是裁员和减薪，当时代行社长职务的川行会三等高级主管也没有跳出这一条框，都主张采用这两种办法，他们的计划是要把公司的生产量相应的减少一半，员工也裁减一半。

铃木太郎坚决不同意这个方案，对经济危机，他自有一套理论："国家与企业越不景气，越不能紧缩银根，必须要通过扩大生产，扩大就业等措施来渡过危机。如果生产日趋萎缩，工人们大量失业，就成为政府'紧缩政策'的牺牲品。政府的'紧缩政策'才是经济不景气的罪魁。因此必须采取与之相反的方法。否则的话，公司将在泥淖中越陷越深，无法自拔。"

紧接着，他作出了一个常人所无法理解的指示："生产额立即减半，工厂开工时间减为半天，但员工一个也不许解雇。而且，员工的薪资照发不误，不减薪。但前提条件是，所有的员工必须得全力销售库存产品。用这个方法，先渡过难关，静候时局转变。"

"半天工资的损失，是个小问题。但最重要的是使员工们有以工厂为家的观念，才是问题的根本。所以任何员工都必须照旧雇用，不得解雇一个。"铃木太郎认为工资是小问题，让员工们以工厂为家的观念才是根本问题。因此他没有解雇一个员工。

自然，铃木太郎的这个决定像一簇熊熊燃烧的烈火在寒冷的冬季，温暖着每个员工的心灵。当员工们听到松下的指示，无不欢欣鼓舞，无形中，都感到自己就是公司的主人。因而人人奋勇，个个尽力，拼尽全力销售工厂库存的产品。

铃木太郎的这一做法使公司不但转危为安,并且创下公司历年来大销售额!

铃木太郎的成功充分说明,如果交易双方在商务会谈中能够灵活巧妙地运用"假人之手,从中渔利"的技巧,将会较顺利地实现交易目标。这也充分说明妥协退让有时是必要的,这一决策是为那些聪明人准备的,只有认清事物本质,才能获得最后的成功。

## 在机遇面前要敢于取舍

**【原文】**上诚好知而无道，则天下大乱矣！

**【大意】**君主一心追求圣知而不遵从大道，那么天下就一定会大乱了！

庄子认为君主如果想拥有天下，必须在圣知大道之间做选择，懂得取舍，才能真正的坐拥天下。

随着IT产业迅速兴起，开创了微软帝国的比尔·盖茨已成为人们心目中了不起的英雄，特别是他在机遇面前敢于选择和放弃的勇气更让许多青年人佩服不已。

"雅虎"公司的创始人杨致远，就是在比尔·盖茨成功之路的感召下成长并取得成功的青年人。

1998年，这是"雅虎"公司发展史上最为辉煌的一年。"雅虎"网站的日平均点击量超过7000万次，"雅虎"成为世界最知名的品牌网站之一，同年9月，"雅虎"公司市场值达到将近250亿美元，市场盈率达到41.6%。在同一时期，这令信息产业界一枝独秀的"龙头老大"微软公司的市场盈率相形见绌，同时也创造了连续两年进入"福布斯"（Forbes）排名前500家企业的惊人纪录。

然而，四年前"雅虎"产业的全部内容还只是杨致远一台电脑中的网络资料搜索手册而已。

"雅虎"公司的成立充满了戏剧性。

1993年底，正在美国斯坦福大学电机研究所攻读电机工程博士学位的杨致远，开始率先使用全球网络来协助自己科研项目的完成。但在复杂网络的使用当中，他和课题组同学大卫·费洛都觉得目前的国际网络内容包含非常广泛，但是要找一个相关题目往往需要耗费很多时间。

因此，他们便想，如果能建立一套可供搜寻的软件，有系统和分门别

类地将所有资料加以组织，那么使用网络资料时便会很方便，所花费的时间也会大大减少。于是，经过一段时间的酝酿，从 1994 年开始，年仅 25 岁的杨致远便时常利用一台名为"睹"（AKEBONO：日本有名的美裔相扑手名称）的电脑，借助学校的工作站，着手在互联网上发布自己编写的网络搜索软件，并开始建立属于自己的"雅虎"网站。

"雅虎"（Yahoo）一词，源自英国作家斯威富特的小说《格列佛游记》中一群野人的名字。至于为何以此来命名自己的公司，杨致远说："我是从一本旅游手册中看到这个名词的，我们觉得'雅虎'这个词代表了那些既无经验，又无教育的现代社会中的外来游客，与我们这群初涉 IT 业的电脑人非常相近，所以，我们就用了'雅虎'（Yahoo）一词来作为这个网站和相关软件的名称了。"

由于"雅虎"网站及其软件的内容生动有趣，集中了一些当下热点话题和文化焦点问题，加之它所收集并公布的资料分类详细，网民们很快发现并喜欢上了这个网站，许多网友纷纷进入斯坦福大学电机系的工作站，来使用这套软件。但是，校方的正常科研秩序开始受到干扰，许多利用网络才能实现的科研项目无法正常展开。为此，校方大为恼火，毫不留情地将他们的代理服务器"请"出了学校网站。

为此，杨致远开始积极寻找其他潜在的合作者和投资者。

他来到美国西部的"硅谷"地区，抱着碰运气的心理找到当时成功的企业家、国际购物网络的创始人亚当斯。当亚当斯看完杨致远的求助计划和关于"雅虎"网站及相关软件的文字说明后，立即被它吸引住了。

凭借多年的经营经验，亚当斯断定这将是一个具有巨大潜力的开发项目。因此，他不仅帮助"雅虎"网站横空出世，还将"雅虎"公司介绍给硅谷的风险投资公司"硅谷高科技投资风险公司"，由这家公司直接协助运作"雅虎"公司的全部上市工作。

此时，杨致远与费洛一致认为，在这个推出自己公司及软件的黄金时机，继续开发"雅虎"公司的商业潜力及其软件工作，要比最后完成博士研究的全部课程更为重要。于是，他们毅然放弃即将完成的博士学位，携手成立了"雅虎"（Yahoo）软件公司。

就这样，在 IT 产业的巨子中，除了早期放弃大学学业的比尔·盖茨、史蒂夫·鲍尔默之外，又多了杨致远和费洛，他们虽然都暂时放弃了自己的学业，但同样在自己的领域内开拓了无比成功的事业。

成功的人往往有一双锐利的眼睛，在机遇面前能抓住稍纵即逝的关键时刻，及时取舍，凭借这一新的决策改变他们未来的整个人生，使他们的事业如朝阳一样永远不落。

第七章 适时无为，则无不为

# 转个"弯"做事

**【原文】** 逐万物而不反,是穷响以声,形与影竞走也,悲夫!

**【大意】** (惠施)追逐万物而不能返璞归真,这是用声音来止住回响,用形体避去影子而加速跑离,真可悲呀!

庄子认为惠施之所以最后无所收获是因为只知追逐而不知归真。如果你的前方遇到了阻力,要静下心来转个弯,寻求解决的方法是最好的选择。

当你所要坚持的迟迟等不到结果的时候,不如转个弯,换一种方法来做事,这也是人生的一种大智慧,千万不要像那条鳄鱼到死也不知道转个弯来寻找生路。

心理学家做过一个试验:将一条饥饿的鳄鱼和一些小鱼放在一个小箱的两端,中间用一个透明的玻璃板隔开,刚开始,鳄鱼毫不犹豫地向小鱼发动进攻,它失败了。但毫不气馁,接着,它又向小鱼发动第二次更猛烈的进攻,它又失败了,并且受了伤。它还要进攻,第三次,第四次……多次进攻无望后它再也不进攻了。这时候,心理学家将隔板拿开,鳄鱼仍然一动不动。它只是无望地看着那些小鱼在自己的眼皮底下悠闲地游来游去。它放弃了所有努力,最终活活饿死。

马嘉鱼很漂亮,银肤燕尾大眼睛,平时生活在深海中,春夏之交溯流产卵,随着海潮漂游到浅海。渔人捕捉马嘉鱼的方法挺简单:用一个孔目粗疏的竹帘,下端系上铁,放入水中,由两只小艇拖着,拦截鱼群。马嘉鱼的"个性"很强,不爱转弯,即使闯入罗网之中也不会停止。所以一只只"前赴后继"地陷入竹帘孔中,帘孔随之紧缩。孔愈紧,马嘉鱼愈激怒,瞪起鱼眼,张开脊鳍,更加拼命往前冲,结果被牢牢卡死,为渔人所获。

一只蝴蝶从敞开的窗户飞进来，在房间里一圈又一圈地飞舞，有些惊惶失措。显然，它迷路了，左冲右突努力了好多次，都没有飞出房子。

　　这只蝴蝶之所以无法从原路飞出去，原因是它总在房间顶部的空间寻找出路，总不肯往低处飞，那低一点的位置就是敞开的窗户。甚至有好几次，它都飞到高于窗户顶部至多两三寸的位置了，可就是不肯再飞低一点！最终，这只不肯低飞一点的蝴蝶耗尽了气力，气息奄奄地落在桌子上，就像一片毫无生气的叶子。

　　或许这些都是些很平常的故事，但是告诉我们的却往往是人生的大道理。生活中常常有这样的人：他们一方面抱怨人生的路越走越窄，看不到成功的希望；另一方面又因循守旧、不思改变，习惯在老路上继续走下去。

　　适时放弃，是要我们懂得放弃需因时而异，不要拘于一格。死脑子一根筋，那样不仅于事无补，而且自己也会活得焦头烂额。

第七章　适时无为，则无不为

## 外方内圆,软硬有道

【原文】当时命而大行乎天下,则反一无迹;不当时命而大穷乎天下,则深根宁极而待。

【大意】当时机,命运顺应自然大行于天下,就会返归混沌沌之境而不显露形迹;当时机,命运不顺应自然而大穷困于天下,就深藏缄默来静心等待。

庄子认为人活于世应适时机而动,顺利时就可顺其发展,不顺利时,要静心等待,要懂圆通之道,不可强求。

"软硬兼施",是一种为人处世的方略。"软硬兼施,圆滑世故",有些人会对此感到厌恶,如果想做到适时无为,实则有为,也少不了这种圆滑之道。

软和硬都是为人处世的手段。既然是手段,聪明人大可不必担心对它的褒贬之词,尽管善择机会,见机行事。自古以来,软硬兼施的处世之道,正人君子可以使用,奸佞小人更加擅长,只不过是各取其用罢了。前者用以坚持正义,捍卫尊严,并且规劝他人行正道,后者则是为了达到某种不可告人的目的,甚至不惜牺牲别人的利益。既然它是手段,恶人用之作恶,正人自可用之"弃恶扬善"。

软硬兼施,需要恰如其分,恰到好处,作家三毛举例说:"对一个恶人退让,结果使他得寸进尺;对于一个傻子夸奖,结果使他得意忘形。"看来,要想使其发生效用,需见机行事,对欺软怕硬的人,可以以"硬"克之,对于吃软不吃硬的人,自可以以"软"化之。

"外圆内方"是软硬兼施的另一种表现。有方有圆,百事不难,为人处世既要坚持原则性(即"方"),又要保持灵活性(即"圆"),二者相辅相成,才能营造和谐的人际关系。

方与圆是构成各种不同形状体的两个基本几何形体，无论何种物体，离开方与圆就难以成形，在人们的社会交往中，要处理好人与人之间的各种关系，也少不了有方有圆的处世之道。"方"，即指品行方正，"圆"，即指婉转机警。有的人外方内圆，秉性刚直，心地善良；有的人外圆内方，面容慈善，行事有方。这些人并不都是老谋深算，老于世故的人。他们以"方"为立身处世的根本，以"圆"作为减少阻力的方式。

　　经验告诉我们：一个斤斤计较、处处与人摩擦者，即便他本领高强，聪明过人，也往往会使自己壮志难酬，事业无成。青年人未经社会的打磨，总呈现出棱棱角角，容易碰壁，为了减少前进中的阻力，为了集中精力去实现自己的理想和愿望，必要时，我们应该作出某种让步或妥协，即用"圆"的方法去取代"方"的精神，当然不能把"方"全丢了。人们活在复杂的社会当中，像舟行于江河，处处有"风浪"，有阻力，而一个人如果时时事事以"方"处之，以硬碰硬，竭尽全力与阻力相较量，相抵抗，甚至拼个你死我活，这样做的结果，一来精力难以承受，二来树敌太多，更不好过，与其如此，何不适当地用些"圆"的方法，积极地去设法排除一些困难或减少部分阻力，这样不就使通向成功之路上少几块绊脚石了吗？

　　以战争为例，两军对峙，若正面进攻（可以说是"方"）不成，因为敌强我弱，力量悬殊，硬要上只能是"以卵击石"。有经验的统帅，面对这寡不敌众的形势，采用迂回包抄的战术，避其主力，击其侧翼，就可扭转战机，取得胜利。这"迂回包抄"的战略，不就是"圆"的战术吗？

　　行事为人，过于方正可能会树敌过多或显得不近人情而伤了别人；过于婉转又容易被人说成圆滑，所以行方圆之道要掌握"火候"。总而言之，无论软硬兼施也好，有方有圆也好，它都是启示人们处理好社会生活中各种人际关系的重要思维。

# 低头是为了更好的抬头

**【原文】**忠谏不听，蹲循勿争。

**【大意】**忠诚劝谏不被接纳，就应退一旁不要再去争谏。

庄子认为作为忠臣当自己的劝谏不被采纳时，就不要据理力争，否则，有可能会招致杀身之祸。人都有软弱的一面，当自己的力量不足以使对方慑服，就应该适时低一下头，然后再争取。

古人有一句很有见地的处世格言：在人屋檐下，不得不低头。它教给了人们在屋檐下要忍耐一时之辱，但同时这句话也显得有些无奈和勉强。若想真正成就一番事业，则不如改为"一定要低头"为好。

"不得不低头"显然是充满了无奈、勉强、不心甘情愿，是一种与自我的自由意志相冲突的行为，这种行为暂时还能为自己所忍受，但长期这样下去，那心理上怎能承受得了？不如我们顺其自然，承认"在人面前一定要低头"这一人性原则。而愉快接受之并欣然行之，这样与自己的自由的心灵造不成压力；没有痛苦的感受，而是充满着欢乐的心情去适应社会的，寻找生存之道，这样岂不更好。

"虎落平阳遇犬欺，龙游浅水受虾戏。"同理，在别人屋檐下的，无论你是强者还是弱者，此时你都是客人而不是主人，所谓的"屋檐"也就是别人的势力范围，处于别人的势力范围内，你稍有抬头，便有被碰着的危险。你随时面临着别人挑剔的眼光。随时都有可能被人排挤、打击甚至消灭掉，强出头和抬头都是没出路的。

这一点刘邦做得最好。在鸿门宴上，刘邦深知自己的处境不利，清楚地看到"人在屋檐下"，所以从宴会的开始到结尾都一直低着头行事，始终把自己的身份贬得极低而把项羽抬得极高，称他为大王，又称赞大仁大义。这样，在项羽的内心已渐渐对这位"臣子"产生了同情和怜惜之情，从而放松了对刘邦的警惕，这样，刘邦终于赢得了逃脱的时机，为以后打败项羽奠定了基础。

对于弱者来说，"在人屋檐下，一定要低头"，这已是毋庸置疑的，那么对于强者来说有没有必要在人屋檐下，一定要低头呢？

假若你作为一名强者，而且是势力远远超过对方时，也就是对方的力量与自己比起来显得弱小时，这时一旦进入对方的势力范围是可能会因为面子问题而不愿"低头"。其实，你的这种思维错了。你犯了一个错误，就是人具有本能地排斥"非我族"的本性，一旦你这样做了，他们表面上会害怕你的威力而不敢反抗，但内心深处，他们会与你产生不良的抵触情绪，这与你以后的发展不利。试想，难道你能确信你永远是强者吗？所以最明智的做法不如给对方以"礼"，这样，你既不失面子，又使对方觉得你有绅士风度。

假如你的对手是一位与你实力相当的同伴时，你更要谨慎行事，切不可有一点马虎和麻痹的态度，毕竟，你俩的实力相当。若此时这种关系处理得不好，很可能激怒对方，而使得他成为你的竞争对手或潜在的竞争对手。记住，千万不可激怒对方，也千万别伤害对方的自尊心。这时，你最好的办法就是动之以情，晓之以理和"礼"，在他的势力内主动提出和他合作，承蒙对方多多关照的要求。这样，你首先满足了他的自尊心，给了他面子，又给了物质利益，这样他会考虑与你合作的。为了自己的长远利益，他不会置你于背后而不管的，毕竟他也知道有一天会利用你的势力范围的。

总之，不论作为强者和弱者在别人的屋檐下的，你一定要低头，主动地与对方保持一定的合作和默契，而不能丝毫表现出一点无奈和勉强，也不能靠别人的提醒才去低头，这样会有以下好处：

首先，不会因为自己不情愿低头而碰破了头。屋檐是客观存在的，阻力也是客观存在的，无论你承认不承认它，不论你看到没看到它，它都会存在的，只有你自觉地顺其自然，才不被碰破了，才可顺利地通过对方的势力范围。

其次，因为你很自然地低下了头，而不会成为对方注意的目标。凡是强出头或抬头而横冲直撞者都会引起对方的高度警觉，而你一旦成了对方的注意目标时，你的前进阻力将会增加很大，所以这样的结局是得不偿

失的。

再次,你不会转为沉不住气而一怒之下发誓要拆掉对方的"屋檐",要知道,不管拆掉不拆掉你都会耗费自己的精力的。

最后,不会因为你的脖子太酸而忍受不了这种气而离开"屋檐"。离开并非不可以,但此时此刻你正需要这个屋檐,为了争口气而去换雨淋,值得吗?淋雨不要紧,感冒了怎么办?况且当你离开时万一后悔,再想返回时,那就是很不容易的事!

总之,"在人屋檐下,一定要低头"的目的是为了让自己与环境有和谐的关系。即所谓低头是为了更好的抬头,把你和对方的摩擦降低到最小可能,从而减少你前进的阻力,也是为了保存你自己的实力,以便为了你更长远的利益。当然,这也是为了把不利于你的目前环境转化为对你有利的因素,这一思维就是以柔克刚,做到刚柔相济的思维。

## 放弃也是一种洒脱

**【原文】** 其形化，其心与之然，可不谓大哀乎？

**【大意】** 人的形体逐渐枯竭衰老，而人的精神又束缚于其中随之消毁，这能不算是莫大的悲哀吗？

庄子认为如果人的形体衰老，而人的精神却又被困其中，不知自拔，这是很悲哀的，所以做人不要太死板，要懂得放弃，这样人才能活得有精神有快乐。

面对生活所带给我们的困境，如果不能放弃、不能放手，就会使自己深陷在无法自拔的困境之中。这些看似无解、凝滞的痛苦与困境，往往就在我们懂得了放弃和放手的艺术与智能之后，豁然开朗。生命于是向你展现出另外一个截然不同的景致和场面。

有个年轻的建筑师一直苦闷自己无法突破前辈们出色的建筑设计，他只能跟在大师后面亦步亦趋，这使他感到十分沮丧。

于是，他暂时告别了自己热爱的工作，带上所有的积蓄准备游览全世界的著名建筑。

当他跋山涉水走过了一个又一个城市，游览了一个又一个国家的雄伟建筑，最后来到一个无与伦比的辉煌建筑——闻名世界的泰姬陵时，他被这绝无仅有的建筑迷住了。

他的灵感顿时泉涌般喷泻而出，他完成了一个又一个出色的建筑设计。

他成了知名度颇高的建筑设计师。

因为热爱才放弃，当思路被阻塞时，暂时放弃，换一种方式寻求另一种突破。

1月8日，美国一位年仅21岁的奥运会游泳冠军萨·桑德斯宣布退

役。她是在一次游泳大奖赛的发奖仪式上正式宣布这一决定的。

参加仪式的几百名来宾无不感到惊讶：她还那么年轻！

是的，她不是因为超龄，不是因为受伤，不是因为要结婚，不是为了任何客观原因，她只是对一家报纸的记者说："我已经不再热爱这项运动。"

惊人的坦诚！对于曾抛洒了那么多青春血汗的游泳运动，她一定深深热爱过，她一定曾为之竭尽全力。但那一切并非不可以这样结束，并非总要苦苦支撑拖沓到力不从心，并非因曾经付出而总要与之纠缠不清，并非因曾经热爱而在告别时总要有一个暧昧的过程。

对于曾经热爱的过去，当我们为之竭尽全力之后，有时选择洒脱地放弃而不是苦苦支撑到力不从心，也许是一种真正的热爱。

希尔·西尔弗斯坦在《失去的部件》一书中讲述了这样一个故事：

一个圆环失去了一个部件，于是它旋转着去寻找这个部件。

因缺少这个部件，它只能非常缓慢地滚动，这样它就有机会欣赏沿途的鲜花，并可以与阳光对话，同蝴蝶吟唱，和地上的小虫聊天……这些都是它完整无缺、快速滚动时所无法注意、没能享受到的。

有一天，这个圆环终于找到了丢失的那个部件，它很高兴，又开始滚动起来。可是，因为完整，滚得太快，它失去了所有的朋友，不再能从容地赏花，也没有机会聊天，一切都变得稍纵即逝……这个圆环最后在一片草地上丢下了那个找到的部件，又成为一个有缺陷但快乐的圆环。

也许，有人认为缺损是非常痛苦的，然而从另一个角度来审视它，也许是一件好事，放弃你曾经拥有但却不能带给你快乐的东西，即使成为一种缺陷，但那也是一种美丽。

# 适时放手,重获机遇

**【原文】**言与齐不齐也,故曰无言。

**【大意】**主观言论跟客观同一的自然之理不能谐和一致,所以虽然有言可发却不如不发。

庄子认为当你的言论迷失了自然本性,虽说却似没有说,那就不如不说。

生活中,如果你发现自己所做的事即使非常努力,也达到不到自己想要的结果。那就应该换一种方法,适时而动。

对于未来每个人都有一个目标,当你确定了目标以后,下一步便是鉴定自己的目标,或者说鉴定自己所希望达到的领域。如果需要改变,就必须考虑到改变后是什么样子;如果你决定解决某一问题,就必须考虑到解决问题时可能遇到的困难是什么。

当描述了理想的目标以后,你必须研究一下达到该目标所需的时间、财力、人力的花费是多少,你的选择、途径和方法只有经过检验,方能估量出目标的现实性。你或许会发现自己的目标是可行的,否则,你就要量力而行,修改自己的目标。

有许多满怀雄心壮志的人毅力很坚强,但是由于不敢进行新的尝试,因而无法成功。请你坚持你的目标吧,不要犹豫不前,但也不能太生硬,不知变通。如果你确感到行不通的话,就尝试另一种方式吧。

如果你想成为一个百折不挠,牢牢掌握住目标的人,下面有两个建议对你或许有所帮助。

1. 告诉自己"总会有别的办法可以办到"

每年有几千家新公司获准成立,可是五年以后,只有一小部分仍然继续营运。那些半路退出的人会这么说:"竞争实在是太激烈了,只好退出

为妙。"真正的关键在于他们遭遇障碍时,只想到失败,因此才会失败。

你如果认为困难无法解决,就会真的找不到出路。因此一定要拒绝"无能为力"的想法。

2. 先停下,然后再重新开始

不要钻进牛角尖而不知自拔,要找出新的解决方法。成功者的秘诀是随时检视自己的选择是否有偏差,合理地调整目标,放弃无谓的固执,轻松地走向成功。

一个非常干练的推销员,他的年薪有六位数字。很少有人知道他原来是历史系毕业的,在干推销员之前还教过书。这位成功的推销员这样回忆他前半生的道路:

"事实上我是个很没趣的老师。由于我的课很沉闷,学生个个都坐不住,所以,我讲什么他们都听不进去。我之所以是没趣的老师,是因为我已厌烦教书生涯,毫无兴趣可言,但这种厌烦感却在不知不觉中也影响到学生的情绪。最后,校方终于不与我续约了,理由是我与学生无法沟通;其实,我是被校方免职的。当时,我非常气愤,所以痛下决心,走出校园去闯一番事业。就这样,我才找到推销员这份胜任并且愉快的工作。

"真是'塞翁失马,焉知非福'。如果我不被解聘,也就不会振作起来!基本上,我是很懒散的人,整天都病恹恹的。校方的解聘正好惊醒我的懒散之梦,因此,到现在为止,我还是很庆幸自己当时被人家解雇了。要是没有这番挫折,我也不可能奋发图强起来,而闯出今天这个局面。"

坚持是一种良好的品性,但不适合每一件事,有时过度的坚持,会导致更大的浪费。

历史上的永动机,就使很多人投入了毕生的精力,浪费了大量的人力物力。因此,在一些没有胜算把握和科学根据的前提下,应该见好就收,知难而退。

有人认为:如果没有成功的希望,屡屡试验是愚蠢的、毫无益处的。

诺贝尔奖得主莱纳斯·波林说:"一个好的研究者知道应该发挥哪些构想,而哪些构想应该丢弃,否则,会浪费很多时间在差劲的构想上。"有些事情,你虽然用了很大的努力,但你迟早要发现自己处于一个进退两难的地位,你所走的研究路线也许只是一条死胡同。这时候,最明智的办法就是抽身退出，去研究别的项目，寻找成功的机会。

在人生的每一个关键时刻，审慎地运用智慧，做最正确的判断，选择正确方向，同时别忘了及时检查选择的角度，适时调整。放掉不必要的固执。因时夺势的作出正确抉择。以此来引你走在通往成功的坦途上。

有的人失败，不是没有本事，而是定错了目标，成功者为避免失败，时刻检查目标是否合乎实际，合乎道德。

阿尔弗莱德·福勒出身于贫苦的农场家庭，成年后，他虽然努力却失去了三份工作。之后，他尝试推销刷子，他立刻明白了，他喜欢这种工作。他将思想集中于从事世界上最好的销售工作。

他成了一个成功的销售员。在攀登成功阶梯时，他又定下一个目标：那就是创办自己的公司。如果他能经营买卖，这个目标就会十分适合他的个性。

阿尔弗莱德·福勒停止了为别人销售刷子。这时他比过去任何时候都更为兴高采烈。他在晚上制造自己的刷子，第二天就出售。销售额开始上升时，他就在一所旧棚房里租下一块空间，雇用一名助手，为他制造刷子。他本人则集中精力于销售。那个最初失去了三份工作的人得到了什么样的最终结果呢？

福勒制刷公司拥有几千名销售员和数百万美元的年收入！

目标，是成功人士的起点。没有目标，就没有动力，但这个目标必须是合理的，即合乎实际情况和客观规律，合乎社会道德的，如果不是，那么，即使你再有能力，千百倍努力，也不会获得成功。

人生只有懂得适时放开不可能成功的事情，才能重获机遇，赢得成功的可能。

# 第八章 厚积薄发,水到渠成

只有积水深的地方,才能浮起大船。人若想成功,也需要付出很多的努力,成功需要勇气,也需要不断地积累,不积跬步,无以至千里。

## 多一份行动，多一份成功

**【原文】** 道行之而成，物谓之而然。

**【大意】** 道路是由人走出来的，事物是因为人们如此称呼而形成的。

庄子认为道路是由人走出来的，只有走的人多了，才能称为路。天下没有免费的午餐，就可以说明人只有拿出行动，去做一些事情，才有可能得到自己希望得到的东西，也只有多了一份行动，才会多条成功路。

你或许认为只要能力与精力许可，人人都能达到自己所追求的目标，但是对于你正失业在家，没有任何收入，新的工作又遥遥无期，或许该换另一种说法。

席勒的成长或许让你有所启示。

席勒的父亲不但事业成功，而且为人慷慨。从他上高中的时候开始，只要席勒要用钱，他随时可以用父亲银行的账号开支票。上大学时，更是随心所欲了。这样舒适、逍遥的生活一直继续到父亲去世。父亲留给他的遗产是一块相当大、而且十分有值钱的土地，但没多久，大萧条便席卷各地，当年的财务便是严重赤字。这以后为了偿债和到银行贷款，陆续便把田地抵押，并最终被银行拍卖。

直到有一天，席勒突然发现自己已经一无所有。如果要活下去，就必须出去找一份工作——那是席勒以前从未考虑过的事。在此以前，唯一的技能是开支票，但此法目前已完全行不通了。至此，他完全陷入了茫然。

一天晚上，席勒从噩梦中醒来，终于知道自己必须面对事实了。并对自己说："无忧无虑的童年岁月已过，现在你已长大成人，当然做事也要像个大人。伙计，开始工作吧！一直以来自认为美国是个充满机会的国度，只要努力，便能达到追求的目标。"虽然正值经济萧条时刻，工作机会不多，但他还是对自己的前途满怀希望。

他为了自己的信念，不断积极行动，终于在一家财务公司找到工作，并在那里愉快地工作了四年。后来，他辞去职务，再次回到家乡的土地上。用这个信念慢慢积聚力量并逐渐建立起自己的信用，扩大了经营的范围。

他重新赢回了他原有的一切，靠经验与教训走上了成功之路。并把这些宝贵的经验都传给了他两个儿子，因为他深深明白：这比单独只给他们财富要有意义多了。

信念容易产生，行动靠信念来维持，只有信念加行动才会走向成功，只一味信念，不行动，成功就为一种幻想。

第八章 厚积薄发，水到渠成

## 名声来自踏实做事

【原文】死与,生与,天地并与,神明往与!

【大意】死啊,生啊,与天地共存啊,与造化共游俱往啊!

庄子认为死生与天地共存,它们之间是有联系的。人的名声也不是自己跑来的,而是在你的实际行动中得来的。

"名声"不会随便追随谁,它会挑三拣四,觉得你忠实可靠,名有所值,才会甘愿追随于你。所以做事情不能图虚名,不能摆花架子,而要以追求实效为第一,这样才是真正的做事精神。

有些人获得了名誉之后,就不再发展自己的才能,也不再作出自己的贡献,这种名誉就和实际渐渐地不相符合了,也就成了虚名。

虚名会使人放弃努力,沉睡在他已经取得的名誉上,不思进取,最后将一事无成。中国古代有一个神童。小时候能过目不忘,吟诗做赋,被人称颂,成为一时的名人,可是成名之后,沉醉在虚名之下,不再刻苦努力地学习,渐渐地长大成人之后,就和一般人一样了,他的那些天赋、才能也都离他而去了,一生无所作为。这就是虚名可以毁掉人生的例子。

图虚名者是不能获得大胜的,因为虚名误事,不少有权有势之人就是因为好大喜功而落到身败名裂。敢于直言的魏征不图虚名,力求为百姓办实事,出实效,从大家的利益出发,因而得到大家的支持和理解。

隋朝立国之初,文帝制定的法律是比较宽平的。到炀帝时则使用严刑峻法强化统治,结果弄得"民不堪命",四处起来造反。唐高祖在位时制定的法律,基本恢复了隋初的宽平。唐太宗特别注意吸取隋亡的教训,下令对法律再加修订,有些条文进一步改重为轻,原来规定判处绞刑的某些罪,改为流放服劳役;判处斩首的罪人,要由宰相和六部尚书讨论决定,须经过5次复奏才可执行,以免出现错杀冤狱。"死者不可再生,用法务在宽简。"这是太宗规定的立法和执法原则。

太宗本人虽英武过人，但也是凡人，也有激动生气之时，因此，他便要求他的臣子多多提醒他。

贞观初年，濮州（今山东鄄城北）刺史庞相寿因为贪污被人告发，受到追赃和解职处分。他因自己是秦王府旧人，就向太宗求情，希望能得到宽大处理。太宗派人传话说："你是朕的旧部下，贪污大概是因为穷迫，朕送你100匹绢，你继续当刺史，今后自己可要检点才好。"这显然是越法而徇私情。魏征知道此事后，立即进谏批评道："庞相寿贪污违法，不加追究，还要加以厚赏，留任原职，就因为他是陛下的旧人。而他也并不以自己贪污为罪过。陛下为秦王时旧人众多，如果他们都学这个样子贪赃枉法，就会使廉洁的官员感到害怕，影响吏治的清明。"太宗看过奏章，便改正对庞相寿的宽纵处理。

曾在隋朝任官的郑仁基有个女儿，容貌美丽又富有才学，长孙皇后奏请把她聘为充华，太宗同意后，下了册封的诏书。魏征知道郑家小姐已经许配了夫家，就进谏劝阻道："陛下身居楼阁之中，就应希望天下百姓有安身之屋；陛下吃着精美食物，就应希望百姓也饱食不饥；陛下看看左右妃嫔，就应希望天下男女及时婚配。现在，郑家女儿已经和人订婚，陛下却要将她纳入宫中，就难道合乎为人父母的心意吗？"太宗一听，立即表示自责，决定停止册封。但有人提出，郑家小姐并未出嫁，而且诏书已下，不宜中止。和郑家姑娘订婚的陆爽也上表说：他和郑家并无婚约。太宗再次征求魏征的意见。魏征如实指出："这是陆爽心里害怕陛下，才违心上表的。"于是，太宗重又下了一道敕令："今闻郑家之女，先已受礼聘，前出文书之日，未详审事实。此乃朕的不是。"果断地收回册封诏命。

所谓伴君如伴虎，名相魏征若只是徒慕虚名，大可不必冒着生命危险去给李世民上谏。他只须为表面的太平盛世歌功颂德，锦上添花即可。但魏征却以一贯的实在作风遇事从不从自己利益出发来考虑，而是更多地办实事，出实效，为江山社稷着想，为百姓谋利。百代之后，青史仍留魏相之名，不能不令我们深思！

名誉毕竟是人的身外之物，虽然很重要，但是，人的生命更重要，为

第八章 厚积薄发，水到渠成

了追求身外之物的名誉，而影响、损害、甚至送掉性命，就是舍本逐末。

名声需要建立在实物的基础上，不是随便可以强加的。该追求自己的人生目标，就不要被眼面前的花环、桂冠挡住了前面的道路，你应该毫不犹豫地拨开这一切身外之物，走自己的路，干自己的事，用自己的成果获得更多的荣誉。

## 只有脚踏实地才能成功

【原文】帝道运而无所积，故天下归。

【大意】帝王统驭的规律也没有停顿的，所以天下百姓归顺。

庄子认为帝王之所以能统治天下是因为有不间断地统驭的规律。因此要想达到自己的目的，必须不断努力。

懂得生活就会知道生活的艰辛，不是有了梦想就可以成功，只有付出行动，勤于积累，才能实现。

在一本有关泰国文化的书里有这样一个故事。

在很久以前，泰国有个叫奈哈松的人，一心想成为一个富翁。他觉得成为富翁的最短的捷径便是学会炼金之术。

此后他把全部的时间、金钱和精力，都用在了炼金术的实验中了。不久以后他花光了自己的全部积蓄。家中变得一贫如洗，连饭都没得吃了。妻子无奈，跑到父亲那里诉苦。她父亲决定帮女婿改掉恶习。

他让奈哈松前来相见，并对他说："我已经掌握了炼金之术，只是现在还缺少一样炼金的东西……"

"快告诉我还缺少什么？"奈哈松急切问道。

"那好吧，我可以让你知道这个秘密。我需要3公斤香蕉叶下的白色绒毛。这些绒毛必须是你自己种的香蕉树上的。等到收齐绒毛后，我便告诉你炼金的方法。"

奈哈松回家后迫不及待将已荒废多年的田地种上了香蕉。为了尽快凑齐绒毛，他除了种以前就有的自家的田地外，还开垦了大量的荒地。当香蕉长熟后，他便小心地从每张香蕉叶下收刮白绒毛。而他的妻子和儿女则抬着一串串香蕉到市场上去卖。就这样，十年过去了。奈哈松终于收集够了3公斤绒毛。这天，他一脸兴奋地拿着绒毛来到岳父的家里，向岳父讨

要炼金之术。

岳父指着院中的一间房子说:"现在,你把那边的房门打开看看。"

奈哈松打开了那扇门,立即看到满屋金光,竟全是黄金,她的妻子儿女都站在屋中。妻子告诉他,这些金子都是他这十年里所种的香蕉换来的。面对着满屋实实在在的黄金,奈哈松恍然大悟。

只有付出汗水才能真正体会那成功的喜悦。靠其他的捷径得来的你会在某个时刻觉得缺少些什么。

## 成功需要不懈努力

**【原文】**上下见厌而强见也。

**【大意】**不管上上下下的人怎么厌烦,但仍然要顽强地进行广泛地宣传。

庄子认为坚持自己所做的必须要有韧劲,不厌其烦,才可能成功。

事情总会有一个圆满的结果。但需要你在前行的道路上不断努力,你我都没有权利嘲笑那些不断前进的人,因为只有不懈地前行,不轻易放弃你的终点,终点才会向你自动打开。

一天,在一棵古老的橄榄树下,乌龟听见一只长得很漂亮的雄鸽子说,狮王28世要举行婚礼,邀请所有的动物都去参加庆典。既然狮王28世邀请所有的动物都去参加庆典,那我是动物,我也应该去!乌龟心里想。

于是它上路了,在路上它碰见了蜘蛛、蜗牛、壁虎,还有一大群乌鸦。它们先是发愣,然后规劝并嘲笑说:"乌龟呀乌龟,不是我们说你,这么一个非常简单的道理你都不懂,婚礼马上就要举行,可你爬得这么慢,你能赶上吗?别说婚宴早结束,洞房也已闹完,等你赶到,恐怕生下的小孩也已经长大成人可以举行婚礼了。"

但乌龟执意前行。

许多年后,乌龟终于爬到了狮王洞口。只见洞口到处张灯结彩,各类动物几乎都聚集其中。这时快活的小金丝猴告诉它说:"今天,我们在这里庆祝狮王29世的婚礼。"

如果乌龟听了别人的规劝后放弃前行的念头,又怎能赶上29世的婚礼呢?

还有一例。1912年,日本选手金栗志藏在斯德哥尔摩奥运会的马拉松

赛跑中,由于体力不支,中途昏倒,放弃比赛。1966年,76岁高龄的金栗志藏到瑞典旧地重游。他从当时退出比赛的地点,稳步向终点斯德哥尔摩奥林匹克运动场走去,终于完成了当年的未尽之功。至此,他的马拉松成绩为54年8个月6天8小时32分20秒。

面对向他表示祝贺的瑞典记者,金栗志藏意味深长地说:"尽管我比对手落后了半个多世纪,但我最后还是抵达了终点。"

这种意志让人深受感动,或许现在你所欠缺的也是这份精神,只要你坚持不断前行,终点的门最终会为你敞开。

## 实现梦想需靠热忱打拼

【原文】其留如诅盟,其守胜之谓也。

【大意】他们不发言就像咒过誓一样,默默不语地等待制胜的机会。

庄子认为默默无语的专注可使精神达到高度集中,成功制胜的机会就会增多。

生活中往往有一种感动,那是来自工作中一种忘我的境界。成功的艺术大师,往往都具有那种除了追求完整的意志之外,把一切都忘掉的热忱。一个成功的人一定能够把他自己完全沉浸在他的工作里,这就是成功的秘诀。

一个奥地利人对著名雕刻大师罗丹工作的见闻和感受:

在罗丹的工作室——有着大窗户的简朴的屋子,有完成的雕像,有许许多多小塑样:一只胳膊,一只手,有的只是一只手指或者指节;他已动工而搁下的雕像,堆着草图的桌子。这间屋子是他一生不断地追求与劳作的地方。

罗丹罩上了粗布工作衫,就好像变成了一个工人。他在一个台架前停下。

"这是我的近作。"他说,把湿布揭开,现出一座女正身像。

"这已完工了。"我想。

他退后一步,仔细看着。但是在审视片刻之后,他低语了一句:"就在这肩上线条还是太粗。对不起……"

他拿起刮刀、木刀片轻轻滑过软和的黏土,给肌肉一种更柔美的光泽。他健壮的手动起来了;他的眼睛闪耀着。"还有那里……还有那里……"他又修改了一下,他走回去。他把台架转过来,含糊地吐着奇异的喉音。时而,他的眼睛高兴得发亮;时而,他的双眉苦恼地蹙着。他捏好

小块的黏土，粘在像身上，刮开一些。

这样过了半点钟，一点钟……他没有再向我说过一句话。他忘掉了一切，除了他要创造的更崇高的形体的意象。他专注于他的工作，犹如在创世之初的上帝。

最后，带着喟叹，他扔下刮刀，像一个男子把披肩披到他情人肩上那种温存关怀般地把湿布蒙上女正身像，于是，他又转身要走。在他快走到门口之前，他看见了我。他凝视着，就在那时他才记起，他显然对他的失礼而惊惶："对不起，先生，我完全把你忘记了，可是你知道……"

我握着他的手，感谢地紧握着。也许他已领悟我所感受到的，因为在我们走出屋子时他微笑了，用手抚着我的肩头。

再没有什么像亲见一个人全然忘记时间、地方与世界那样使我感动。那时，我参悟到一切艺术与伟业的奥妙——专心，完成或大或小的事业的全力集中，把易于弥散的意志贯注在一件事情上的本领。

对工作投入全部的热忱以至达到忘我的境界，生活的艺术佳品就会随之产生，这就是艺术人生。

# 成功需要走好每一步

**【原文】** 风之积也不厚，则其负大翼也无力。

**【大意】** 风的强度不大，那么它就没有力量承负巨大的翅膀。

庄子认为只有达到一定级别的风，才能使鹏高飞，所以成功也来自不断地积累。

你学会走路了吗？许多人会说是人就会走路，那你学会了让自己的脚步不停下来吗？有人会说，那多累呀，总得歇一歇吧，可是有些东西，就在你歇歇的过程中溜走了，不信你来看。

1983年，伯森·汉姆徒手攀壁，登上纽约的帝国大厦，在创造了吉尼斯纪录的同时，也赢得了"蜘蛛人"的称号。

美国恐高症康复联席会得知这一消息，致电"蜘蛛人"汉姆，打算聘请他作康复协会的顾问。

伯森·汉姆接到聘书，打电话给联席会主席诺曼斯，要他查一查第1042号会员，这位会员很快被查了出来，他的名字叫伯森·汉姆。原来他们要聘作顾问的这位"蜘蛛人"，本身就是一位恐高症患者。

诺曼斯对此大为惊讶。一个站在一楼阳台上都心跳加快的人，竟然能徒手攀上四百多米高的大楼，他决定亲自去拜访一下伯森·汉姆。

诺曼斯来到费城郊外的伯森住所。这儿正在举行一个庆祝会，十几名记者正围着一位老太太拍照采访。

原来伯森·汉姆94岁的曾祖母听说汉姆创造了古尼斯纪录。特意从100公里外的慕拉斯堡罗徒步赶来，她想以这一行动，为汉姆的纪录添彩。

谁知这一异想天开的做法，无意间竟创造了一个耄耋老人徒步百里的世界纪录。

《纽约时报》的一位记者问她，当你打算徒步而来的时候，你是否因

年龄关系而动摇过?

老太太精神矍铄,说,小伙子,打算一口气跑一百公里也许需要勇气,但是走一步路是不需要勇气的,只要你走一步,接着再走一步,然后一步再一步,一百公里也就走完了。

恐高症康复联席会主席诺曼斯站在一旁,一下明白了伯森·汉姆登上帝国大厦的奥秘,原来他有向上攀登一步的勇气。

老太太在不经意间走出了她的世界纪录,但森·汉姆用自己的双脚登上了纽约的帝国大厦,在你惊叹之余,是不是应像他们一样,重新启步,用自己的双脚走过属于自己的成功。

# 稳扎稳打才能稳操胜券

【原文】且夫水之积也不厚，则其负大舟也无力。

【大意】水的聚积不深，那么它就没有力量浮载大船。

庄子认为大船的游走需要有够深的水，同样，人生要有筹划，没有一蹴而就的成功，不要轻视任何一次小的成功，或许你最后人生目标的实现就有它的功劳。

一位清华学生这样说他自己：我在初中时也很普通，只不过在一次华罗庚金杯赛上我取得了很好的成绩，那时老师和父母的朋友都夸奖我，我觉得我不该混日子，我可以成为一名好学生，不能让别人笑话我。就这样我逐渐成为了一名好学生。仔细回想这段经历，我并没有什么比别人强的，不过是竞赛上的考试题以前看过一些。因此比一般同学考得高并没有什么。而它却成了我的转折点。开始了我另一种人生。

中考的成绩并不足以使我进入省重点学校，但金杯赛的成绩使我进入了省重点高中。由于担心跟不上会被开除，高一上学期我疯狂地学习，即使其他人玩的时候我也在学习。除了一些课外活动，我几乎都在学习。这段时间的付出使我的成绩迅速升到年级前几名。从此以后，我学习起来便轻松了一些。我个人认为，高一第一学期是十分重要的。这是因为在高中和初中，学习的内容和方法差异很大，并且中考后的轻松，无法使同学迅速进入学习状态，而少数人的努力使成绩一跃而上。而且成绩好了以后，无论是自己的要求，还是周围的目光也都不允许你有明显的退步，正像大家看到的，过了高一第一学期，成绩已经相对稳定了。我劝刚入高中的同学不要放松，让自己一入校便停留在很好的位置上。如果没有以前的基础，也许就不会有这样一个转折。

高二后，我投入到物理竞赛的准备中去。除保持高一的那种学习的刻

苦精神外,只付出了更多的汗水。一分耕耘,一分收获,我在全国物理竞赛中取得了第六名的成绩,并进入国家集训队,进而保送进入清华大学计算机系。

做什么事,都是要以付出为代价的。有一个同学,她的成绩总是让人望尘莫及,我也不明白她何以有如此好的成绩。直到有一天我看到她书桌上放着3本做完的物理精编时,我才感受到什么是付出。其实,古训说得好:"穷则独善其身,达则兼济天下。"当我们实力还不够,独自苦学时也正是人"穷"之时,而有朝一日学业有成便能用自己的学识和实力去证实自己,去实现理想了。辛勤地付出则是你达到目标的方法。

由此可见,没有付出,就不会有回报。这是每个人都懂得的道理。学习如此,做事如此,如果要成功,你就要为成功做好准备,不停地前进,直达成功的目标。

求知的心是最有生命力的,只有抱定这样一种心态,奔向成功,路上才会多出几道耀眼的风景。

这位清华学生中考成绩并不十分理想,而他的金杯赛成绩助了他一臂之力。所以说,不要看轻小的成绩,正因为有了这些小的成功,才能成就你辉煌的事业,正所谓稳扎稳打才能取得最后胜利。坚信自己只要辛勤地付出了,努力了,忙过人生的风雨,就能收获在人生之秋的季节里。

# 心无二用是最大的智慧

【原文】其溺之所为之,不可使复之也。

【大意】他们沉溺于所作所为当中,无法使他们恢复到原来的情状。

庄子认为人需要有专注的精神,对自己所做的事业要注入全部的精力才有所成就。

中国有句古话:一心不可二用。

对于成功来说,朝秦暮楚是一个最大的敌人,它肯定会使你徒劳无功。

这就意味着,你必须全心全意地投入到你所选择的事业之中去。你一旦决定从事某项事业,选择了绝对的自由,你就必须对你选择的事业有足够的信心。然后,全身心地投入进去,不能三心二意,不能朝秦暮楚。否则,这种心态会影响你干事业的激情、接受挑战的勇气和斗志,将你的锐气一点一点磨蚀。

对于多人来说,每个月有一份固定的薪水的确不错,它起码可以使你的生活有一定保障,不至于衣食无着。但是,日复一日、年复一年地朝八晚六上班下班难免让人觉得有些无聊无趣。于是,可能就会心有旁骛,左想右思。这一天,突然有了灵感,你有了一个绝妙的创意,那如诗如画的前景不禁使你心潮起伏。你决定甩开膀子大干一场!

此时你面临这人生的一次重大选择!

你面前有两条道路。一条是破釜沉舟,辞去现在这份薪水还不错的差事,自己开创一份事业。这条道路的优点与缺点是显而易见的,如果成功,它给你带来的不仅仅只是财富,它有可能完全改变你的人生,使你踏上一条辉煌之路;如果失败,有可能使你鸡飞蛋打,没挣到钱不说,还会把你原来一点一点积攒下来的积蓄全部赔进去,搞不好还会欠一屁股债

务,而且,原来那份薪水不菲的差事也丢了。

另一条,就是大多数人认为的所谓一条稳妥的道路。这种看似稳妥的选择通常都以失败而告终,古今中外,心有旁骛成功的例子是极少极少的。道理很简单,这种所谓的稳妥设想很难带来良好的业绩,同时,它也不会给以后事业的发展提供基础。

这些,就足以使你的事业陷入困境,使你举步维艰,到最后,你会发现自己一筹莫展,直至一败涂地。

还有一种危险或是错误的心态发生在你发展的过程之中。这种情况与上面所说的情况不同,他倒是忠心于自己的事业,只是对自己的经营方向三心二意,朝三暮四,有点类似伊索寓言中那头最后饿死在两堆干草之间的驴子。

"我们一开始发展的时候,我自己也不能完全确定。大楼自动化软件看上去确实不错,不过什么事情也不可能有百分之百的把握。所以我们为了以防万一,还同时经营着一个小超市。尽管两边兼顾使人疲于奔命。但谢天谢地,多亏了我们当时有远见,现在大楼自动化软件果然卖得不好,我们缺乏时间和资金。我们以后就把精力主要放在经营小超市上,但软件还得卖。"

类似这样的情况很多,这样的经营策略如果成功了反而会使人觉得奇怪。因为经营者一开始就三心二意,朝三暮四。道理很简单,如果一个经营者对自己的经营没有把握,缺乏信心,同时又不想全力以赴,自然不可能成功。

所以,要想成功,就必须瞄准一个方向,集中精力、全力以赴地做下去。发展的过程本身就是一个充满着风险的过程,如果你不想承担一点风险和不安,如果你不停地寄希望于第二个、第三个方向,其结果往往会导致竹篮打水一场空。

面对同样的机遇,不同的人有不同的结果。中国古代有一个故事,说有三个财主在一起散步,忽然其中一人首先发现前方地上躺着一枚闪闪发光的金币,眼神顿时凝固了!几乎同时,其中一人大叫起来:"金币!"话音未落,第三个人已经俯身把金币捡到自己的手里。这个故事说明:眼快嘴快都不如手快。也就是说,一旦看准了机遇,就要立即行动,专注于行动，这样才能成功。

一说到专注，我们往往会想到古时候的"达摩面壁"。当然，今天的"面壁"，并不意味着自我封闭，也不是在一再碰壁、已探明确实"此路不通"时的一意孤行，而是要在善于选择可破之"壁"之后韧性前行。

关于这一点，日本企业家、东芝公司总经理土光敏夫从他所从事企业经营管理的过程中理出了十分有益的经验。他认为，企业生活天天有"墙壁"。他还说："我推墙，打破墙，然后再盯着下一片墙。""在一个小房间里，如果坐着不动，就意识不到墙。一有所动作，碰壁了，才意识到墙。"

土光敏夫的经验体会，可以将其看作是"面壁"意识的现代化。首先，"面壁"的频率提高了，从达摩的"9年"变成了"每一天"；其次是从达摩的相对静态——只动脑不动手，变成现代的手脑并用、注重实践。

这，实际上也是把一段时期内要完成的一项事业或要专攻的一种学术，化为更小的单位，以每天计的"破壁"行动，把锲而不舍的持恒性落实到更扎实的程度。就如"达摩面壁"之道在当今信息数字化时代的新发展。

所以说，心无二用是最大的发展智慧。

第八章 厚积薄发，水到渠成

## 坚强的毅力助你走向成功

**【原文】** 圣道运而无所积,故海内服。

**【大意】** 思想品德修养达到圣明的人对宇宙万物的看法和主张仍没有中断和停顿,所以四海之内人人服从。

庄子认为一个人的思想修养要想影响他人必须不间断才能实现,成功者的愿望往往在坚强的毅志力下产生。

毅力是一种心理状态,所以毅力是可以使其发展的,成功缺少不了毅力,所以毅力在成功的道路上很重要。

毅力有八个重要的因素:

1. 目的之明确性

首先要明白自己是在寻求着什么?这是发展毅力的最重要阶段,有了强烈而坚固的动机,才能度过许许多多的难关。

2. 要有欲望

追求同样的欲望越强,则体会毅力、发挥毅力,较为容易。

3. 依赖自己

如果你有把握能够彻底执行你的长期发财计划,那么你就可以全靠你的毅力,照计划去顺利进行的。

有了这个把握和行动,一切稳定之后,他就可以再想一些花样,来增加他的收入,如此这般的为钱而加倍工作和奔走,则其收入自然倍增,当然这也要以不影响身体健康为先决条件。

4. 计划的可行性

如果你的计划,是组织化的,那么即使在计划上有了缺点,或者有些非现实的东西,对于培养毅力还是有很大的帮助。

毅力是一种持久力,要有健壮的身体,譬如打麻将,在同样条件下,身体健壮的人一定占很大的便宜,这是童叟皆知的。

5. 正确的知识

如果你的计划健全,并以充分的经验和正确的观察为基础,则一定能够充分鼓起自己的毅力。

假如你不争取正确的知识,而只得到瞎猜瞎搞的习惯,那么你只能破坏自己的毅力罢了。

6. 寻求合作

对人容易产生同情心,而站在别人的立场,替别人着想,并予协助,也是培养毅力的重要因素。

不过同情别人,并不是漫无限制的,这里只是说容易同情别人,肯合群、合作的性格,也是一种对培养毅力的有利因素而已。所以不是见人就同情,因为很多人是戴着假面具的,你诚实对待他,他不一定还你以诚意,而竟还你以欺骗。

7. 集中注意力

为了完成明确目的之计划,养成一种集中自己思路的习惯性,也会逐渐养成超人的毅力。

8. 使毅力成为一种习惯

毅力可说是习惯直接的后果。如果集中精神每天去从事同一个目的、同一个性质、内容的工作式计划,成为其人生的一部分,那么自然就会养成根深蒂固的习惯,任何恐怖的敌人,也能以反复的有勇气的行为,来对付敌人,在战争中,看过勇敢、积极的行动者的人,一定会十分了解勇气是多么重要,而培养勇敢行为之习惯更为重要。

运用你的毅力:

现在最重要的是,看看你自己在培养超人毅力上,缺少了哪些性质及性格上的其他条件。

你必须拿出勇气来,好好检讨你自己,如果你对自己做如上的详细分析,就能够更加了解你自己,或许会有重要的新发现的。

如果你想成功,就必须彻底克服以下弱点:

(1)不知道自己所需要的是什么,而且不能做明确的定义。

(2)不管有没有原因,不可以犹豫不决。

（3）对于学习专门知识，根本没有兴趣。

（4）对于一个问题，不认真去做，即使发生了许多的问题，都优柔寡断直往后拖延，并且有很多理由，很多借口，认为自己是不得已的，实际也就是对自己敷衍。

（5）不但消极的拖延，该做的事不做，同时也不拟定一个足可解决问题的计划。

（6）自我满足。

（7）不管对任何事，往往不与敌人斗争反抗而有立即妥协的不关心，不积极的态度。

（8）把自己的过错，推到别人身上，而责怪别人，到了事态严重的地步，才不得不承认自己的错误。

（9）由于欲望较弱，所以懒惰到连好的机会都不去争取和把握。

（10）往往只失败一次，索性就放弃了这个计划。

（11）因无组织化的计划，所以根本不知道自己该去走哪一条路，再走哪一条路。

（12）创造发明和机会，已经来到了面前，却视而不见，不想去捉取、掌握。

（13）没有现实的计划，经常在做白日梦。

（14）没有设法发财的习惯，而只有随时容易和贫穷妥协的坏习惯，认为富者自富，贫者自贫，一切任其发展，没有大志。

（15）又有一种人，想一掷千金，想抄近路，不想付出代价，而只想弄到大钱，因此赌性强，每天晚上都坐在赌桌上。

（16）又有一种人，似乎没有什么主见，对别人在想什么、做什么，太过关心，而唯恐自己负责任，因之没有能力自己想出计划来实行，主要原因还是在于潜在意识。

可以说，人生的过程，是个不断认识自己的过程，是个不断挖掘自己的过程。每个人都是很有潜力可挖掘的，因为，每个人真的都是一口深不见底的井，而且，每个人都站在自己的井台上打水，就看如何认识自己如何对待自己。如果，你认为自己这口井里的水很多，拼命地勤奋地打，一桶一桶的，不管风吹雨打，只要不停顿，始终能打出水，你都无法估计你的这口"井"究竟蕴藏着多大的容量。当然，重要的是拼命是勤奋是不管风吹雨打是不停顿……而这样坚韧持久的动力，一定是来自内心的，一定是由痛苦不堪的压力转化的。所以，在经受了压力并体验了由压力变动力再由动力产生成果的这样一个完整的过程，我对失败挫折打击已不那么惊慌也不那么沮丧不那么抱怨，并学会很自然地要求自己咬咬牙直直腰地再干一次再来一遍，只要有"再一次"、"再一遍"的不屈不挠，只要不犹豫地把手里的桶继续放入自己的井里，不怕苦不怕累地往上提水，这样，任何失败挫折打击不仅不能压垮人，枯竭人，反而会使人更加饱满并拥有更多的生命之水，有生命力的"水"是柔韧的斩不断的源源不绝的。

一个有价值的生命，一定是竭尽全力地使用自己；一个有意义的人生，一定是充分地体现出自己。所以，不让自己患得患失，认准了一条道，踏踏实实地走，一步一个脚印。不期望走得很快，更不幻想一步登大，只是不让自己止步，慢慢地走不停地走，看不出速度，可总在进步，并渐渐地靠近目标。按照这样的宗旨，你就会平稳地不息地走过一了不平坦的路。再回头一看，我有时会感到惊喜，感到安慰，因为走出了一个出乎意料的自己，这时你就会才明白，人是可以创造意外创造奇迹的，因为，人是一口不测的井，只要尽情挖掘，你拥有的水会是一条滔滔的大河。

当心底有一条大河源源地流淌着，会有一种透彻的坦然使人进入自由的境界，会更有信心向自己这口井的深处开掘，也许，还会流淌出大江大海。

七跌八起，意思是说：一个人无论遇到多少次的挫折，必须不屈不挠，勇敢地站起来。

人生是漫长的，社会是辽阔的。因此，难免遭遇挫折，难免陷于悲观。七跌八起这句成语，含义至深。

然而，如果认为跌倒了7次，第8次能够站起来就可以，未免是太愚蠢了。

跌过一次而毫无领悟，那么跌倒几次亦是如此。人之可贵，在于跌倒一次就能有所领悟。

与其忧虑失败，毋宁恐惧自己不够认真。倘若有认真的态度，即使失

败了也必然有所领悟。

即使跌倒了,也不要白白地爬起来,为人必须养成这种态度。

黄先生的事迹就生动地体现了一这种精神。

如果他走在街上,没有任何人会对他注意,他长得太平常了。可他那粗糙得像锉刀般的双手,却创造出一件件举世无双的微型乐器。

1990 年初,在北京举办的《中国首届工艺美术作品及名艺人佳品展》上,一把完全依照意大利古典制琴大师斯特拉里瓦里名琴样式,以225:1的比例制作的长仅 3.9 厘米的微型小提琴,打破了 1988 年版的《吉尼斯世界之最大全》的 7.62 厘米的纪录。评委会的专家们,连连称赞:国宝!国宝!其实,黄先生的最新纪录是 1.98 厘米,尽管 1990 年版的《吉尼斯世界之最大全》将这项纪录推进到 2.38 厘米,但它与我们的这位微琴制作师还相差 0.4 厘米。这件以 800:1 的比例精心制作的微型高级嵌线小提琴完全仿真,用色木做侧板、背板、琴头,用松木做面板,用乌木做指板,面板薄不足 20 丝。琴身斑纹清晰,玲珑剔透。用只有火柴棒四分之一粗细的琴弓,可以在那四根琴弦上拉出标准音阶,悦耳而动听。

这位才 34 岁的剧场经理,为了他的艺术世界,走过了一段漫长的道路。他出身贫寒,爹妈并没有给他先天的艺术细胞。还在念小学时,一次他琴兴大发,竟将家中一把好端端的竹椅锯掉,用铁皮代替蛇皮,制成了一把土二胡,说来也奇,竟然也能吱吱哑哑地拉出九腔十调来。中学毕业后,他有幸进入江苏省歌舞团,当了两年小提琴手。在此期间,他得以熟悉中西乐器的构造、性能,为他日后的微琴制作,打下了扎实的基础。

他真正下"海",是 1974 年的事。那年有一位蓝眼睛高鼻子的法国人带来了他的乐器,在上海博物馆举办展览。黄先生从这个展览受到了启示,他没有条件制作那些真家伙,但他决心将微缩技术引入这个艺术领域。从此,他的陋室里多了一张狭长的工作台,台上放着自制的车床、钻床、台钳以及锯子、刀斧、砂皮、锉刀、胶水、油漆。别人享受青春旋律的欢乐,而他像一个苦行僧,熬过一个个黎明……正像他自己所叙述的那样:"爱好是一种自找苦吃。我从小喜欢摆弄中西乐器,双手弄得像锉刀那样粗糙,长年累月,不知划破多少次,疼痛几多回,但若遇苦却步,则就一事无成;只有奋不顾身,知难而上,才能有所作为。"

这位毅力超人的年轻人，就是这样从苦海中闯过来了，如今他的那双锉刀般的双手，奇迹般地制作出 200 多把按百分之一比例缩制的中西微型乐器，其中民族乐器 50 多种，西洋乐器 20 多种，它们有二胡、月琴、三弦、扬琴、古琴、古筝、琵琶、阮、筑、瑟、箜篌、蒙古的马头琴、新疆的冬不拉、西藏的艾捷克，西洋乐器的小提琴、中提琴、大提琴、竖琴、钢琴等，犹如一座灿烂的乐器大观园。他的作品参加了《中国首届民间工艺作品及名艺人作品展》《苏州艺术节》《南通国际艺术节》《新加坡中国周》等中外展览。上海交响乐团东渡扶桑时，黄先生制作的一套微型西洋乐器被选中，作为礼品，馈赠日本友人，引起轰动。

第八章 厚积薄发，水到渠成

# 小不忍则乱大谋

**【原文】** 夫为剑者，示之以虚，开之以利，后之以发，先之以至。

**【大意】** 击剑的关键，首先是把弱点显示给对方，使对方以为有可乘之机，然后对对手发起攻击，以抢先击中对手。

庄子认为要想赢得最后的胜利，要有忍耐性，以弱示强，才能出奇制胜。

自古有云：小不忍则乱大谋，即为对待任何事都要懂得忍让，尤其是与自己息息相关，有关前程的事，更是能忍则忍，否则，一不留神，就会断送自己的前程，得不偿失。

工作是为了生存，在公司有很好的前程，是为了生活的富有，如果你想得到自己想得的，不妨忍一忍，也不会丢失什么，有时，或许这种忍能成就你的事业。

也许你会说："我自己费尽心血，立下汗马功劳，为什么要捧手让给上司呢？"

你不愿忍耐将功劳让给上司，你也许封闭了使你获得上司好感和感激的渠道。

在这个社会里，人人都争吃一块面包，微功微利，在所不惜。于是，"人为财死，鸟为食亡"。如果你肯大方利落地将你的功劳让给别人，受到礼让的人一定会因其所得的"佳肴"而感激你，对你心生好感。

上司反应这样，当他受到这份"重礼"时，一定在内心对你感怀："这人能够这样体谅我，把功劳让给我，我应当对他有点报答才是。"

于是，你失去了这份功劳，但你以后做事就顺利多了，因为有着上司的支持和撑腰（在一个组织中，工作的安全无误完成，上司的帮助和适当的指示是起很大作用的）届时你将得到上司的祝福与更多的奖励。

"你能忍耐克制自己不肯让功的情绪,而将功劳让给上司,你会有更多的机会立到更大的功劳。"下面有两个建议不妨作为参考:

——忍耐接受上司的责备。

对你工作上的失误,上司当然要责备你了。

然而有时工作上很小的失误、甚至失误并非你所造成的,上司却对你加以责备,是可忍孰无可忍?

这时适度的忍耐,会使你少与上司发生冲突,事过之后,上司也会内对你有所歉意的。

而且,对于工作的失误、精明的上司往往是责备小的容忍大的错误。因为对于你犯的大错,不用别人去责备,你也会懊恼万分,甚至会难过好久,上司在此时给你的鼓励和信任,反会使你更忠诚于他、听从他的意旨办事。相反对于小的失误,因为很少人会去认真对待,小的过错给你的影响不大,你很有可能被同样一块"石头"绊了脚,所以此时上司的责备,目的是想引起你对失误的注意,并不是真正不能忍受你在工作上的失误。

当然,并非每个上司都如此精明,他往往会因部下的过错而大加责备,在烦恼的同时,切记不要产生逆反心理。不能忍耐、自我辩护,不仅无益,反而更加重了上司对你的遗憾。

此外,有些上司可能会采取推诿责任的办法,将不是你的过错而责备于你,他只是考虑自己的立场,没法保持自己的面子和尊严而已,在这种情况下、你有充分的理由,也不要辩解,你的忍耐和"对不起"的歉意,反而会使上司不安和同情于你。

能够忍声吞气,再加上你的耐心等待,局面会逐渐展开的。

——耐心地实施你的行为达成你的目标。

当你需要做成一份工作,而又屡遭挫折的时候,死皮赖脸的方法有时会助你一臂之力,比如推销一种产品,买主自己不需要,说不定他的朋友需要,他的亲人需要,只要你经常在他耳边敲锣鼓,知进知退,哪一天他被感动,他就买了,你的愿望也就达了。

忍耐是一种气量,耐心是一种韧性。以忍求胜,水到渠成。

## 成功偏爱有准备的人

【原文】是鸟也,海运则将徙于南冥——南冥者,天池也。

【大意】这只鸟,当海动风起时就飞往南海,那南海,就是个天然的大地。

庄子认为鹏是由鲲变化而来,当它具备了飞的能力时,就只需要风的力量便可以达到自己的目的,成功往往偏爱有准备的人,只有做好准备才能顺势而成。

要想成功,不可能一蹴而就,只有准备好了,才是成功的资本,除此之外,好的机遇也是成功的一个捷径。

多数人抱怨:我就是缺乏机会,要是有什么,就已经怎样、怎样了。一位哲人曾经说过:"人生就是一系列机遇的组合。"

两类人的对话,也正是"庸人"与"成功者"对人生的不同诠释。在这个世界上,善于利用这些"组合"的人实在是少之又少。故而,悄无声息的平淡人生居多,辉煌风流的人生寥若晨星。

当年诸葛孔明"草船借箭",一箭三雕,成为千古佳话:一骗曹阿瞒,二气周都督,三保全自身。流传至今,人们更为关心的,已不是当时那错综复杂的政治局势,而是诸葛孔明那超乎常人想象的把握时机的洞察力。

周瑜对他妒忌有加,已是个公开的秘密,"造箭"不过是个幌子而已,加害才是"真";同时,凭他的天象知识,预知了天气的变化;更深知曹操枭雄,生性多疑。所有这一切,构成了一个绝好的机遇。孔明没有疏忽,他抓住了。从而不仅为蜀汉政权创造了一个外交、军事上的巨大成功,更为自己神奇的一生添上了绚烂神秘的一笔。

所谓"应运而生"、"时势造英雄",无论"运",还是"时势",都不过是"机遇"的另一种符号。成功的人,其成功之处,就在于他能在"抬手处"把握住人生的机遇、时代的脉搏。

那么到底怎样才能抓住人生的机遇呢?

"机遇"常在,平凡者对之视而不见。因而,机遇只垂青于那些有眼光,而又有冒险精神,能勇于直面危险的人。曾经风靡世界的日本八佰伴公司,开始时不过是个卖水果蔬菜的小店,然而,和田一夫却大胆扩张,抓住经济发展的机遇,终于成为大型超级市场连锁店,拥有资本236.6亿日元,3500名从业人员。店铺在日本国内有42家,海外有26家,成为日本商业界的一个奇迹。

而"微软"的成功,更是令世人对比尔·盖茨这位"年轻人"刮目相看。正值40出头的黄金年华,他已拥有180亿的资财。想当年,他不过只是个上课不专心,下课搞一些计算机组装的毛头小伙。就是这么一个毛头小伙,却成就了如此庞大的事业,与计算机龙头老大IBM同起同坐。他靠了什么?眼光、冒险、机遇。

到底应如何抓住机遇呢?除却上述几点,另有两点亦非常重要:

第一,反向思维。一般人之所以苦苦寻觅,却一无所得,正是因为他受制于习惯思维定式。而机会的栖息之处正是在于"定式"之外。所以,不人云亦云,是把握时机的关键。众人以为不行的事,可能是过分夸大了困难,也可能是不适合他们的,却适合你做的。趋之若鹜时退避三舍可能得到的会更多;大家踟蹰不前时或许多跨一步就能够独领风骚。

第二,科学的分析。"经验"的时代早已不复存在,科学愈来愈统治着人类的行为。对"机会"的分析,无疑更应划入科学的范畴。看当今世界上一家顶尖级的集团、公司都必须花费大量的人力、物力、财力,用于搜集、处理、分析市场动态,从中捕捉任何有利于本集团、本公司的信息。"经验"的局限,已让人们尝够了"苦头",而不再敢提对它的信任。所以,对机遇的"把握",并不是在瞬间完成的,其背后更有无比丰富的"内容"。

把握了机遇,并不就走向了成功。——成功与否,还在乎实力。

这是一个充满竞争的世界,达尔文的"优胜劣汰"在现代得到了过分的扩张。没有坚实的根基,风雨中你便飘摇了起来,甚至于有功亏一篑之机,即使面临再好的机遇,也相当于"零"。这正是八佰伴公司给我们的

教训。

说起来令人难以相信，八佰伴公司在国外声名赫赫。然而，很多东京人根本不知八佰伴为何物。在日本，八佰伴的店铺只局限于静冈及周边地区，并没有形成全国性的经营规模。就在此种情况下，和田一夫随着"国际化"这一经济发展潮流，贸然向海外发动大规模的扩张，先后"入侵"中国、中国香港、巴西、英国、美国等地。结果，过度的扩张引起了资本的不足，最终宣布破产。一座商业大厦，轰然坍塌。

八佰伴的教训是令人震惊的，而"微软"却愈演愈"红"，原因是有扎实的根基。

总之，机会对每个人都是均等的，就看你能否不失时机抓住它；机会又是人为的，勇往直前与老成持重同等重要，用你已做好的准备，加上比他人多的眼光、魄力，实际行动起来，创造属于你自己的奇迹。

# 有远见，成就未来

【原文】弃更则形不劳，遗生则精不亏。

【大意】因为舍弃了世事，形体就不会劳累，遗忘了生命，精神就不会亏损。

庄子认为人要有所得必然要所有失，不可事事求全。

未来怎样，没有一个人会预知，事事千变万化，没有人能控制，但成功却需要你有远见的卓识，才不至于被社会淘汰。

将你自己的远见变成现实不是一蹴而就的事，这是一个过程，跟一次旅程十分相似。你决定去旅行之后，首先要做的事情之一，就是决定出发点，没有这个出发点，就不可能规划旅行路线和目的地。

在现实生活中，多想几步，远见卓识将给我们的生活带来极大的价值和巨大的利益，会打开不可思议的机会之门。远见能增强一个人的潜力。人越有远见，就越有潜能。

1. 远见使工作轻松愉快

成就令人生更有乐趣。当你努力干，把工作做好时，没有任何东西比这种感觉更愉快。它给予你成就感，它是乐趣。当那些小小的成绩为更大的目标服务时——譬如使一个远见成为现实，就更令人激动了。每一项任务都成了一幅更大的图画的重要组成部分。

2. 远见给工作增添价值

同样，当我们的工作是实现远见的一部分时，每一项任务都具有价值。哪怕是最单调的任务也会给你满足感，因为你看到更大的目标正在实现。

3. 远见预言你的将来

缺乏远见的人可能会被等待着他们的未来弄得目瞪口呆。变化之风会把他们刮得满天飞。他们不知道会落在哪个角落，等待他们的又是什么东

西。人生是个机会,这些人希望他们的机会不错。

如果你有远见,又勤奋努力,你将来就更有可能实现你的目标。诚然,未来是无法保证的,任何人都一样。但你能大大增加成功的机会。

王昊和王明差不多同时受雇于一家超级市场,开始时大家都一样,从最底层干起。可不久王昊受到总经理青睐,一再被提升,从领班直到部门经理。王明却像被人遗忘了一般,还在最底层混。终于有一天王明忍无可忍,向总经理提出辞呈,并痛斥总经理狗眼看人低,辛勤工作的人不提拔,倒提升那些吹牛拍马的人。

总经理耐心地听着,他了解这个小伙子,工作肯吃苦,但似乎缺少了点什么,缺什么呢?三言两语说不清楚,说清楚了他也不服,看来……他忽然有了个主意。

"王明先生,"总经理说,"您马上到集市上去,看看今天有什么卖的。"

王明很快从集市回来说,刚才集市上只有一个农民拉了车土豆卖。

"一车大约有多少袋,多少斤?"总经理问。

王明又跑去,回来说有10袋。

"价格多少?"王明再次跑到集上。

总经理望着跑得气喘吁吁的他说:"请休息一会吧,看王昊是怎么做的。"说完叫来王昊对他说:"王昊先生,你马上到集市上去,看看今天有什么卖的。"

王昊很快从集市回来了,汇报说,到现在为止只有一个农民在卖土豆,有10袋,价格适中,质量很好,他带回几个让经理看。这个农民过一会还将弄几筐西红柿上市,据他看价格还公道,可以进一些货。这种价格的西红柿总经理可能会要,所以他不仅带回了几个西红柿作样品,而且把那个农民也带来了,他现在正在外面等回话呢。

总经理看一眼红了脸的王明,说:"请他进来。"

王昊由于比王明多想了几步,于是在工作上取得了一定的成功。

请问,你能想到几步呢?

相信你能使自己活得更好,这只是第一步。要使自己的远见真正有价值,还必须与另一种能力结合起来:如何使远见变为现实。有远见但不能把它变成现实的人,只是个空想家。

你需要一套实现你的远见的战略,下面的指导原则对你有帮助。

1. 确定你的远见

这个观点虽然非常简单,但实现远见总得由确定这个远见开始。对有些人来说这实在是太容易了。因为他们似乎生来就有一种远见卓识。另一些人则需要经过长时间的沉思、考虑、祈祷才能获得这种本领。

如果你想成功,就必须多想几步,确定你人生的远见。你的远见不能由别人给你。如果那不是你自己的远见,你就不会有实现它的决心与冲劲。这远见必须以你的才能、梦想、希望与激情为基础,远见是了不起的东西,它还会对人产生积极的影响——特别是当一个人的远见与他的命运(特别是他存在的目的)不谋而合时。

2. 了解你目前的生活

考察当前生活的一个目的是规划行程,估算此行的费用。一般地说,你离自己的远见越远,所花的时间就越多,代价就越大。实现自己的远见是要作出牺牲的。

3. 为大远见放弃小选择

所有梦想的实现都是有代价的。为了实现你的远见,就要作出牺牲,其中一个涉及你其他的选择。你不可能一面追求你的梦想,一面保留着你其他的种种选择。

这个观点尤其不容易被美国人接受。美国文化很强调选样的自由,整个自由市场体制都是建立在这个基础上的。多种选择是好事,可以提供机会。但对于想取得成功的人,有时他必须放弃种种小选择来交换那个唯一的梦想。

这情形有点像一个人来到岔路口,面临几种前进的选择。他可以选择一条能通往目的地的路,他也可以哪一条都不走,可是这样永远达不到目的地。

4. 按远见制订计划

实现自己的远见包含着必须选定一条个人发展的道路,并在这条路上走下去。以为自己可以从生活的一个阶段向另一个阶段进步而无须改变自己,是在自我欺骗。人生的任何积极转变必定需要个人成长。

因为个人成长是实现自己远见的必经之路,所以你能订出的最具战略性的计划是按你的远见来规划你的成长道路。想一想要实现理想你必须做

些什么。然后确定,要成为你想做的那种人,你需要学习些什么,看些书籍,听些录音带,以感受一下别人的成长过程。

5. 常与成功人士接触

个人成长的过程包括与人接触。学习如何成功的最佳方法是与成功人士接触。观察他们,向他们请教。逐渐地,你会开始跟他们一样看问题。"毛色相同的鸟聚在一块"这句古语确实正确。

6. 时刻拥有信心

实现梦想要求你不断努力,并发挥出最大的冲劲。加强韧性与冲劲的方法之一,是不断地表达你对自己梦想的信心。用语言向别人讲,同时默默地对自己讲。保持一种积极的充满信心的态度。即使偶生疑惑,也要全神贯注,保持信心。外在的信心会带来内在的信心。如果你失去自信及对自己梦想的信心,那你的梦想永远不能成真。

7. 对待他人的反对要有正确的态度

必须保持积极心态的另一个原因,是你肯定会碰到反对的意见。那些自己没有梦想的人是不会理解你的梦想的,他们觉得你的梦想不可能实现。他们会对你说,你的梦想一钱不值。或者即使他们明白到它的价值,他们也会说,虽然这是可以实现的,但不是由你实现。碰到别人反对时,你不必惊慌。而应有思想准备,抱着永不消沉的积极心态。

8. 多走几条路

为了实现理想,你必须不停地寻找一切对你有帮助的东西。要乐于尝试新事物,到处寻找好主意。要善于观察在别的领域效果很好的主意,在你这里也可能有用。全神贯注于你自己的理想,但对走哪条路才能实现理想,则应抱灵活的态度。实现理想要有创新精神,如果我们对新观念关上大门,就不能有创新精神。

以上提到的种种方法,都有助于你实现自己的理想。但是,如果你不愿意超越你平时的水准,这些方法也未必有用。要相信自己,规范自己远见的每一个步骤,不要轻易放弃自己的理想。

# 成功需要不断磨炼

**【原文】** 以此周行天下，上说下教，虽天下不取，强聒而不舍者也。

**【大意】** 用这种学说周游天下，对上劝说君王，对下教育百姓，即使天下的人不愿听从，也要依然劝说不停，不中途放弃。

庄子认为面对困难阻碍不要放弃，否则一切努力就会付之东流。

成功了并不意味着一切皆已结束，因为成功之后还有更长的路要走，即所谓"打江山容易，守江山难"，成功之后或许还有更大的挑战在等着你，需要你不断受到磨炼，才能赢到最后。

杰克·伦敦在 19 岁以前，还从来没有进过中学。他在 40 岁时就死了，可是他却给世人留下了 51 部巨著。

杰克·伦敦的童年生活充满了贫困与艰难，他整天像发了疯一样跟着一群恶棍在旧金山海湾附近游荡。说起学校，他不屑一顾，并把大部分的时间都花在偷盗等勾当上。不过有一天，当他漫不经心地走进一家公共图书馆内开始读起名著《鲁滨逊漂流记》时，看得如痴如醉入神了，并受到了深深的感动。在看这本书时，饥肠辘辘的他，竟然舍不得中途停下来回家吃饭。第二天，他又跑到图书馆去看别的书。一个新的世界展现在他的面前——一个如同《天方夜谭》中巴格达一样奇异美妙的世界。从这以后，一种酷爱读书的情绪便不可抑制地左右了他。他一天中读书的时间往往达到了 10～15 小时，从荷马到莎士比亚，从赫伯特·斯宾塞到马克思等人的所有著作，他都如饥似渴地读着。当他 19 岁时，他决定停止以前靠体力劳动吃饭的生涯，改成用脑力谋生。他厌倦了流浪的生活，他不愿再挨警察无情的拳头，他也不甘心让铁路的工头用灯揍自己的脑袋。

于是，就在他 19 岁时，他进入加州的奥克兰德中学。他不分昼夜地用功，从来就没有好好地睡过一觉。天道酬勤，他也因此有了显著地进步，

第八章 厚积薄发，水到渠成

他只用了 3 个月的时间就把 4 年的课程念完了,通过考试后,他进入了加州大学。

他渴望成为一名伟大的作家,在这一伟大理想的驱使下,他一遍又一遍地读《金银岛》、《基度山恩仇记》、《双城记》等书,随后就拼命地写作。他每天写 5000 字,这也就是说,他可以用 20 天的时间完成一部长篇小说。他有时会一口气给编辑们寄出 30 篇小说,但它们统统被退了回来。

后来,他写了一篇名为《海岸外的飓风》的小说,这篇小说获得了《旧金山呼声》杂志所举办的征文比赛头奖。但是他只得到了 20 元的稿费。他贫困至极,甚至连房租都付不起了。

那是 1896 年——令人兴奋和激动不已的一年。人们在加拿大西北柯劳代克,发现了金矿。

跟随着像蝗虫一样的陶金者人流,面对生活的拮据杰克·伦敦踏上了柯劳代克之路。他在那待了一年,拼了命似的挖金子。他忍受着一切难以想象的痛苦,而最后回到美国时,他的囊中却仍然空空如也。

只要能糊口,任何工作他都肯干。他曾在饭店中刷洗过盘子;他擦洗过地板;他在码头、工厂里卖过苦力。后来,有一天,他饥肠辘辘,身边只剩下两块钱了,他决定放弃卖苦力的劳苦工作,献身于文学事业。这是 1898 年的事。5 年后的 1903 年,他有 6 部长篇以及 125 篇短篇小说问世。他成了美国文艺界的最为知名的人物之一。

杰克·伦敦经过生活的不断磨砺,对人生的不断思索,最后终于找到了一条属于自己的路,并由此走上了最后的成功,因此,不要奢求成功是顺理成章的事,也许你的成功需要你不断地前进。

# 关注每一个细节

**【原文】** 明于本数,系于末度,六通四辟小大精粗,其运无乎不在。

**【大意】** (古时圣人)即能通晓有关道术的大经大法,又能旁及有关法度的细节细目,不管是六通四辟的空间,或者是小大精粗的事物,那大道的运行变化无处不存在。

庄子认为古时圣人将大道运行变化运通于每个角落,这样才能使大道发扬光大,所以,为人处世都不可忽略细节,细节对成功者来说起着至关重要的作用。

无论你完成何种工作,都少不了细节,无论你的生活如何,日子从细小开始。生活通过细小的情节拼凑,构成了你现在的日子,所以不要轻视细节,它也是你日后成功的基石。

要想工作不流于一般的人,应学会在细节处练功夫。

公司老板有的时候需要出差,常让身边的秘书去买车票,这看似很简单的一件事,却可以反映出不同的人对工作的不同态度及其工作的能力,也可以大概测定一下今后工作的前途。有这样两位秘书,一位将车票买来,就那么一大把地交上去,杂乱无章,易丢失,不易查清时刻;另一位却将车票装进一个大信封,并且,在信封上写明列车车次、号位及起程、到达时刻。由此可见,后一位秘书是个细心人,虽然她只做了几个细节处,只在信封上写上几个字,却使人一目了然省事不少。按照命令去买车票,这只是"一个平常人"的工作,但是一个会工作的人,一定会想到怎么做才是最好的,才会令人更满意,更方便,这就需要注意细节的问题了。

工作上细心不容忽视。注意细节所做出来的工作一定能抓住人心,虽然在当时无法引起人的注意,但久而久之,这种工作态度形成习惯后,一

定会给你带来巨大的收益。这种细心的工作态度，是由于对一件工作重视的态度而产生的，对再细小的事也不掉以轻心，专注地去做才会产生。会成为大人物的人，即使要他去收发室做整理信件的工作，他的做法也会跟别人有所不同。这种注重细微环节的态度，为以后的成功打下基础。

工作上的这种细心，需要的是"方便他人，方便自己"，减少麻烦，也会得到他人的好感，觉得你办事周到，不马虎会加深对你的印象，为以后工作做好铺垫。

一部名为《细节》的小说，其题记为："大事留给上帝去抓吧，我们只能注意细节。"作者还借小说主人公的话做了注脚："这世界上所有伟大的壮举都不如生活在一个真实的细节里来得有意义。"

细节，就是小节，它不仅具有艺术的真实，而且更具有生活的真实。也许是生活的真实造就了艺术的真实，电视剧和小说中的细节，如人物的心理、动作、语言常常让我们感动不已。

生活就像无限拉长的链条，细节如链条上的链扣，没有链扣，哪有链条？历史就像日夜奔腾的江河，细节如江河边的支流，没有支流，哪有江河？回味生活，翻阅历史，我们为什么不从真实的细节做起？我们头上三尺如果真有神灵的话，它或许绝不只把大事留给自己，而把小节留给人类。

想成功，就要注意细节，不想因小失大，就必须仔细关注细节。"千里之堤，毁于蚁穴"，想挽回可就晚了。

## 要想达到最高处，必须从最低处开始

**【原文】** 今子有大树，患其无用，何不树之于无何有之乡，……逍遥乎寝卧其下。

**【大意】** 现在你有这么一棵大树，愁它无用，为什么不把它种在虚无的乡土里，……逍遥自在地在它下面躺着。

庄子认为大自然中的每个事物都有自身的用途，要靠你去发现，即使百无一用的大树也可以让人来乘凉，何况是人呢？

不管你对生活的目标有多高，但你的计划中总有第一，即一切从头开始。

刚从学校毕业的大学生，本身拥有最多的是知识，而缺少经验，当他们走向社会的时候，那种高高在上的架子却怎么也融不进社会，以至于自己越想得到的却越是得不到，于是让不知足的心理就占据了全身心。

有一位年轻人就是这样的，他对生活的不满和内心的不平衡一直折磨着他，直到一个夏天与同学凯特乘他们家的渔船出海，才让他一下子懂得了许多。

凯特的父亲是一个老渔民，在海上打鱼打了几十年，年轻人看着他那从容不迫的样子，心里十分敬佩。

年轻人问他："每天你要打多少鱼？"

他说："嗨，孩子，打多少鱼并不是最重要的，关键是只要不是空手回去就可以了。尼尔尼斯上学的时候，为了缴清学费，不能不想着多打一点，现在他也毕业了，我也没有什么奢望打多少了。"

年轻人若有所思地看着远处的海，突然想听听老人对海的看法。他说："海是够伟大的了，滋养了那么多的生灵……"

老人说："那么你知道为什么海那么伟大吗？"

年轻人不敢贸然回答。

老人接着说:"海能装那么多水,关键是因为它位置最低。"

位置最低!

正是老人把位置放得很低,所以能够从容不迫,能够知足常乐。

而许多年轻人有时并不能正确摆正自己的位置,因此经常为自己的一点成绩便沾沾自喜,为自己的一点优势便以为除己以外,再无他人。

相反,如果能把自己的位置放得低一些,却会有无穷的动力和后劲。

因为年轻不怕失败,因为年轻不怕一切从头再来,因为生命年轻的本身就是为磨炼做好准备的,从头开始,从零起步,没有什么放不下的,生活是从是0开始往上加的,不是从1开始往上加的,有了0才有1,才能加到100,加到无穷。

## 想成功就不要半途而废

【原文】朝菌不知晦朔，蟪蛄不知春秋。

【大意】见了太阳就死的"朝菌"，不知道一天的时光，春生夏死，夏生秋死的"蟪蛄"，不知道一年的时光。

庄子认为朝菌和蟪蛄都是定时而生，定时而死，所以不知晓生死以外的世界。未知的世界不是靠走一步来发现的，探究未知领域要有不断向前走的决心。

成功需要你去不断坚持，困难需要你一个一个地去解决，想要获得成功，就必须一个一个地做下去，不可半途而废。

决心获得成功的人都知道，进步是一点一滴不断努力得来的。例如，房屋是由一砖一瓦堆砌成的；足球比赛的最后胜利是由一次一次的得分累积而成的；商店的繁荣也是靠着出售一件一件商品取得的。所以每个重大的成就都是一系列的小成就累积成的。

著名的作家兼战地记者西华·莱德先生，在1957年4月的《读者文摘》上撰文表示，他所收到的最好忠告是"继续走完下一里路"，下面是其中一段：

"在第二次世界大战期间，我跟几个人不得不从一架破损的运输机上跳伞逃生，结果迫降在缅印交界处的树林里。当时唯一能做的就是拖着沉重的步伐往印度走，全程长达140英里，必须在8月的酷热和季风所带来的暴雨的侵袭下，翻山越岭长途跋涉。"

"才走了一小时，我的一只长筒靴的鞋钉扎了另一只脚，傍晚时双脚都起泡出血，范围像硬币那般大小。我能一瘸一拐地走完140英里吗？别人的情况也差不多，甚至更糟糕。他们能不能走呢？我们以为完蛋了，但是又不能不走。为了在晚上找个地方休息，我们别无选择，只好硬着头皮

走完下一英里路………"

"当我推掉其他工作,开始写一本 25 万字的书时,心一直定不下,我差点放弃一直引以为荣的教授尊严,也就是说几乎不想干了。最后我强迫自己只去想下一个段落怎么写,而非下一页,当然更不是下一章。整整六个月的时间,除了一段一段不停地写以外,什么事情也没做,结果居然写成了。"

"几年以前,我接了一件每天写一个广播剧本的差事,到目前为止一共写了 2000 个。如果当时签一张'写作 2000 个剧本'的合同,一定会被这个庞大的数目吓倒,甚至把它推掉。好在只是写完一个剧本,接着又写一个,就这样日积月累真的写出这么多了。"

"继续走完下一里路"的原则不仅对西华·莱德很有用,也适用于每个想要获取成功的人。

按部就班做下去是实现任何目标的唯一聪明的做法。就好像让吸烟的人戒烟,用以下这种方法,成功的比例比别的方法高。这个方法并不是要求戒烟者下决心永远不抽,只是要他们决心不在下个小时抽烟而已。当这个小时结束时,只需把他的决心改在下一小时就好了。当抽烟的欲望渐渐减轻时,时间就延长到两小时,又延长到一天,最后终于完全戒除。那些一下子就想戒除的人很少会成功,因为心理上的感觉受不了。一小时的忍耐容易,超过一小时,忍耐就容易达到极限。

想要实现任何目标就必须按部就班做下去才行。对于那些初级管理人员来讲,不管被指派的工作多么不重要,都应该看成是"使自己向前跨一步"的好机会。推销员每促成一笔交易,就为迈向更高的管理职位积累了经验。教授每一次的演讲,科学家每一次的实验,都是向前跨一步,更上一层楼的好机会。

通过这里的示例,你知道"下一步"的重要了吧?一定要对自己有信心,成功不需要半途而废。

# 第九章 不将不迎,顺应自然

人容易丢失自我,去迎合他人,以为这样就可以获取自己想到的东西,将自我的尊严踩于脚下,其实,仔细想来,这种迎合,有时候不仅得不到满足,或者只是暂时的满足,而自身所失去的却远远超过了想象。

# 人心若镜，不将不迎

**【原文】** 虚则静，静则动，动则得矣。

**【大意】** 心镜明便宁静，宁静而后活动，活动而后无不有所得。

庄子认为人心若镜则心则宁静，不被外物干扰，所做的事情往往就会成功。

庄子说"圣人之用心若镜，不将不迎"，就是说我们根本不用迎合他人，即可有所得。

庄子讲了一个故事。

南伯子葵问女偶："你这么大年龄，面容却像孩童，是什么原因呢？"

女偶答道："我得道了。"

子葵问："道可以学得到吗？"

女偶说："不可以，以圣人之道传给圣人之才，才容易领悟。我用三天忘了天下，再七天而忘万物，再九天而无虑生死，心境才明彻，明彻才能感受'道'，得道才能超越古今，而后才能无所谓生死。道之为物，无迎无送，无毁无成。"

子葵说："那么你从哪儿得来的道？"

女偶说："从文字那得到的，文字通过背诵得到，背诵通过见解明彻得到，明彻通过附耳私语得到，附耳私语通过实行得到，实行通过吟咏领会，领会通过静默得到，静默通过高旷寥远得到，高旷寥远通过迷茫之始得到。"

这个故事即说明人心像一面镜子，自身是完美的，不必去迎合他人。

心灵是自己做主的地方，它能把地狱变成天堂，也能把天堂变成地狱。

有个长发公主叫雷凡莎，她头上披着很长很长的金发，长得很俊很美。雷凡莎自幼被囚禁在古堡的塔里，和她住在一起的老巫天天念叨雷凡莎长得很丑。

一天，一位年轻英俊的王子从塔下经过，被雷凡莎的美貌惊呆了，从这以后，他天天都要到这里来，一饱眼福。雷凡莎从王子的眼睛里认清了自己的美丽，同时也从王子的眼睛进而发现自己的自由和未来。有一天，她终于放下头上长长的金发，让王子攀着长发爬上塔顶，把她从塔里解救出来。

囚禁雷凡莎的不是别人，正是她自己，那个老巫婆是她心里迷失自我的魔鬼，她听信了魔鬼的话，以为自己长得很丑，不愿见人，就把自己囚禁在塔里。

其实，人在很多时候不就像这个长发公主吗？人心很容易被种种烦恼和物欲所捆绑。那都是自己把自己关进去的，就像长发公主，把老巫婆的话信以为真，认为自己长得很丑，因此把自己囚禁起来。

就是因为自己心中的枷锁，凡事都要考虑别人怎么想，别人的想法深深套在自己的心头，从而束缚了自己的手脚，使自己停滞不前。就是因为自己心中的枷锁，才使独特的创意被自己抹杀，认为自己无法成功；告诉自己，难以成为配偶心目中理解的另一半，无法成为孩子心目中理想的父母、父母心目中理想的孩子。然后，开始向环境低头，甚至于开始认命、怨天尤人。

仔细想想，很多时候，人处在人生的海洋中，犹如一条游动的鱼，本来可以自由自在地游动，寻找食物，欣赏海底世界的景致，享受生命的丰富情趣。但突然有一天，遇到了珊瑚礁，然后自己就不愿再动了，并且呐喊着说自己陷入绝境。其实，这是自己给自己营造了心灵的监狱，然后钻进去，坐以待毙。

人的一生的确充满许多坎坷，许多愧疚，许多迷惘，许多无奈，稍不留神，就会迷失自己，找不到方向，此时，如果你的心如明镜，认清自己的真实面目，不迎合他人，不丢失自我，那你就可以在快乐中找到自我，近而成就自我。

## 敢于说"不",快乐自己轻松他人

**【原文】** 不累于俗,不饰于物。

**【大意】** 不被世俗所牵连拖累,不因外物矫饰失真。

庄子认为在世俗中要尽量避免被世俗所累,要活出自己的本性,敢于在他人面前说"不"。

如何拒绝而不得罪人是做人的大学问,拒绝很难,说"不"更难,但如果别人的要求不合理,与其答应,还不如尽快说"不"。因为这样,双方都会减少痛苦。

与人交往,说"不"是非常困难的事,所以,说"不"是一门学问。不过说出来也可以避免许多麻烦,尤其是那些你根本做不到的事。明人潘游龙的《笑禅录》里有一个小笑话:甲乙是朋友。一日,甲病了,愁眉苦脸。乙来探望,问:"兄是何病?有什么需要我办的?我都能为你办。"甲说:"我是害了银子的病,只需要二三两便够了。"乙即假装没听清,咽了咽唾沫说:"你说什么?"笑话本意是在讽刺虚假的朋友,但从中我们也可体会到拒绝别人的不合理要求时,自身通常会产生的尴尬心理。

生活中,我们经常会遇到他人的请求,比如借钱,帮忙做某事等等。如果我们对这些请求并不是愿意接受的,却又不好意思说"不",这样就会使自己陷入为难的境地。如果违心地答应下来,心里却别扭;如果假装答应却不做,则失信于人;或者只能如笑话中的那人,干咽唾沫,脸上酸酸的。

乐于助人是我们做人的一种美德。但帮助别人不能没有原则。对方的请求,不合时宜或不合情理的,我们可以拒绝。比如有的人明明自己有存款,向你借钱,原因是怕自己提前取款会损失利息。这样的请求明显太自私了。有的人好贪便宜,见你有好东西,比如好字画、盆栽摆设,便大大咧咧张口:"送给我吧!"这种"夺人所爱"的"请求"也是让人反感的。还有些请求,是强人所难,或根本就是无理要求。对这一类请求,我们心里虽不满意，但却不得不低一低头，究其原因，大概有这么几个：

（1）接受比拒绝更容易。

（2）担心拒绝后会触怒对方或受到报复。

（3）为了给人一个好印象。

（4）不了解拒绝的重要性。

（5）不知如何说"不"。

拒绝别人需要一些技巧，希望下列建议对你有所帮助。

（1）耐心地倾听对方所提出的要求。即使是在他述说的半途你已知道非加以拒绝不可，你也应该认真地听他把话讲完。这样做，为的是更确切地了解他请求的内涵，也是对对方的尊重。

（2）如果你无法当场作出接受或拒绝的决定，你就要明白地告诉对方你还需要考虑，并告诉他所需考虑的时间有多长。你可以说："明天我再答复你。"或"让我先了解一下情况，过两天给你个准信儿。"但你绝不可以把"需要时间考虑"作为拖延不决的挡箭牌。

（3）在你拒绝时，应该表明你对他的请求是认真考虑了的，你也了解了对方提出的这一请求的重要性。

（4）拒绝时，表情上应和颜悦色。最好说一声："谢谢你对我的信任，不过……"你可以略微表示歉意，但切忌过分地表达歉意。那样，对方会认为你不够真诚。因为你如果真的感到那样的过意不去，那么你为什么不现在就接受请求呢？

（5）拒绝时，除和颜悦色外，也要显露出坚定不移的态度。这就是说，你要暗示给他，你不会因为他再三的请求而改变你拒绝的决定的。

（6）最好能给对方说一说你拒绝的理由。这是为了取得对方的理解和谅解。但这并不意味着你在每一次拒绝时都要附以理由。有时不说理由反而会显得真诚。你可以说："真抱歉，这一次我无法为你效力，希望你不介意。"如果你讲了理由，对方试图推翻你的理由，你切记不可和对方争辩，只需重复拒绝。

（7）要让对方了解，你拒绝的是他所请求的事，而不是他本人，你是对事不对人的。这次拒绝了，不妨碍下次提出别的请求，也许下次就可以帮上忙了。

（8）拒绝以后，若有可能，你可以为对方提供处理他的请求事项的其

他可行途径。美国某市长拒绝了西班牙裔居民关于失业的提案，但在对方撤回后，他说："我同意将这一提案作为我本人的竞选证见而公布。"这位市长拒绝了，但并未失去西班牙裔居民对他的支持。这里，要避免建议对方试着找另一个可能更有办法的人。这样做可能会产生不良结果，"另一个人"会对你有误解，认为你是"嫁祸于人"，而被你拒绝者，也会认为你在搪塞他，对你反感。如果你真的没什么好建议，不说尤佳。

（9）切记通过第三者拒绝某一个人的请求。这只会让对方认为你既缺乏诚意，又怯懦。

关于拒绝的技巧，有一"破唱片法"：损坏的唱片会一遍又一遍地重复同一句歌词。有一次，几位勤工俭学的大学生来向他推销大百科全书。他说他对大百科全书不感兴趣。这些大学生就采取迂回战术来说服他，以达到他买书的目的。而"破唱片"也就开始"唱"了：大学生："你对教育感兴趣吗？"

"破唱片"："感兴趣。但我对买百科全书不感兴趣。"

大学生："你有小孩吗？"

"破唱片"："有一个。但我对买书不感兴趣。"

大学生："你对你孩子接受的教育水平满意吗？"

"破唱片"："也许是满意，也许是不满意，我说不好。但我对买大百科全书不感兴趣。"

最后，大学生们对他无计可施，只好放弃了。

从长远的观点来看，我们要想使拒绝的话真正起到作用，必须不带感情地使用这种技巧，只有平静地重复自己的观点，才能躲避操纵性的言语陷阱、辩论的引诱和形式逻辑的套子。

如果你遇到了一位请求者，他一而再、再而三地提出无理要求，并试图说服你，你不妨当一次"破唱片"来拒绝他。

做人就要把"不"字理直气壮地说出口。明人吕坤说："你说得是，我便听从；我不是听从你这个人，而是听从'是'，哪有什么私心？同样，你说得不是，我便不听从；我不是针对你这个人而不听从，我是不听从'不是'，哪里是（对你）有什么不满意？"别忘了，"不"也是我们的权利。

敢于说"不"，会使自己放松，同时别人在你的"不"后也会体味一种轻松。

## 强扭的瓜不会甜

**【原文】** 知其不可得也而强之，又一惑也，故莫若释之而不推。

**【大意】** 明知道达不到还要勉强去做，这又是一大迷惑呀，所以还不如弃置一旁不予推究。

庄子认为明知不可为而为之，只能是徒劳，还不如将其放置一旁不予理会。

人的能力是有限的，无论你的智商有多高，力气有多大，都有达不到的境地，所以做事要量力而行，不可强求。

谁都想吃又甜又大的西瓜，不愿意去品尝那未成熟的西瓜，就如谁都不愿意吃夹生饭，但在社交的有些场合，常遇上欲罢不能，只能勉强应付的尴尬境地，与其强扭在一起，不如退却则海阔天空。

在人际交往的过程中，你会碰到形形色色的人，对那些性格怪异、孤僻的人，你即使施展了浑身的解数，也无法跟他们接近，或者性格怎么也合不来，或者是猜不透他们的脾气，不知道什么时候就冒犯了他们。和这种人交往，与其勉强不如放弃。

如果客观上即使不和这种人交往也还过得去，或者无论怎样与对方交往也得不到什么益处（包括精神和物质上的），那么就干脆放掉。再者我们因为对方也许不需要我们这样的友谊，没有必要跟所有的人都保持良好的关系。如果所有的事都能干好的话，那肯定是天才人物。虽然无论和谁交往都应该真诚对待，但如果交际对双方都没有什么好处的话，还是不交际的好，还不如把精力转移到与其他人的交往中，因为十减一还有九，百减一有九十九，少了一个并不会破坏你的整个人际关系网。

正像当前中国的企业改革一样，如果国家去全面地抓好全国所有

的大中小企业的话，势必分散精力，而且国家也不可能把所有企业都搞好。所以还不如来个"抓大放小"，抓住关系国计民生的大中型骨干企业，其他由其自谋生路，这样从整体经济效益来看，比全面抓还要好。人际交往也是这个道理，要处理好整体与局部、主要和次要的关系很重要。

有一种人无论什么时候都笑眯眯的，既不恼怒也不发火，只是缄默不语，总让别人单方说话，这样的人很难交往，因为这种人深不可测，即使你费劲地跟他结交，也是干着急，对这种人你可以敬而远之，或只表敬意而不主动接近。不过，你没有必要对其恼怒进而怀有敌意，因为被对方觉察到的话他也会对你产生敌视态度，多这样一个敌人不是自找麻烦吗？

如果在公司里，碰到一个自己十分讨厌但又不得不与其打交道的人，这时候可以采取敬而不近的策略，这种人不值得你将其挂于心上，适当的距离不会影响你工作的心情。

## 做人要有"好"有"坏"

**【原文】** 子曰:"乡原,德之贼也。"

**【大意】** 孔子说:"好好先生是偷道德的贼。"

人因自身有缺点,所以无论做什么,都不可能完美。人若想完美,必须不断地改善自己,补己不足。但这并不表示,无论做什么,只有"好"没有"坏","坏"并非一定被社会排斥,"坏"有时会胜过"好"。

圣人微言大义,一言以蔽之,孟子对孔子的"乡原"的问题作了较为详细的阐发。

在《孟子·尽心下》里,孟子引述了孔子在我们这里所说的:"乡原,德之贼也。"学生万幸便问:"什么样的人可以叫作乡原呢?"孟子回答:"阉然媚于世也者,是乡原也。"换句话说,乡愿就是那种一味做事圆滑的人。万幸并没有很理解,于是又问:"一乡的人都称他为老好人,他自己也到处都表现得像个老好人,孔子为什么还要说他是偷道德的贼呢?"孟子说:"是啊,这种人,你要说他有什么不对又举不出例来,你要指责他似乎又无可指责。他所做的一切都符合世俗,看起来还很忠信廉洁,很得大家的喜欢。但实际上,他的作为并不合于尧舜之道,所以说他是偷道德的贼。"

说到底,这种好好先生就是那种四处讨好,八面玲珑,无论在什么事情上都搞无原则的一团和气,不得罪人,又由于他是以老好人的面目出现,不像那些公开的坏人,所以,道德在这里得不到伸张。

这种人,在当今社会很多。拿原则做交易,拿工作当儿戏,圆滑世故,处处吃香。结果是升官发财,样样有望。你说他是贼,但他偷的是道德而不是现金,所以永远在法律的边缘。

明代冯梦龙在《古今谭概》中讲了一个"好好先生"的故事。说的是

东汉末年有个叫司马徽的人,无论别人讲什么事,他一律都回答"好"。久而久之,别人送他一个"好好先生"的绰号。"好好先生"讲面子不讲人格,讲人情不讲原则,认为"坚持原则是非多,碰着硬茬麻烦多,平平稳稳好处多,拉拉扯扯朋友多"。这类"好好先生"所奉行的做人原则和处世哲学就是"好人主义"。

好好先生存在于中国山水城乡的每个角落里。他无时无刻不在我们身边,偶尔还会隐藏在我们的灵魂之中!好好先生不但误己,还害人!他是成功的拦路虎,虽然他不凶神恶煞,但足以让人飘飘然,渐渐丧失进取心,最终一事无成,走向失败。所以,我们要走向成功,就必须放下好好先生的身段,不妨"坏"一下。

春秋时代曾是百家争鸣、文化繁荣的昌盛时期。但秦始皇统一之后,便严酷压制异己思想,实施愚民政策,如有违抗者,就是连坐、灭门。以后历代君主为了稳固江山,便沿袭了下来,使全中国的知识分子只能钻研几本儒学经典,来猎取功名,很少发出不同声音了。两千多年来的习惯造就了好好先生繁衍生息的沃土。从这个角度看,好好先生的滋生,正是由于儒家学说得到不正常的宣扬所致。

好好先生们将自己的主张深藏心底,上头说好,他们就说好;上头说不好,他们就忙于论证不好的理由,最后牵强附会,说上头的考虑实在英明。对于顶头上司或专家权威们说的话几乎言听计从。这样的人,没有创造性思维,一贯唯唯诺诺,不愿或不敢发表自己的主张,怎能不远离成功呢。他们的一生只能庸庸碌碌一辈子。上头兴,他们则兴;上头一倒,他们就树倒猢狲散,另觅新主了。

好好先生不但自己一生远离成功,亦使自己依靠的大树逐渐飘飘然,而偏离成功的航向,最终滑向失败的深渊。因为上面做出的任何决定,好好先生一概只会说个好,不敢面对真理,一切唯上。怎能不使上头决策失误呢?怎能不使上头骄傲自满?怎能不使上头头昏脑热?难怪他们走向失败,其后不正有好好先生们长期地推波助澜吗?

好好先生有这样一个特点,就是唯上是从,吹嘘拍马,缺乏主见,得过且过。问他意见,回答就是一个好字。

可这样的人,在中国十几亿人中,七成变"好好"了。他们把自己的想法、决断权都交给了三成的头头脑脑们了。自己除了张口说个好，万事皆有主了，从而懒于动脑，只会盲从，少了自己成功的机会。而头头脑脑们却借机利用这点为所欲为，因为他身边只有好，没人不好。丧失了真正的判断力。

好人主义，就是没有原则，不分善恶，有意以"好"去讨别人欢喜，不敢得罪人。奉行"好人主义"的人，就要多一点私心，少一点公心；多一点俗气，少一点正气；多一点圆滑，少一点原则。

这种早被唾弃的"好人主义"，时至今日，我们中的少数人仍然奉之为宝贝。在工作上，习惯于各管一段，事不关己，高高挂起。这样，你好我好，大家都好，一团和气，表面上是"团结"了，可道德呢？良知呢？毋庸置疑，"好人主义"的危害是很大的，也会使世人变得一塌糊涂，没有进取心，如果换一种方法，将"好"变"坏"，就会是另一番景象。

第九章 不将不迎，顺应自然

# 不要盲从他人，做人要有主见

【原文】卑而不可不因者，民也。

【大意】卑下然而不可不依随的，是人民。

庄子认为人处于卑下的位置，往往会有依存心理，而缺乏自己的主见。

盲从不是灵活，灵活是发自内心的自我主创，而不是盲目地随从别人，做人要有主见，不能盲从。

一个民间笑话：一场多边国际贸易洽谈会正在一艘游船上进行，突然发生了意外事故，游船开始下沉。船长命令大副紧急安排各国谈判代表穿上救生衣离船，可是大副的劝说失败。船长只得亲自出马，他很快就让各国的商人都弃船而去。大副惊诧不已。船长解释说："劝说其实很简单。我告诉英国人说，跳水是有益健康的运动；告诉意大利人说，不那样做是被禁止的；告诉德国人说，那是命令；告诉法国人说，那样做很时髦；告诉俄罗斯人说，那是革命；告诉美国人说，我已经给他上了保险；告诉中国人说，你看大家都跳水了。"

这则笑话令我们捧腹之余，不难引发有关各国文化差异的思索，从中可以看出中国人虽然灵活，但是比较喜欢盲从他人，不能坚持自己的原则，或根本就没有原则。这个笑话可能有些夸张，但中国人喜欢盲从的特点在现代生活中也不乏实例。

前几年山地自行车得到许多人的青睐，该车型适宜爬坡和崎岖不平的路面，但却不适宜平坦的都市马路。山地车骨架异常坚实沉重，车把僵硬别扭之至，转向笨拙迟缓，根本无法对都市复杂的交通做出灵巧的应变；一天折腾下来，腰酸背痛；加上尖锐刺耳的刹车声，真正是一个中看不中用的东西。放着好端端的轻便车或跑车不骑，却要弄上一辆如此的蠢拙之物，好像一个人丢下良马，偏要骑那笨牛一样。时髦先生们头戴耳机，腰挎"随身听"，脚踩山地车，一身牛仔服，表面上自我感觉良好，然而这份潇洒的背后，却是一塌糊涂。

如果把时髦比喻成一座令人心旌摇荡的山峰，山地车的功能便昭然若揭了。追赶时尚，大概就像骑那山地车一样，即便累你半死，也是心甘情愿。究其根源："为什么这样?"必答曰："别人都这样!"

盲从就失去了原则，往往给自己带来损失或伤害。而要想在生活中、事业上有所成就，就必须摆脱盲从众人的不良习惯，善于用自己的头脑思索问题，做出人生的抉择。

做人千万不能盲从，缺乏主见，那样就会将自己陷入迷雾之中。要坚持自己的想法，不要随便附和他人，活出自己的神采。

第九章 不将不迎，顺应自然

# 做自己的主人

**【原文】**夫马，陆居而食草饮水，喜则交颈相靡，怒则分背相踢。

**【大意】**马，生活在陆地上，吃草饮水，高兴起来就交颈相摩，若发怒时则转身相踢。

庄子认为千里马在没有遇到伯乐前过得是快乐逍遥的日子，等有了伯乐，千里马就变成普通的马了，因此，做人也不要轻易被他人所奴役，要懂得把握属于自己的人生，做自己的主人。

有人认为，成功在于天才。其实，天才与勤奋是密不可分的，所谓天才，首先是勤奋的人。我们承认人们的天赋有差别，但是，能够成为天才，关键在于勤奋。有几分勤学苦练，天资就能发挥几分。天资的充分发挥和个人的勤学苦练是成正比例的。没有勤奋就没有成功，这就正如春天不播种，夏天就不能生长，秋天就不能收获，冬天就不能品尝。你要想取得成功，那就要变得勤奋起来。你要想与幸运握手，那就要付出艰辛的劳动。著名画家达·芬奇说得好，勤劳一日，可得一夜安眠；勤劳一生，可得幸福长眠。

古代波斯文学家萨迪在他的名诗《蔷薇园》中这样写道："富人如果把金钱放在你手中，你不要对这点恩惠太看重，因为圣人曾经这样教诲：勤劳远比黄金可贵。"

1881年2月4日，伏罗希洛夫出生在一个铁路工人与一个农民结合的家庭里。尽管他的父母勤耕苦作，但仍是家徒四壁，一贫如洗。小克利姆（伏罗希洛夫的爱称）从小就饱尝了沙皇专制下的辛酸和苦难。当身体羸弱的父亲失业后，克利姆便和姐姐四处乞讨，在六七岁时就去矿工当童工，每天挣回十个卢比。

家境虽穷，他却是个求知欲极强的孩子，非常渴望读书。1893年，当他家所住的瓦西利耶夫卡村开办一所两年制学校时,这个13岁的男孩才第一次坐到了课桌旁。在学校,他总是兴致勃勃,勤奋、有条理。他才思敏捷,学习进展很快。为了能继续上学,他一边学习,一边帮助母亲,受雇到地主家干农活。

由于家境贫寒,无力支付他并不多的读书费用,两年后他辍学了。为了生存,无奈之下,他到一家冶金工厂上班,到厂办公室当文件保管员。

他越来越被工厂所吸引,于是决定从办公室转到车间去。在电工车间,他对一切都感到新鲜有趣,他开始阅读有关电工技术方面的专门著作。不久,他便了解了法拉第、安培、瓦特、欧姆、爱迪生等对电学作出巨大贡献的科学家们的事迹。

他好学不倦、富有正义感而又平易近人的品质使他不断结识许多新朋友。伏罗希洛夫后来写道:"我们白天黑夜都愿在车间度过。……要是没有书,没有朋友,我简直活不下去。他们的快乐和不幸,越来越贴近我的心。"富有正义感为人,使年轻的伏罗希洛夫越来越成为工厂和市内的显赫人物,他在青年工人中的威信也越来越高。

青年们经常的聚会,受到了当地警察局"千里眼"的监视。很快,厂警便指控伏罗希洛夫"不尊重警察",无视厂警,将他逮捕。第二天,他被释放了。从此后,他就经常不断地遭到迫害。他没有被吓倒,艰苦的生活磨炼了他的意志,培养了他坚韧不拔的斗争精神。

1889年,伏罗希洛夫参加了阿尔切夫斯克市的第一社会民主小组,接触了马克思主义。小组成员们在确定的日子里举行秘密聚会,力求弄懂为什么劳动人民的生活苦不堪言,怎样才能找到使他们过美好生活的道路。伏罗希洛夫被卡尔·马克思的政治观点所吸引,开始阅读当时能在书籍和报纸杂志中找到的关于马克思和马克思主义的所有文章。他把他所读到的一切都讲给同志们。一次,有人送给他一本马克思和恩格斯合著的《共产党宣言》,他读后十分振奋,他特别感兴趣的是作者笔下的资产阶级的掘墓人——工人阶级。他一次又一次反复阅读着。在聚会时便和同志们列举工人现实生活中的事例加以分析。

"我不信上帝,但我感激自己的命运,因为降临到我头上的那条道路,正是我有幸走过来的道路。再也没有比工人和革命士兵的事业更崇高的

了！"正如他写的，伏罗希洛夫这位年轻的工人布尔什维克，坚定地走上了自觉为人民的事业而斗争的道路。几十年的风风雨雨，使他从工作战斗队的组织者，克甘斯克第一支社会主义游击队的年轻委员和指挥员到苏联国防人民委员和元帅；从沙皇制度下的一名普通地下布尔什维克，成长为党中央政治局委员和最高苏维埃主席团主席，他经历了一段漫长而光荣的道路。也正是他懂得把握自己的人生，做自己的主人，才取得了如此多的成就。

漫漫人生路，时光如流水，一去不复返。如果怨天尤人，不思进取，即使机会摆在眼前，也把握不住。只有手上紧握勤俭这把钥匙，自强不息，奋斗不止，命运女神自然会向你靠拢，你自然会享受成功的喜悦，退一万步说，即使不成功，也于心无愧，没有枉费人生。

做自己的主人，不受外界左右，顺其自然，成就属于自己的事业。

## 面对谗言，要保持头脑清醒

【原文】圣人不由，而照之于天，亦因是也。

【大意】圣人不走划分是非这条道路，而是观察比照事物的本然，也就是顺着事物自身的道理。

庄子认为圣人不重视是是非非，只注重事物的本然，找寻其实质，社会上的事非很多，说事非的人也大有人在，何必在乎他人的言论，做好自己最重要。

我们只能替自己成长，却不能替他人成长；我们只能管好自己的嘴巴，却不能管理其他人的嘴巴。所以面对谗言，要保持清醒的头脑，不要受其影响，打乱自己原有的生活。

古话有云：人言可畏。即是说别人对你个人的说法、议论是十分恐怖的。无中生有的议论和谗言，会使你有口难辩，气恼万分。其实，最高明的办法就是坦然处之，默然以对，不将不迎，顺其自然。

有一只乌龟，住在小小的池塘里。有一天一群雁子排列成行地从长空飞逝而过。乌龟看到雁子翱翔于天际，心中羡慕极了，心想：如果有朝一日自己也能像雁子一样飞翔于天空，那该有多么的好啊！

春去冬来，冬逝春至，乌龟在池子之中，年年延颈翘望雁子乘着春风，飞向温暖的南方。岁月年复一年地飘逝，乌龟心中那股逍遥游的欲念愈来愈强烈，有一年终于机会来了。有一对情深的双飞雁，正飞过池子的上空，乌龟伸长脖子，着急地大声嚷叫：

"雁大哥！请留步。雁大哥！我有个心愿，恳求两位无论如何要成就我。我希望能够和两位一样，也能在空中飞翔，享受那翱游翰宇的快乐！"

雁子听了乌龟几近荒谬的请求，吓得一脸的惨白，连忙摇头道：

"万万使不得！你没有翅膀怎么飞得起来呢？纵然飞起来了，万一摔

了下去，是会粉身碎骨的。请你快快打消这个不智的念头。"

"纵然会因此丧生失命，我也要飞行一次，求求你们成全我吧！"乌龟苦苦地请求。

雁子拗不过乌龟的哀求，只好无奈地答应道：

"好吧！我们就答应你这一次。你的身体如此重，我们一个用嘴巴叼住你的嘴巴，另外一个则咬住你的尾巴，才好撑起你的身体。为了安全起见，飞行其间，无论发生什么状况，你都不能把嘴巴张开，否则从高空中摔跌下来，必然会失却生命。"

雁子果然合力载运着乌龟，飞行于空中。乌龟多年来的梦想终于成真，兴奋地俯视着脚下的山河天地，山丘、村落、森林、河川……迅速地向后逝去，原来展翅高飞的情境是如此的美妙呀！乌龟正沉醉在风驰电掣的快感之中，忽然听到下面一阵震耳的喧哗声，原来是一群在河床边玩沙的孩童，讥嘲侮蔑的字语声声传入乌龟的耳朵：

"哈哈！哈哈！大家快来看哟！一只笨乌龟被两只雁子抓走了，大家看它那笨头笨脑的样子，真是可笑极了！"

气急败坏的乌龟，忘记了雁子的叮咛忠告，破口要大骂孩童的不明就里，但是乌龟才一张口，生气的字眼还来不及吐出，它已像断线的风筝，咻地一声，从高高的空中，重重地摔了下来，跌得满地的碎片。

英国伟大的戏剧家莎士比亚说：

"不要为了敌人而过度燃烧心中之火。

不要烧焦自己的身体。"

而大哲学家康德也说："生气是拿别人的错误来惩罚自己。"这些智慧者的话不就是上面这则故事的最准确的注解吗？

在实际生活中，你一定也有遇到过有理说不清的人。不论你怎么跟他解释，他还是听不懂，末了还比你更大声。

"止辩莫若无辩。"是此时最好的对策。别人怎么说，你就是沉默，说到累了，他们自然也不说了，你也就清静了。

是非不分到处乱说的人，根本是没有道德和不懂尊重他人的人，他们的好奇心放在说人长短上，说人是非者便是是非人，对于这种"是非人"怎么办呢？

"是非天天有，不听自然无。"一位大智者如是说。

当事情已经黑白不分时，就沉默吧！越讲只会是越描越黑，更增加人家"黑白讲"的作料而已，已经混浊的水，何必再费力去搅呢？越搅只是越黑而已，越是费劲就越是难以澄清。

曾经有人说一位男子和某位女子从交过甚，可实际上根本就是没有的事，却被人越说越难听，女孩子是经不起这些是非风波的，名节很重要，难免会受到影响，而那些讲是说非的人却不这样想。

正如一位名人所说："如果证明我是对的，那么人家怎么说我就无关紧要；如果证明我是错的，那么即使花十倍的力气来说我是对的，也没有什么用。"

如果你曾注意过别人的批评是多么的随意，你便不会太在意。说过的话，他人早忘了，最在意的只有自己，所以何必强加烦脑在自己身上，你就把它当作是一个过客不是乐得轻松吗？

第九章 不将不迎，顺应自然

# 把嘲笑当作对生命的洗礼

**【原文】** 吾所谓聪者,非谓其间彼也,自闻而已矣。

**【大意】** 我所认为的聪敏,并非说可以听到别人什么,而是在于内省自己罢了。

庄子认为一个人真正的聪敏,不是在意别人所说,而是听到所说检查自己是否有过错,对于别人不好的语言我们在听的同时,也要考虑自身是否存在这样的问题。

受到了嘲笑,不要窘态毕露,无地自容,正因为嘲笑中往往存有真实的成分,事实越真确,刺激越厉害,如果立马反戈难免见你狭隘。不妨把它当作是对生命的洗礼。

美国伊诺州的康农,在他初任众议院的议员,当众讲演时,言辞流利的新泽西代表斐普士说:

"这位从伊利诺伊来的先生,口袋里恐怕还装着雀麦呢?"

他的意思是讽刺他还未脱掉农村气息,而全会场的人听见了,弄得哄堂大笑,这该是多么的受窘,多么难堪的事。

但是康农虽貌相粗野,心地却很澄明,他坦白承认斐普士先生所说的,虽然是嘲弄,但也是事实,从容不迫地答道:

"我不仅在口袋中有雀麦,而且头发里还藏着草籽,我是西部人,难免有些乡村气,可是我们的雀麦和草子,却能长出最好的苗来。"

康农因为这虽似自贬身份的反驳,却名闻全国,大家反而恭敬地称呼他"伊里诺伊最好的草子议员。"

康农知道:对付嘲笑这一类事,不能躲闪,也不能害怕,你愈躲闪、愈害怕,它便愈攻击你,使你日夜不宁,你若迎头痛击,反而能为你所克服,而无所施其技。就好像遇到野狗一样,狗若见你怕它,它便越肆意咆哮，你若转身对付它，它反而停了狂吠，向你摇尾乞怜。

一个人受了嘲笑，不要怕窘态毕露，像康农一样，承认事实，而这些无关大体的小弱点，正表白了你自己诚恪忠实的性格，自己的缺点，本是想努力改进的事，哪里怕人家道破呢？自然安详无事了。

头脑清晰的人，绝不以完人自居，他自知有许多缺点。须待改进，而别人的批评，正可把这些不自知的缺点揭露出来，我们的脸皮，也不可太薄，一受批评，言中你的缺点，便神经过敏，而不能强自镇定，这是缺点，但如果脸皮太厚，漠然无动于衷，而不接受别人的批评，改进自己的缺点，这也是不对的。

不要将批评自己的视为仇敌；不要把阿谀自己的视为好友。心性懦弱的人，会被嘲笑的力量压弯了原来挺拔的脊梁；而心性刚强的人，则会把别人的嘲笑视作一种完善自我的力量。

有一个人在大学时的校园文友联谊会上见到信恒时。简直不敢相信自己的眼睛，难到眼前的这个人就是信恒吗？只见一身很不合适的深蓝色运动服如袈裟般搭在他骨瘦如柴的躯体上，一副高度近视镜架在那道稍显高耸的鼻梁上。走路的时候必须侧身，而且两只手像是胳臂脱臼了似的无精打采地垂在双肩下。即便走路的时候，全身也始终在不停地颤抖。说话对他来说算是一件十分辛苦的工作，三句两句到应付得了，一上十几二十几分钟，便开始上气不接下气，再往后就会满头满脸的汗珠。他是一个有着二十几年病苦的小儿麻痹症患者，而有谁会想到就是这个人，凭借自己的坚强毅力考上了大学，并在文学这块园地培育出了自己鲜硕的花果。

以前总是在报纸杂志或小说当中研读这些身残志坚者的人生经历。从没有这种面对面地交流过，当这个人真正地直面于这些人的人生时，那种强烈的震撼使他的心灵久久难以平静下来。当他们之间渐渐地熟识起来后，有一次这个人忍不住问他；"你这样折腾自己，不累吗？"

"当然累，可我还要活着啊！"

活着？是啊，不仅是吃穿喝，还有精神，思想！

"你的直接动力是什么？"

"是生命、是理想、也是尊严！"

第九章 不将不迎，顺应自然

"尊严?"

"是的,一个残疾者的尊严!一个不要人嘲笑的残疾者尊严!"

"你怎么看待那些异样的眼神和极具杀伤力的嘲笑!"

"这个我经历得太多了!但我总是把它们当作是一种完善自我的动力,所以接受这些东西越多,我的动力就越足!"

原来如此!"你是怎样对待别人泼给你的嘲笑之水呢?""当作对生命的洗礼喽!"也许这是我们每个人都应该持有的人生态度!不论你的身体健康与否,至少精神应该这样健康。拥有好的心态,快乐随身携带。

# 第十章 不巧若拙,大智若愚

巧中有拙,拙中有巧,用大智若愚的一种心态存活于当今的社会,实为一种明智之举,如此不但保住了自己,也成全了他人,何乐而不为呢?

## "傻人"有"傻"福

【原文】知其愚者,非大愚也;知其惑者,非大惑也。

【大意】知道自己是愚昧的人,而不是大愚昧;知道自己是迷惑的人,而不是大迷惑的人。

庄子认为自己知道自己的愚昧、迷惑,本身就是一种清醒,换句话说,用愚昧、迷惑来掩饰自己的聪明。

傻人分两种,一种是大脑智商低的人,另一种是大脑智商高的人。这里所指的"傻"是第二种,一种译法即为聪明人,所以聪明人的"傻"实则为你说我傻,其实我不傻!

做人切忌恃才自傲,不知饶人。锋芒太露易遭嫉恨,更容易树敌。功高震主不知给多少臣子招致杀身之祸。做聪明人,装作"傻"人,既有效地保护自我,又能从容地观察形势,实在是一种聪明之举。

商代末期,商纣王通宵喝酒而忘记了当时是什么日子,问左右的人,都不知道,派人去问箕子,箕子对他的从人说:"身为一国的主人,而让一国的人们都忘记了月日,国家就很危险了。一国的人都不知道,而只有我一个人知道,我也就很危险了。"于是对使者推辞说自己喝醉了酒,也记不清是什么日子了。

有时候,故意装傻也是迷惑敌人,以退为进的策略,做到最后的有"福"人。

魏明帝曹睿死时,太子年幼,大将军司马懿与曹爽共同辅佐太子执政,曹爽是皇室宗族,自从掌握大权后,野心勃勃,要独揽大权。但司马懿是三朝元老,功劳高,有威望,而且谋略过人,在朝廷中有相当大的势力,因此,曹爽还不敢公开与司马懿斗。而司马懿也想夺权,他早把曹爽的举动看在眼里,但表面上仍然装糊涂,后来,干脆称病不上朝。

曹爽虽然一人独揽朝廷大权,可他对司马懿仍然不放心。司马懿虽然自称年老多病,不问朝政,可他老奸巨猾,处事谨慎,谁知他到底怎样?

当初武帝曹操创业的时候，听说司马懿胸怀韬略，多次派人请他出来为官，可司马懿出身士族，自视高贵，瞧不起出身寒门的曹操，不愿在曹操手下做官，就装病在家。后来见曹操的势力强大了，才出来跟随曹操，为曹操出力。这一次有病，谁知他是不是故伎重演呢？因此，曹爽对司马懿不敢掉以轻心，他经常派人打听司马懿的情况，可就是摸不到实情。

河南尹李胜讨好曹爽，得到曹爽的信任，曹爽就把李胜召到京城，任命他为荆州刺史。李胜临去上任前，曹爽让李胜以探望为名，到司马懿府中去探听虚实。

李胜在客厅坐了很久，才见司马懿衣冠不整，不断地喘息着，由两个侍女一左一右地架着，从内室慢慢走出。

李胜连忙站起身来，向司马懿行礼问安。司马懿的儿子司马昭对李胜说："李大人免礼罢，家父身体难支，还要更衣。"

旁边的侍女，用盘子端着一套衣袍请司马懿更衣。司马懿用颤颤抖抖地手去拿衣服，刚拿起衣服，他的手无力地往下一垂，衣服掉在了地上。侍女赶忙拾起衣服，帮司马懿穿上，搀扶着，小心地让司马懿躺着坐在躺椅里。

司马懿喘息了一会儿，才慢慢地抬起右手，用手指指自己的嘴，上气不接下气地说："喝——粥——"

一个侍女连忙出去，端着一碗粥来到司马懿面前，司马懿抖着手去接，可他的手抖动得太厉害，最终还是拿不住碗。侍女只好端碗送到司马懿的唇边，用汤匙一小口一小口地把粥送进司马懿口中。司马懿的嘴慢慢地蠕动着，粥不断地从嘴角流出来，流到下巴的胡须上，又顺着胡须滴落在他的衣襟上。

喝着喝着，司马懿突然咳嗽起来，嘴里的粥喷了出来。不仅喷到他自己身上，还喷了喂粥的侍女一身。侍女忙放下手中的碗，拿过毛巾给司马懿擦身上的粥。司马懿叹了一口气，闭上眼睛。

李胜看见司马懿这样，便走上前去，对他说："太傅，大家都说您的中风病复发了，没想到您的身体竟这样糟，我们真替您担心！"

司马懿慢慢地睁开眼睛，气喘吁吁地说："我老了，又患病在身，活不多久了。我不放心的是我的两个儿子，你今天来，我很高兴。我以后就把两个儿子托付给你了。"说着说着，眼中流下泪来。

李胜连忙说："太傅不必伤心，我们都盼着您早日康复呢。我马上要

到荆州赴任，今天特意来拜望您，向您辞行的。"

司马懿故意说："什么？你要去并州上任，并州靠近胡人，你去了要很好地加强戒备，防止胡人入侵。"

李胜见司马懿年老耳聋，连话都听不清了，就重复说："太傅，我不是去并州，是去荆州。"

司马懿听了，故意对李胜说："你刚去过并州？"司马昭凑上前去，大声对司马懿说："父亲，李大人不是去并州，而是去荆州。"

"哦，是去荆州，那更好了。唉，我人老了，耳聋眼花，不中用了！"司马懿对李胜说。

李胜司马懿确实老病无用了，就站起身来，告辞说："太傅多保重，您的身体会好起来的，以后有机会进京，我会再来拜望您的。"说完就离开了太傅府。

李胜刚出府门，司马懿就从椅子上站了起来。手捋胡须，看着司马昭，父子两人相视而笑。

李胜出了太傅府，直奔曹爽的府中，见到曹爽，高兴地说："司马懿人虽活着，却只有一息尚存，已经老病衰竭，离死不远了，不值得您忧虑了。"

曹爽听了，心中甚喜，当即把李胜留在府中，饮酒庆祝。从此以后，曹爽就放松了对司马懿的警惕，更加独断专行。

春天到了，按照惯例，曹魏皇帝宗族要去祭扫高平陵。曹芳起驾，曹爽，曹羲等兄弟全部随驾同行，一行人耀武扬威，浩浩荡荡开出了洛阳城。

司马懿等曹爽他们出城不久，就精神抖擞地带领着司马昭、司马师披挂上马，率领着精锐士兵占领了洛阳各城门与皇宫，把洛阳城四门紧闭，不准人随便出入。然后假传皇太后的诏令，废曹爽为平民，并派人把诏令送到皇帝曹芳那里。

司马懿握有重兵，曹爽又没设防备，所以只能坐以待毙。司马懿下令把曹爽兄弟及其亲信桓范、何晏等人抓起来砍了头，并灭掉了三族。类似的例子还很多，燕王朱棣夺位之前的装疯，他年轻的侄子建文帝哪玩得过老谋深算的叔叔呢，不久就被朱棣的大军打败，不知所终。

由此可见，装疯卖傻也是一种自我保护的手段，走过了这段剩下的不就是"傻"福了吗？

# 做人应保持低调

**【原文】**德溢乎名，名溢乎暴，谋稽乎誸，知出乎争，柴生乎守，官事果乎众宜。

**【大意】**德行的外溢是由于名声，名声的外溢是由于张扬，谋略的考究是由于危急，才智的运用是由于争斗，闭塞的出现是由于执滞，官府事务处理果决是由于顺应了民众。

庄子认为人不可太追求名利，也不要太过于张扬，只要正确地对待他人，自己也才会快乐。

追名逐利的心，凡人都有。如果你比别人聪明，但不要告诉人家你比他聪明。如果你想得到什么，或证明什么，不必让任何人知道，努力去做好就行了。这样你才能尊重他人，完成自我。

当罗斯福入主白宫的时候，他坦然承认如果他的判断有75%是对的，他便觉得十分满意了。

像这样一位杰出的伟人都承认自己的判断最高只有75%的正确率，那你我又有多少正确率呢？

如果你真能做到有55%的判断是对的，你就完全可以到华尔街去日进斗金。如果你不能确定自己有55%的判断是对的，又靠什么去指责别人常常犯错呢？

你可以借助眼神、音调，或是手势甚至当面指责来批评别人的错误，但是，当你指出对方的错误时，对方绝不会同意你的观点！因为你已伤害了他们的荣誉和自尊，也许你会用柏拉图或康德的哲学和逻辑理论给予竭力反驳，但这又有什么用呢？因为你已经对他们造成了感情上的伤害。

不要一开始就扬言："我要证明给你看。"这等于向他人表明："我比你聪明，我要让你改变想法。"这种做法实在是场挑战！它无疑会引起反

感并可能导致一场冲突。如此一来，要想改变对方的观点就更不可能。因此，千万不要给自己找麻烦。如果你想证明什么，别让任何人知道，努力地去做好了。

正如诗人波甫所言：你在教人的时候，要好像若无其事一样。事情要不知不觉地提出来，好像被人遗忘一样。

科学家伽利略在三百多年以前说过：你不能教人什么，你只能帮助他们去发现。

伦克就曾用这种方式解决了一场顾客投诉纠纷，他是道奇汽车在蒙大拿州的代理商。伦克指出，由于汽车市场面临的竞争压力，在处理顾客投诉案件时，办事员常常显得冷漠无情，或是竭力反驳，这就很容易引起顾客怨声载道，甚至影响生意，乃至造成许多不必要的麻烦。

他说："后来我想清楚了，这种状况确实于事无益，我很快便改变了做事的办法，转而向顾客说：'我们公司确实存在一些问题，我在此深表遗憾。请把你遇到的情况告诉我，好吗？'"

"这种方法有效地消除了顾客的敌意，顾客在处理事情的过程当中也显得通情达理多了。许多顾客对我的谅解态度表示感谢，其中两个人甚至后来还带来自己的朋友来买车。在竞争激烈的市场上，我们非常需要这样的顾客。我相信：尊重顾客的意见，对待顾客周到有礼，才会赢得市场的竞争。"

如果你真想改善自己与人相处的能力，或是提升自己的人脉，不妨去读一读本杰明·富兰克林的自传——有史以来最精彩的一本传记，在这本自传里，富兰克林明确地记述了当年，他是如何改掉自己争强好辩的恶习，使自己变成美国有史以来最了不起的一名外交官的。

富兰克林年轻时，意气风发，不知收敛。有一次，他的一位教会朋友，突然把他拉到一旁，教训了他一顿，这一训给了他改变一生的启示，大致是这样的：

"富兰克林！你这人真是不可理喻，当你提出与人相左的意见时，措辞总是那么强硬，这种话别人是听不进去的。有朝一日，你的朋友都将离你而去。事实上，你懂得确实很多，别人根本无法辩得赢你，他们会因此更加懒得与你交谈。如此一来，你的知识，将永远止于你的个人所学，你不懂得集思广益，最后将会变得非常贫乏、空洞。"

本杰明·富兰克林一生所做最值得称道的事，莫过于冷静地接受了这位朋友的训诫。若非大智之人，是不会有这种勇气认错，改变自己的，否则，他又岂能躲开失败的厄运？

"我自己订了一个规则，"富兰克林说，"永远不正面违拗别人的意见，同时也绝不固执己见。我甚至不允许自己使用任何过于强烈的用词，如'绝对'、'毋庸置疑'、'千真万确'等，而只用'我想'、'据我了解'、'我推测'等较缓和的语气来陈述自己的意见。当别人发表了我认为不对的观点时，我第一个反应就是先制止自己当面驳斥的冲动，然后才举出对方观点中一些值得商榷的地方。我会说他的观点，在某些特定场合下可能正确，但却不能应用于眼前的状况。很快地，我就感受到这种态度转变所带来的好处，我在与人交换意见时，气氛变得比以往融洽许多，我提出意见时的态度愈谦和，受到的反对意见也愈少，同时也变得较容易规劝别人放弃错误的成见，接受正确的建议。"

"这种做法，刚开始的时候，确实是非常艰难、很难控制得十全十美的，但久而久之，就习惯成自然，变得得心应手许多。回顾50年来，我确实是从未发表过任何措辞强硬的论断，而这种谦和的态度，却使我在议会里受到了普遍的支持。我的演说能力并不很好，根本谈不上口若悬河，但我的主张，却仍能得到通过。"

富兰克林用他一生的经验告诉我们，保持谦和的态度，做事就会无往不利。

相反，如果你肯定别人弄错了，便率直地告诉他，可知结果会怎样呢？施先生是一位年轻的纽约律师，最近在最高法院内参加了一个重要案子的辩论。案子牵涉到一大笔钱和一项重要的法律问题。

在辩论中，一位最高法院的法官对施律师说："海事法追诉期限是6年，对吗？"

庭内顿时静默下来，施律师后来回忆说："似乎气温一下就降到冰点。我是对的，法官是错的，我也据实地告诉了他，但那样就使他变得友善了吗？没有，虽然我相信法律站在我这一边，我也知道我讲得比过去任何一场辩论都精彩。可糟糕的是，我并没有使用外交辞令，而是铸成大错，当

众指出一位声望卓著、学识丰富的人错了。"

很少人具有逻辑性的思考。我们多数人都犯过武断、偏执的错误。多数人都具有固执、嫉妒、猜疑、恐惧和傲慢的人性弱点。

当我们犯错的时候,也许会在心里承认。自然,假如别人的态度温和一些,或做一些技术性处理,我们也会向他们认错,甚至表现出自己久违的坦白。但是,假如对方有意让你难堪,情况就会截然不同。

现在你应该明白如果你指出别人的错误过于直率,再好的意见也不会被人接受,甚至会产生很大的抵触情绪。你剥夺了别人的自尊,也会让自己成为一场讨论中最不受欢迎的人。

如果非得与人发生对立,也得运用一点技巧。我们都喜欢按照自己的意愿购买东西,或照自己的意念行事,我们喜欢别人征询我们的愿望、需求和意见,而不愿受人强迫、支配。同样,别人也不希望受他人管制。

所以即使你知识渊博,也应谦虚些,尊重别人的意见,用谦和的态度来商讨问题,不要自以为聪明,让自己处于不利地位。

## 让别人觉得笨拙才好

【原文】物而不物，故能物物。

【大意】支配物而不被物所役使，所以能够主宰天下万物。

庄子认为做人不用太聪明，笨拙的人往往能取得成功。

真正聪明的人，你是看不出他是怎么聪明的，如果一个人太有心机会让人觉得阴险，谁也不喜欢。相反，笨拙的人会让人觉得可爱，有时倒获得博爱。

在现实生活中，很多人都感觉自己做事很笨，因而很自卑，认为自己做不成什么大事。事实，这种想法是不对的。许多取得伟大成就的人，并非都是因为天生聪明，而是因为后天的勤奋和不懈的努力。

霍默天生笨拙，这一点他的大学导师威尔先生对他早有评价。威尔先生最欣赏的一句话就是"勤能补拙"。他评价一个人勤奋往往就暗示了这个人可能是笨拙的，因为他常常说，勤奋的品质是上帝给笨拙的人的一种补偿。霍默默信自己就是得到上帝这种补偿最多的人。就在大学毕业这一年，霍默接受威尔先生的推荐到安东律师事务所应试。这是伦敦最著名的一家律师事务所，很多日后成名的大律师都是在这家事务所里接受起初的训练而走上成功之路的。

临出门前，母亲很正式地告诫霍默要学聪明些，不要呆头呆脑被人看作是个傻子，母亲申明这也是父亲的想法。这么多年来，霍默第一次发现父亲对母亲的话投以赞同的微笑和点头。平日他们总要为哪怕一个词的细微差别辩论半天。

霍默轻声说："我会做好的，请放心吧。"实际上直到霍默迈进事务所的大门，心里还是一片茫然：怎样做才算聪明呢？

来应试的人很多，他们个个看起来都很精明。霍默努力让自己面带微

笑，用眼睛去捕捉监考人员的眼神。他认为这样也许能给他们留下机灵的印象，对录用会大有帮助。但这一切都毫无用处，他们个个表情严肃，忙着把一大堆资料分给应试者，甚至不多说一句话。

资料是很多庞杂的原始记录和相关案例法规，要求在适当的时间里整理出一份尽可能详尽的案情报告，其中包括对原始记录的分析，对相关案例的有效引证，以及对相关法规的解释和运用。这是一种很枯燥的工作，需要耐心和细致。威尔先生曾经详细讲解过从事这种工作所需要的规则，并且指出，这种工作是一个优秀律师必须出色完成的。霍默周围的人看起来都很自信，他们很快就投入到起草报告的工作中去了。

霍默却在翻阅这些材料时陷了进去。在他看来，原始记录一片混乱，并且与某些案例和法规毫无关联，需要首先把它们一一甄别，然后才能正式起草报告。时间在一分钟一分钟地流逝，霍默的工作进展得十分缓慢，他不知道要求中所说的"适当的时间"到底指一小时还是两小时。霍默发现如果让他完成报告可能至少要一个晚上。可这时周围已有人完成报告交卷了，他们与监考人员轻声的交谈声几乎使霍默陷入了绝望。越来越多的人交卷，他们聚集在门口，等待所有的人都完成考试后听取事务所方面关于下一步考试的安排。

当时霍默也认为安东事务所的考试不会只有这一项。他们一起议论考试的嗡嗡声促使屋子里剩下的人都加快了速度。只有霍默，脑子里一遍又一遍地想着母亲的忠告：要学得聪明些。可怎么才能聪明些呢？霍默觉得自己几乎干不下去了。终于，屋子里只剩下霍默一个人在面对着只完成了1/3的报告发呆。一个秃顶男人走过来，拿起霍默的报告看了一会儿，然后告诉霍默：你可以把材料拿回去继续写完它。

霍默抱着一大堆材料走到那一群人中间。他们看着他，眼睛里含着嘲讽的笑意。霍默知道，在他们看来，自己是唯一一个要把材料抱回家去完成的十足傻子。

安东事务所的考试只有这一项，这一点出乎应试者们的意料之外。母亲对霍默通宵工作没有表示过分的惊讶，她可能认为霍默肯定会接受她的忠告，已经足够聪明了。霍默却要不断地克服沮丧情绪说服自己完成报告，并在第二天送到事务所去。

事务所里一片忙碌。秃顶男人接待了霍默，他自我介绍说是尼克·安东事务所的主持人。他仔细翻阅了霍默的报告，然后又询问了他的身体状况和家庭情况。这段时间里，霍默窘迫得不知所措，回答问话时显得语无伦次。但在最后，秃顶男人站起来向霍默伸出手，说："祝贺你，年轻人，你是唯一被录取的人，我们不需要聪明的提纲，我们要的是尽可能详细的报告。"

霍默兴奋得快晕倒了，他想回家去告诉母亲，他成功了，但他并没有学会聪明。霍默的成功正来自于"不会聪明"的踏实与执着。

这类"不聪明"的人读书时，不去想简单的方法，一直都是读死书，死读书，每次考试时，从没想过靠别人的力量去换取成绩，只老老实实地把书复习了一遍又一遍，害怕遗漏了每一个细小地方，甚至比老师还记得牢。看见别人轻松取巧的成绩从不羡慕，只觉得拿着自己真实的成绩十分踏实。

工作了，这些笨人更显得笨拙。从来就是笨嘴笨舌，说不出甜言蜜语，更不会阿谀奉承。因为笨，所以做事从不偷懒，也不张扬。分内的工作踏踏实实，认认真真地完成；分外的工作帮着做，不计得失，不炫耀成绩。不因为多做就马虎，总是力求做到最好，取得圆满的结果。做得多，却从不张扬，当然也就缺少了上司的嘉许，也就失去许多出人头地的机会。

对生活总是真心真意，也为失败而懊恼，也为成功而骄傲，也为痛苦而流泪，也为幸福面笑颜开。因为笨，所以真诚地对待生活的每一天；因为笨，所以学不会逃避，学不会虚伪，学不会掩饰；因为笨，旁人都愿交往；因为笨，朋友很多；因为笨，活得简单踏实。

笨人虽笨，却可以取得别人所得不到的成绩，笨人虽笨，却可以享受到别人享受不到的快乐，是真笨还是假笨呢？只有他自己知道。

处世乖巧者必是庸人，这是庄子对世人的忠告。

第十章 不巧若拙，大智若愚

## 装傻也是一种聪明

**【原文】** 古之存身者,不以辩饰知,不以知穷天下。

**【大意】** 古时候善于保存自身的人,不用辩说来巧饰智慧,不用智巧来使天下人窘迫。

庄子认为要想保护自己就不要靠辩说、智巧来使他人窘迫,要懂得尊重他人。

装傻因为是"装"所以不是真傻。真正聪明的人,不会处处显示自己比别人有能耐,特别是关键时刻,他都会故意装傻,以避树大招风,麻烦事缠身。

在我们的周围,有些人是很聪明,但更喜欢争辩抬扛,以显示自己是个有想法且聪明胜于别人的人,搭上话就针锋相对,无论别人说什么,他总要加以反驳,其实他自己一点主见也没有。不过当你说"是"时,他一定要说"否",当你说"否"的时候,他又说"是"了。事事要占上风,实际上却已经占了下风。

即使你真的聪明,也不应该以这种态度去和别人说话。你不为对方留一点面子,非把他逼得无路可走才心满意足。甚至让人无话可说,达到心理上的满足。这种不良习惯使你自绝于朋友和同事;没有人愿意给你提意见或建议,更不敢向你提一点忠告。你本来是一个很好的人,但不幸你染上了这种坏习惯,朋友、同事们都远你而去了。唯一改善的方法是养成尊重别人的习惯,首先你要明白,在日常谈论中,你的意见未必是正确的,而别人的意见也未必就是错的。把双方的意见综合起来,你至少有一半是对的。那么,你为什么每次都要反驳别人呢?大概有这种坏习惯的人当中,聪明者居多,或者是些自作聪明的人,也许他太热心,想从自己的思想中提出更高超的见解,他以为这样可以使人敬佩自己,但事实上完全错了。一些平凡的事情，是没有必要费心做高深的研究的，既然不是在研究讨论问题，又何必在一些琐碎的事情上固执己见呢；另外有一点你也应该注意，那就是在轻松的谈话中不可太认真了。

别人和你谈话，他根本没有准备请你说教，大家说说笑笑罢了。你若要硬作聪明，拿出更高超的见解（即使确是高超的见解），对方也不会接受的。所以，你不要总露出要教训别人的神气。

当你的同事向你提出建议时，你若不能立刻表示赞同，但起码要表示可以考虑，不可马上反驳。假如你的朋友和你聊天，那你更应注意，太多的执拗能把有趣的谈话变得枯燥乏味，甚至不欢而散。

如果别人真的犯了错误，而又不肯接受批评或劝告时，你也不要急于求成，不妨后退一步，把时间延长一些再谈，否则，大家固执己见不但不能解决问题，反而伤害到感情。

因此，最聪明的做法就是表现的谦虚些，尊重别人的想法，随时考虑别人的意见，不要做一个固执的人，而应让人们都觉得你是一个可以交谈的人。

大量事实说明，人们谈话时都有一个目的：想知道别人对某件事的看法是否和自己相同。他们希望别人也能和自己一样对某件事情有相同的看法。如果别人的看法与自己的看法略有不同或大不相同，你也应该显得对此很有兴趣。

如果双方的意见一致，你就会感到一种同情的安慰；如果发现双方的意见有差异，你也会感到这是一种刺激，因而引起双方的争论。

因此，当你听到别人的意见和你一样时，你要立刻表示赞同。不要以为这样做会被人认为你是随声附和，因而就不吭声了。不吭声，虽然不会被人误解为随声附和，却也容易使人认为你并不同意。

同样地，当你听到别人的意见和自己不一致时，你也要立刻表示你什么地方不同意、为什么不同意，不要以为这样会伤害彼此的感情而不吭声。否则，只会加深彼此的误解。用合适的语言表达自己的想法，以一种平和的心态对待万物，勿需太强，你会变得更聪明。

## 对付小人要用心机

【原文】无所於忤,虚之至也。

【大意】不与外物抵触,才是虚豁的最高境界。

庄子认为不要强行与优于自己的物体发生抵触,这样才能获得快乐。

小人与君子相对,君子坦荡荡,小人则好暗算,所以说小人是最难缠的人,小人是最忌恨的人,小人也是最难防的人,因此对付小人最好的方法,就是深藏不露,要有心机,让他抓不住把柄,挑不出刺,让他无计可施。

社会总离不开利益,因此利益下的人们便变得千姿百态。人们都善于察言观色,调节与人相处的方式,顺着别人的性子。所以你要时刻警惕,别让自己的喜怒哀乐成为别人利用的对象。如果你不想被别人控制,就得先控制自己的情绪,在必要时伪装自己,深藏不露。

没有"心机"或"心机"不多的人通常会吃小人的亏。

一听到别人的奉承就面有喜色的人,有心者便会以奉承来向他接近,向他要求,甚至向他进行"软性"的勒索;一听到某类言语,或碰到某种类型的人就发怒的人,有心者便会故意制造这样的言语,指使这种类型的人来激怒你,让你在盛怒之下丧失理性,迷乱智慧,失去风度;一听到某类悲惨的事,或自己遭到什么委屈,就哀感满胸,甚至伤心落泪的人,有心者了解你内心的脆弱面,便会以种种手段来博取你的同情心,或是故意打击你的情感的脆弱处,以达到他的目的;一个易因某事就"乐不可支"的人,有心者便可能提供可"乐"之事,好迷惑他,以遂行其意图……

人活着需要发泄,所以有时比较痛恨这种不能痛快发泄的隐藏,觉得似乎世人没有一个可靠,而人生也充满痛苦;诚然,连喜怒哀乐都不能自由表达,这种人生又有什么意思。不过,若因喜怒哀乐表达失当而招来无妄之祸，那人生不是更没意思？因此，人没有必要做一个喜怒哀乐见不着痕迹的人，但何妨把喜怒哀乐放在口袋里？

这样做可以把喜怒哀乐从情绪中抽离，你便可以理性、冷静地看待它，思索它对你的意义，并进而训练自己对喜怒哀乐的控制，做到该喜则喜，不该喜则绝不喜的地步。

小人往往让你防不胜防，突然出击，面对小人时一定要用心机，以不变应万变，免遭小人算计。

第十章 不巧若拙，大智若愚

## 无理勿需争三分，得理还需让人

**【原文】** 形穷而不休则弊，精用而不已则竭。

**【大意】** 形体劳累而不休息，就会疲乏不堪，精力使用过度而不停歇就会元气劳损，精力枯竭。

庄子认为人不可以让自己太过于疲劳，否则就会承受不住，做人也应如此，何必事事胜利，退一步更会海阔天空。

好胜心，会让你处于积极的状态之中，无理也会变成有理，得理就容易不饶人。如果你想获得更好的人缘，不如成全别人的好胜心，偶尔暴露一些无关紧要的小毛病就行了。

学生对新来的老师感到有些好奇和畏惧。因此，有位老师故意在课堂上说："我的字写得不好看，板书更差，小学时我的书法都不及格，因此我特别害怕在黑板上写字。"以此博得学生一笑，为的是很快缩短师生之间的距离。有时，他也会说："如何，我的领带漂亮吗？"学生就会暗暗在心里想："这老师真有趣，竟注意些小事，可见老师也是凡人。"学生的心情一下子放松了，便产生了亲切感，老师的教学也变得很顺利。

同样的，在人前演讲，在麦克风前打喷嚏，站不稳或故意表演些小失误，就能缓和紧张的气氛，听众们对有头衔的大教授都有戒备心，但是看到小的失误后，心里便会想："原来教授也和凡人一样。"于是一种亲切感就自然产生了。

与有自卑心理和戒备心的人初见面时的谈话是很困难的，尤其在社会地位有差距时，对方在居下的位置上心中会有胆怯感。此时对方心理上容易筑起一堵防御墙，首先让对方树立"自己不比别人差"的观念，这一点很重要。

人人都有自尊心，人人都有好胜心，若要联络感情，应维护对方的自尊心，因为要重视对方的自尊心，必须隐藏你自己的好胜心，成全对方的好胜心，这样表面上对方胜利了，实际上却是你胜了。

比如对方与你有相同性质的某种特长，参加比赛，你必须让他一步，即使对方的技术敌不过你，你也得让对方获得胜利。但是一味退让，便表现不出你的真实本领，也许会使对方误认你的技术不太高明，反而引起无足轻重的心理。

所以你与他比赛的时候，应该施展你的相当本领，先造成一个均势之局，使对方知道你不是一个弱者，进一步再施小技，把他逼得很紧，使他神情紧张，才知道你是个能手，再一步，故意留个破绽，让他突围而出，从劣势转为均势，从均势转为优势，结果把最后的胜利让于对方。对方得到这个胜利，不但费过许多心力而且危而复安，精神一定十分愉快，对你也有敬佩之心。

破绽要在自然之中，千万不要让对方明白这是你故意使他胜利，否则便觉得你虚伪。所面临的难题，是起初你还能以理智自持，比赛到后来，感情一时冲动，好胜心勃发，不肯再作让步，也是常有的事。或者在有意无意之间，无论在神情上，在语气上，在举止上，不免流露出故意让步的意思，那就前功尽弃了。

生活中常常有些人，无理争三分，得理不让人，小肚鸡肠。相反，有些人真理在握，不吭不响，得理也让人三分，显得绰约柔顺，君子风度。前者，往往是生活中的不安定因素，后者则具有一种天然的向心力；一个活得叽叽喳喳，一个活得自然潇洒。有理，没理，饶人不饶人，一般都是在是非场上、论辩之中。假如是重大的或重要的是非问题，自然就不应让步，应据理力争。但日常生活中，往往为一些非原则问题、鸡毛蒜皮的小事争得不亦乐乎，以至于非得决一雌雄才算罢休。越是这样的人越对甘拜下风的瞧不顺眼。

在某种场合玩点深沉正显示了大度绰约的风姿。争强好胜者未必掌握真理，而谦下的人，原本就把出人头地看得很淡，更不消说一点小是小非的争论，根本不值得称雄。你若是有理，却表现得谦逊，往往能显示出一个人的胸襟之坦荡、修养之深厚。所以说做事还应得理也让人，这样才能让生活顺心。

## 糊涂难得

**【原文】** 夫恬惔寂漠，虚无无为。

**【大意】** 古时候的人，在混沌蒙昧之中生活，世上的人们都淡漠无为，互不相求。

庄子认为生活在蒙昧之中，所以没有太多的要求，做人有时糊涂一下，也是一种大智若愚。

人往往要求自己一定要保持清醒的头脑，其实偶尔糊涂一下，会有意想不到的效果。糊涂是一种心态，一种做人的智慧。世上许多事，本没有搞得那么清楚，得过且过，偶尔糊涂几下又有什么大碍呢？

人们一向认为混沌就是世界的本源。在东方，中国有盘古开辟天地之说，有夸父身化万物之说，说明世界原本是混沌一片，无所谓天与地，亦无所谓有真假；现代科学也论证了，最初的地球上没有空气与生命，最原始的生命体在雷电中产生，在海洋中生存发展，尔后才进化成现在这样的大千世界。

人类社会的发展也是从混沌空间走向明晰和精确：数字逻辑的严密、物理化学的缜密实验和论证、仪器仪表的精确完美。但是就在这精确与严密中，人们发现了人生的苍白与无奈，连人也成了一部精确的机器，凡事斤斤计较，凡事追求因果必然。

一切都清楚明白有时倒觉得苍白无力，雾里看花的效果或者是最好的。在艺术审美中，所谓的"神秘"和"空灵"，所谓的"尽在不言中"，所谓的"不着一字，尽得风流"，正是模糊朦胧产生的巨大效果。

追求精确是没有止境的，研究物质组成，人们发现了分子；深究分子组成，又发现了原子；分析原子结构，又发现了电子和原子核，今后还会有人继续研究下去，但世界的无极与太极，使人们犹如闻到香味而去追寻黄油一样，无休止地追求下去，但每前进一步都将显得更艰难和代价的昂贵，人们如一架精密仪器在为了寻求准确而工作。

但是，"精确"本身就包含模糊，因为"精确"是无限的，于是转而研究模糊，这反映了人类认知过程的巨大转变和飞跃。混沌学、模糊理论产生了。人们高兴地发现，精确远不如模糊更符合事物的本原。而且这门科学亦开始应用于洗衣机、电脑信息产业等领域，前景广阔。

由此可见，人类的总体认知过程，包括世界本身恰似一螺旋：从混沌开始，归于混沌，中间走过了数字和精确。科学正返璞归真。

天道人事，从终极意义而言，无不归于混沌，归于糊涂。

自清朝文坛奇人郑板桥写下"难得糊涂"这一千古不朽的四字之后，"难得糊涂"便成了许多人的人生箴言、座右铭和行动指南。

历史发展到今天，人们被纷繁的世界所扰，很多人处在事业未竟的悲哀、爱情失败的痛苦、人际关系复杂的苦恼与管理头绪的混乱之中，世界虽未走到尽头，但失望、沮丧的情绪却笼罩了这个纷乱的世界，于是乎，"难得糊涂"的书法作品四海泛滥，糊涂的学问五洲尊奉。然而对于糊涂学这一古老的命题阐释，正可谓"百家争鸣"、各有千秋。

其实，糊涂学并非神秘的高深莫测的学问，可以说，它是人生随处可见的学问，回望我们祖先所创造的灿烂的传统文化，他们早已为我们解决了这个困惑，提供了各有侧重而又相互贯通的答案。

儒家说："'限我'是糊涂。"

道家说："'无我'是糊涂。"

佛家说："'忘我'是糊涂。"

兵家说："'胜我'是糊涂。"

由此可见糊涂是大智若愚、宽怀忍让；是大勇若怯，以柔克刚；是处事不悖，达观权变；是外乱内整，内精外纯；是有所不为，而后有为；是宠辱不惊，是非心外；是得意淡然，失意泰然；是宽容忍让，不计前嫌；是不为物喜，不为己悲；是乐天知命，顺应自然；是淡泊名利，知足常乐；是与世无争，宁静致远；是居安思危，未雨绸缪；是保静养神，清心寡欲；是沉默是金，寡言鲜过；是谤我容之，侮我化之……

难得糊涂，在糊涂中人才会清醒，才会清静，才会有大气度，才会有宽容之心。所以"难得糊涂"就是不糊涂。所以，糊涂也很难得。

# 放低身段做人

【原文】彼正而蒙己德，德则不冒。

【大意】各人自我端正而敛藏自己的德性，敛藏自己的德行而不冒犯别人。

庄子认为无论德行有多高，都应收敛，不去冒犯他人，这样才能做好自己，广结他人。

做人不可骄傲自满，有了成绩便不可一世，眼中容不得任何人，这往往成为人们攻击的对象，放低身段做人也是一种好办法，有时会逢凶化吉。

"指挥皆上将，谈笑半儒生"的徐达，出生于濠州（今安徽凤阳）一个农家，儿时曾与朱元璋一起放过牛。在其戎马一生中，有勇有谋，用兵持重，为明朝的创建和中国的统一立下赫赫战功，是中国历史上著名的谋将帅才，深得朱元璋宠爱。

但是，就是这样一位战功赫赫的人，却从不居功自傲，一直低调做人。徐达每年春天挂帅出征，暮冬之际还朝。回来后立即将帅印交还，回到家里过着极为俭朴的生活。按理说，交情至深，且战功赫赫，甚至朱元璋还将自己的次女许配给他家，完全可以"享清福"。朱元璋也在私下对他说："徐达兄建立了盖世奇功，从未好好休息过，我就把过去的旧宅邸赐给你，让你好好享几年清福吧。"可徐达就是不肯接受。万般无奈的朱元璋请徐达到这些府邸饮酒，将其灌醉，然后蒙上被子，亲自将其抬到床上睡下。徐达半夜酒醒问周围的人自己住的是什么地方，内传说："这是旧内。"徐达大吃一惊，连忙跳下床，俯在地上自呼死罪。朱元璋见其如此谦恭，心里十分高兴，于是下令在此旧邸前修建一所宅第，门前立一牌场，并亲书"大功"二字，这也为徐达后来免遭杀害埋下伏笔。

徐达功高不骄，还体现在他好学不倦、严于律己上。放牛出身的徐达，少年无读书机会，但他十分好学，虚心求教，每次出征都携带大量书籍，一有时间便仔细研读，掌握了渊博的军事理论。因此每每临阵指挥，莫不料敌如神，进退有据，且每战必胜，令人折服。

身为统帅的徐达，还能放下身段，处处与士兵同甘共苦。遇到军粮不济，士兵未饱，他也不饮不食；扎营未定，他也不进帐休息；士卒伤残有病，他亲自慰问，给药治疗。如遇上士卒牺牲，他更是重视而筹棺木葬之。将士对他无不感激和尊敬。

本来可以声色犬马的徐达，却平生无声色酒赌之好，"妇女无所爱，财宝无所取，中正无所疵，昭明乎日月"。朱元璋赐予他一块沙洲，由于正处于农民水路必经之地，家臣以此擅谋其利，徐达知道后，立即将此地上缴官府，"其无私欲，持大节类如此"。

徐达为人处世清淡，不论做了多大贡献，也不邀功，也不要赏，视自己如平常一样，因为他懂得在做人时，不管官有多大，功劳有多高，都不可强出头，所以他才会得善终，若他同韩信一般，得志便张狂，朱元璋定会也将其杀之。

1385年，徐达病逝于南京。朱元璋为之辍朝，悲恸不已，追封为中山王，并将其肖像陈列于功臣庙第一位，称之为"开国功臣第一"。

人处于世，身边随时会有危险而我们却常常不会预知，放低身段做人，不失为一种自我保护的方法，这样既保全了自己，又娱乐了他人。

第十章　不巧若拙，大智若愚

# 用假象欺瞒对手

【原文】大巧若拙。

【大意】最大的智巧就像笨拙一样。

庄子认为最聪明的人不是那些让别人觉得十分聪明的人，而是那些看起比较笨拙的人。

生活中聪明的人往往不显山，不露水，而职场中真正的聪明者也不是实打实招。职场上的商业谈判需要技巧，往往虚中有实，出奇制胜。

日本某公司与美国某公司进行一次技术协作谈判。日本公司与美国公司采取了两种不同的谈判方式。谈判伊始，美方首席代表便拿着各种技术数据、谈判项目、开销费用等一大堆材料，滔滔不绝地发表本公司的意见，完全不顾日本公司代表的意见。而日本公司代表则一言不发，仔细听并埋头记着。当美方讲了几小时之后，征询日本公司代表的意见时，日本公司代表此刻显得迷迷惘惘，混沌无知，反反复复地说"我们不明白"，"我们没做好准备"，"我们事先也未搞技术数据"，"请给我们一些时间回去准备一下"。第一次谈判就这样不明不白地结束了。

几个月后，第二轮谈判开始了，日本公司以上次谈判团不称职为由，撤换了上次的谈判代表团，另派代表团到美国谈判。他们全然不知上次谈判中的结果，一切如上一次谈判一样，日本人显得在这个谈判项目中准备不足，最终还是日本公司以研究为名结束了第二次谈判。

几个月后，日本公司又如法炮制了第三次谈判。这样，美国公司老板大为恼火，认为日本人在这个项目上没有诚意，轻视本公司的技术和基础，于是就下了最后通牒：如果半年后日本公司仍然如此，两国公司的协定将被迫取消。随后美国公司便解散谈判团，封闭所有的技术资料，以逸待劳，等待至少半年后的最后一次谈判。

没料想，几天后，日本便派出由前几批谈判团的首要人物组成了庞大的谈判团飞抵美国，美国公司在惊愕之中仓促上阵，匆忙将原来的谈判团成员召集起来。这次谈判日本人一反常态，他们带来了大量可靠的数据，对技术、合作分配、人员、物品等一切有关事项都做了相当精细的策划，并将协议书的拟稿交给了美方代表签字。这使美国人迷惘了，最后勉强签了字，当然其中所规定的某些条款要明显倾向于日方。显然日本人是在了解美方的意图后，一鼓作气制定了详细的方案，趁美国人放松警惕的时候，突然出击，取得了决定性的胜利。

巴斯四兄弟是美国沃思堡市的亿万富翁，他们个个都是谈判的高手，他们常常施展计谋，玩弄花招，使对方放弃抬高价格的想法，掌握谈判的主动权。

1981年，巴斯兄弟想买下行将破产的皮尔公司。他们的兄弟对皮尔公司非常感兴趣，但是他们压抑住迫不及待成交的心情，在谈判时对皮尔公司的董事们说："对你们的公司，我们很想拥有所有权，遗憾的是我们只能出到这个价格。我想，你们在其他的地方或许能找到更好的买主。"

接着，巴斯兄弟将对皮尔公司可能感兴趣的投标者名字一一告诉他们。最后，巴斯兄弟说："如果你们同其他投标者谈判破裂，没有其他选择的话，就回头找我们。"

结果，巴斯兄弟如愿以偿。这笔生意按他们的设想成功了。巴斯兄弟事后对朋友说："谈判时不要把迫不及待的心情溢于言表，而要装出漫不经心的样子。做生意好比追女人，当你追她时，她会扬长而去；而当你后退时，她却会跟着你走。"

## 小事糊涂，大事精明

【原文】彼圣人者，天下之利器也，非所以明天下也。

【大意】那些圣人之道，就是治理天下的利器，是不可以拿来显示于天下的。

庄子认为国君用来治理天下的利器，不能随便让他人知道，这样才能统治好天下人。因此，聪明的人善于掩饰自己的真能力，而暴露小缺点。

我们说"水至清则无鱼"，主要强调的是要成大事对一些小事就不能太"认真"，该糊涂时就糊涂，只要不是原则问题，睁一只眼闭一只眼也未尝不可。

否则只能沦于琐碎，落于平凡，更不用说成大事、立大业了。所谓"水至清则无鱼"谈论的不是一般的清，而是"至清"。所谓"至清"者，一点杂质全都没有，这岂不是异想天开？然而，现实中更多的人往往是大事糊涂，小事反而不糊涂，特别注意小事，斤斤计较，哪怕是芥蒂之疾，蝇屎之污，也偏要用显微镜去观察，用放大尺去丈量。于是，在他们的眼里，社会总是一团漆黑，人与人之间只剩下尔虞我诈。普天之下，可以与言者，也就只有"我自己"，这实际上是一种病态。

吕端是宋太宗年间的宰相，此人学士出身，肚子里有不少墨水。虽然经历了五代末期的天下战乱，人情艰苦历练不少，但仍是满身读书人的呆气，似乎是个十足的糊涂宰相。有人为此说吕端糊涂，可宋太宗赵光义却偏偏认为他小事糊涂，大事不糊涂，决意任命他为宰相。后来赵光义病重，宣政使王继恩害怕太子赵恒英明，做了皇帝以后会对他们这一党不利，于是串通了参知政事李昌龄、都指挥使李继熏等，密谋废掉太子，改立楚王为太子。此时吕端到宫中看望赵光义，太宗快不行了，吕端发现太子却不在旁边，就怀疑事情有变，其中很可能有鬼，便在手板上写了

"大渐"二字,让心腹拿着赶快去催太子尽快到赵光义身边来,这个"渐"字的意思就是告诉太子皇帝已经病危了,赶紧入宫侍候。等到赵光义死后,皇后让王继恩宣召吕端,商议立谁为皇帝。吕端听后知道事情不妙,他就让王继恩到书房去拿太宗临终前赐给他的亲笔遗诏,王继恩不知是计,一进书房便被吕端锁在房中。这时,吕端便飞快来到宫中。

皇后说:"皇上去世,长子继位才合情理,现在该怎么办?"意思很明显,想立长子赵元佐。吕端立即反驳道:"先帝既立太子,就是不想让元佐继承王位,现在先帝刚刚驾崩,我们怎么就可以立即更改圣命呢?"皇后听了无话可说,心里只有认了。

事情到了这个地步,吕端仍不放心,他要眼见为实,太子即位时,吕端在殿下站着不拜,请求把帘子挂起来,自己上殿看清楚,认出是原先的太子,然后才走下台阶,率领大臣们高呼万岁。

吕端事先能明察阴谋,有所防范;事中能果断决策,出奇策击破奸主;事后又能眼见为实,不被现象迷惑,不仅明智,实在是功夫老到。在皇位继承的关键问题上,吕端的"小事糊涂,大事精明"体现得淋漓尽致。

我们说"小糊涂,大精明"无疑是成大事的一大智慧;假若相反的话,"小事精明,大事糊涂",那就坏了,事情非搞砸不可。

石达开是太平天国首批"封王"中最年轻的军事将领,太平天国建都南京后,他同杨秀清、韦昌辉等同为洪秀全的重要辅臣。在天京事变中,他又支持洪秀全平定叛乱,成为洪秀全的首辅大臣。之后,洪秀全隐居深宫,将朝政全权委托给无能的洪氏兄弟,以牵制石达开,矛盾日益激化。

从当时的情形看,解决矛盾的最好办法是诛洪自代,形势的发展需要石达开那样的新的领袖。但石达开尽管在战场上战无不胜,在为人处世的修炼上却连个小学生都不如,他患得患失,斤斤计较,满口仁慈、信义,害怕落个"弑君"的骂名,这就决定了他不可能成就大的事业。

1857年6月2日,他选择率部出走,认为这样既可继续打着太平天国的旗号进行从事推翻清朝的活动,又可以避开和洪秀全的矛盾。

石达开率大军到安庆后,如果按照他原来"分而不裂"的初衷,本可以安庆作为根据地,向周围扩充,在鄂、皖、赣打出一个天地来。安庆离

南京不远，还可以互为声援，减轻清军对天京的压力，又不失去石达开原在天京军民心目中的地位。这是石达开完全可以做得到的。但是，石达开却没有这样去做，而是决心和洪秀全分道扬镳，彻底决裂，舍近而求远，去四川自立门户。

石达开大事犯糊涂，致使决策错误，所以他虽然拥有20万大军，英勇转战江西、浙江、福建等12个省，震撼半个南中国，历时7年，表现了高度的坚韧性，但最后还是免不了一败涂地。

1863年6月11日，石达开部被清军围困在利济堡，谋士曹卧虎献策决一死战，而军辅曾仕和则献诈降计，石达开接受了诈降。他想用自己一人之生命换取全军的安全，这又是他的决策失误，再次在大事上犯糊涂。当军中部属知道主帅"决降，多自溃败"，已溃不成军了。此时，清军又采取措施，把石达开及其部属押送过河，把他和两千多解甲的将士分开。这一个举动，顿使石达开猛醒过来，他意识到诈降计拙，暗自悔恨。

石达开被押过河后，"舍命全己军"的幻想已经彻底破灭。此后的表现倒也十分坚强，起先，清将骆秉章对他实行劝降，石达开严词以对，说："吾来乞死，兼为士卒请命。"然而，已于事无补了。

回顾石达开的失败，主要是人事决策的错误，大事犯了糊涂。其根源是他对分裂后的前途缺乏信心。因为太平天国能打仗的名将几乎都不响应石达开的出走。他邀英王、忠王一起行动都被拒绝；赖汉英、黄文全、林启容等战将也不愿跟着石达开出走。此外，石达开出走的目的不明确，政治上、军事上都没有魄力提出新的构想和谋略，只是消极地常年流动作战。他想用不分帜来表示他对天国的忠心，但他出走的实际行动却是十足的分裂。这种不分帜、不降清、不倒戈的"忠义"形象和他出走天京的实际行动大相径庭，这种拖泥带水、患得患失的行动，决定了石达开走后不可能成就什么大事业。

所谓"水至清则无鱼"，并不是认为可以随波逐流，不讲原则，而是说，对于那些无关大局、枝枝蔓蔓的小事，不应当过于认真，而对那些事关重大、原则性的是非问题，切不可也随便套用这一原则。汉代政治家贾谊说："大人物都不拘细节，从而才能成就大事业。"

# 第十一章 君子之交,清淡如水

「有朋自远方来,不亦乐乎」,你可千万不要高兴得太早,所谓君子之交,清淡如水,朋友之间的交往还是要讲究一定的尺度的,否则,随心所欲,不但交不到新朋友,还会丢掉朋友,既伤人又伤情。

# 君子之交需以诚相待

**【原文】** 传其常常，无传其溢言，则几乎全。

**【大意】** 要传达真实的言辞，不要传达过甚的言辞，这样就可以保全自己。

庄子认为要保全自己，就要以诚待他人，不要说一些过甚的言语，否则，只会招来彼此的不快。

每个人都有过失，即使是伟人也不例外，所以在与人交往的时候，应以诚相等，对别人的缺点不要当面指责，最好做到"打人不打脸，揭人不揭短"。

俗话说："打人不打脸，揭人不揭短。"《呻吟语》中说："责人要含蓄。"意即在指责他人过失时，最好不要一次把心中想要说的话完全表达出来。这是从政治生涯中总结出来的名训。《菜根谭》中也有"攻人之恶，毋太严"的教训。

此外，《呻吟语》还指出："指责他人之过，需要稍作保留。不要直接地攻击，最好采用委婉暗示的譬喻，使对方自然地领悟，切忌露骨直言。"他还说："即使是父子关系，有时挨了父亲的骂，也会无法忍受而顶嘴，更何况是别人呢？"父子有血缘关系，无论如何不能割舍，但朋友就有可能因过激的言辞断送友谊。不揭短，不打脸就是给别人，给自己都留下了退路。

《韩非子》中有云："夫龙之为虫也，柔可狎而骑，然其喉下有逆鳞径尺，若人有婴之者，则必杀人。人主亦有逆鳞，说者能无婴人主之鳞则几矣！"

龙在温驯的时候，人可以骑在它的背上，如果你摸它咽喉下直径一尺左右逆生的鳞，它必定会吃掉你。如人与人之间的交往，对方的短处就是逆鳞，你却抓住这个加以苛责，必然会令对方感到无地自容，那么你就应当小心了，没准总有一天有一支箭会射向你。因此，即使应该指责对方时，也要为其留一点退路。

与人争辩时也一样，以严密的辩论将对方驳倒固然令人高兴，但也未必非将对方批驳得体无完肤才行。因为这样做不但对自己毫无好处，甚至有时还会适得其反，不但得不到对方的认可，有时还会增加一个敌人。因此当我们和他人发生摩擦时，首先要了解他的想法，然后在顾及对方颜面的前提下，陈述自己的意见，给对方留有余地。这一点在处理人际关系时非常重要。

在人际交往中，要想应付自如，在这方面就得留心。所谓"君子之交绝不出恶声"。即在这个世界上，与人亲密地交往时，需诚意待人，纵使交恶断绝往来，也不可口出恶言，说对方的不是。这样，你才能在不伤害他人的情况下保全自己。

第十一章　君子之交，清淡如水

## 善待自己，宽待他人

**【原文】** 菑人者，人必反菑之，若殆为人菑夫？

**【大意】** 害人的人一定会被别人所害，你恐怕会被别人所害呀！

庄子认为做人不可有害人之心，这样才可以防备不被他人所害。

人与人之间的交往是相互的，不要奢求他人的宽容，要让自己首先学会宽容他人，这样，你才能得到他人的宽容。

古希腊神话中有一位大英雄叫海格里斯。一天他走在坎坷不平的山路上，发现脚边有个袋子似的东西很碍脚，海格里斯踩了那东西一脚，谁知那东西不但没有被踩破，反而膨胀起来，加倍地扩大着。海格里斯恼羞成怒，操起一条碗口粗的木棒砸它，那东西竟然长大到把路堵死了。

正在这时，山中走出一位圣人，对海格里斯说："朋友，快别动它，忘了它，离它远去吧！它叫仇恨袋，你不犯它，它便小如当初，你侵犯它，它就会膨胀起来，挡住你的路，与你敌对到底！"

茫茫人海，人与人之间难免会产生误会、摩擦。如果不注意，在轻动仇恨之时，仇恨袋便会悄悄成长，最终会导致堵塞了通往成功之路。所以一定要记着在自己的仇恨袋里装满宽容，那样你就会少一分烦恼，多一分机遇。宽容别人也就是宽容自己。

学会宽容，对于化解矛盾，赢得友谊，保持家庭和睦、婚姻美满，乃至事业的成功都是必要的。因此，在日常生活中，无论对谁都要有一颗宽容的爱心。

法国19世纪的文学大师雨果曾说过这样的一句话："世界上最宽阔的是海洋，比海洋宽阔的是天空，比天空更宽阔的是人的胸怀。"此话不仅很浪漫，而且更具有现实意义。

拿破仑在长期的军旅生涯中养成宽容他人的美德。作为全军统帅，批评士兵的事经常发生，但每次他都不是盛气凌人的，他能很好地照顾士兵的情绪。士兵往往对他的批评欣然接受，而且充满了对他的热爱与感激之情，这大大增强了他的军队的战斗力和凝聚力，成为欧洲大陆一支劲旅。

在征服意大利的一次战斗中，士兵们都很辛苦。拿破仑夜间巡岗查哨。在巡岗过程中，他发现一名站岗士兵倚着大树睡着了。他没有喊醒士兵，而是拿起枪替他站起了岗，大约过了半小时，哨兵从沉睡中醒来，他认出了自己的最高统帅，十分惶恐。

拿破仑却不恼怒，他和蔼地对他说："朋友，这是你的枪，你们艰苦作战，又走了那么长的路，你打瞌睡是可以谅解和宽容的，但是目前，一时的疏忽就可能断送全军。我正好不困，就替你站了一会儿，下次一定小心。"

拿破仑没有破口大骂，没有大声训斥士兵，没有摆出元帅的架子，而是以宽容的心理士兵的错误。有这样大度的元帅，士兵怎能不英勇作战呢？如果拿破仑不宽容士兵，那后果只能是增加士兵的反抗意识，丧失他本人在士兵中的威信，削弱军队的战斗力。

宽容是一种艺术，宽容别人，不是懦弱，更不是无奈的举措。在短暂的生命中学会宽容别人，能使生活中平添许多快乐，使人生更有意义。

因此，无论是陌生的人，还是你的朋友、亲戚、下属等，只有你有一颗容他人之心，没有害人之意，同样，你收获得多的也是宽容和理解，平安与幸福。

第十一章　君子之交，清淡如水

# 面对突然升温的友情应提高警惕

**【原文】** 于物无择，与之俱往。

**【大意】** 对于事物不作主观好恶的挑选，参与事物的变化活动。

庄子认为对事要静观其变，对于突来之事要冷静看待，妥善处理。

真正的友情向来波澜不惊，不愠不火，一如既往地保持着一种温度。但有时候，许久不联系的朋友突然频繁地给你打起电话来，这就需要警觉了。

如果你和某人只是普通朋友，虽然也一起吃过饭，但还谈不上交情；如果你和某人曾是好友，但有一段时间未联络，感情似乎已经淡了……

对于这种状况，你要保持高度的警惕。因为这样的人突然热情起来，那就有可能是有求于你了。之所以用"可能"这两个字，是为了对这样的行为保持一份客观，避免以小人之心度君子之腹，误解对方的好意；因为人是有感情的动物，他有可能在一夜之间，因为你的言行而对你产生无法抑制的好感，就像男女互相吸引那样；不过这种情形不会太多，而你也要尽量避免这种联想，碰到突然升高热度的友情，只有冷静待之，保持距离，才不会被烫到。

要分析这种"友情"是否含有"企图"并不难，首先是看看自己目前的状况，是否握有资源，例如有权有势？如果是，那么这个人有可能对你有企图，想通过你得到一些好处；如果你无权也无势，但是有钱，那么这个人也有可能会向你借钱，甚至骗钱；如果你无权无势又无钱，没什么好让别人求的，那么这突然升高热度的友情基本上没有危险——但也有可能"项庄舞剑，意在沛公"，是想利用你这个人来帮他做些事，例如对你的亲戚、朋友、家人有所求，而你只是他过河的踏脚石。

从自己本身的状况检查这突然升高热度的友情真的有没有"危险"之

后，你的态度仍要有所保留，因为这只是你的主观认定，并不一定正确，所以面对这突然升高热度的友情，你要做好以下准备：

1. 不推不迎

"不推"是不回绝对方的"好意"，就算你已经看出对方的企图也不要立即回绝，否则很可能立即得罪一个人；但能迫不及待似的迎上去，因为这会让你抽身不得，抽了身又得罪对方，把自己变得很被动；不推不迎就好比男女谈恋爱，回应得太热烈，有时会让自己迷失，若突然斩断"情丝"，则会惹恼对方。

2. 冷眼以观

"冷眼"是指不动情，因为一动情就会失去判断的准确性，此时不如冷静地观看他到底在玩什么把戏，并且做好防御，避免措手不及。一般来说，对方若对你有所图，都会在一段时间之后就"图穷匕现"，显现他的真目的，他不会跟你长时间耗下去的。

3. 礼尚往来

对这种友情，你要"投桃报李"，他请你吃饭，你送他礼物；他帮你忙，你也要有所回报，否则他若真的对你有所图，你会"吃人嘴软，拿人手短"，被他牢牢地控制住；想要临事脱逃？恐怕没那么容易。

做人不能没有提防之心，就像前人所说，防人之心不可无，如果本来不亲密的朋友，突然变得热络，你就更应该提高警惕，小心谨慎，不要让自己陷入不利地位。

# "铁哥们"有时需用淡水来养

【原文】以礼饮酒者,始乎治,卒无乱,泰至则多奇乐。

【大意】以礼节饮酒的人,开始时规规矩矩,合乎人情,到后来一片混乱,相互欺诈了。

庄子认为人与人相识之初往往彬彬有礼,熟悉了以后就会无所顾忌,甚至相互欺诈,所以,为人处世不应保持一段距离较好。

人都是孤独的个体,所以有时人要怕孤独,希望有人能与自己共撑一片天,由朋友变成铁哥们实属不易,要珍惜这份友谊,要用淡水来浇灌,否则,太浓了就容易凋谢。

社会不断发展,人性的阴暗面也越来越多的暴露出来,朋友的价值也不断地受到污染,这时候唯一具有可信性的或者说能够给人以信心的就剩下"哥们",更保险点说是"铁哥们"。但是,在"哥们儿"面前更要保持冷静,不要失去该有的平衡。

铁哥们的诱惑在于"有福同享,有难同当",在于"两肋插刀"的气魄。有这么多诱人的东西摆在面前,仿佛只要有了铁哥们一切问题就都不是问题了。但铁哥们也不是万能的。

你没钱的时候,苦闷的时候,有钱的时候,高兴的时候找到铁哥们,都是最好不过的事,和铁哥们一起共事就要小心了。

铁哥们就像恋人,是恋人就可以有许多美好的想象在里面,隔着一层美丽的面纱,有一种"雾里看花,水中望月"的朦胧;而老婆就不一样了,成天在你旁边絮絮叨叨,没完没了,纵使你有多少耐心也得被暴露无遗的对方搞得毫无兴致。而跟铁哥们共事无疑是把恋人变成老婆这样的愚蠢之举。

铁哥们往往来自"君子之交淡如水",这句话的确很有道理,因为假如一开始两个人之间就充满了利益的矛盾,他们是很难毫无芥蒂地走到一起去的，所以铁哥们只能是同学、战友、打小一起和泥长大的玩伴。因为没有利害冲突，所以就可以肆无忌惮地说东道西，聊天喝酒，一个星期见一回面或者更久，彼此有一点牵挂，然后更多的时间里是各忙各的。

铁哥们适合的范围就在于此。

如果范围再大再深就容易产生矛盾。比如赚钱，来路正的钱当然很好，但这里面有一个谁领导谁的问题，哥们之间还可以有一个大哥，但铁哥们之间就难分彼此了，平时觉得意气相投，直来直去惯了，可在工作中，总得有人说话更有分量一些，但一个人一个想法，一个人一套思路，憋在心里，日久天长就会产生摩擦，产生隔阂，到最后好说好散还好，就怕弄得钱没赚到，反倒丢了朋友。比如两个哥们儿同开一家公司，可在具体问题上意见老是相左，不但生意没做好，朋友之间也产生隔阂，最后落得不欢而散。

铁哥们之间共事还有一个不成文的定律，那就是大家的素质都很高，那么导致结果就是窝里斗；如果大家的素质不高，甚至还有破坏力很强的人，那么铁哥们共事的结果就是缺点的大综合，把本来能向好的方向发展的事搞得一无是处。好比你爱财，他很喜欢暴力，那么你们就有可能真的去做什么坏事去了。即使不去同流合污，有如此朋友又难免帮着保守一个见不得人的秘密，这是一件多么痛苦的事。

或者就让朋友们甘愿平庸，千万不能指望着有什么奇迹发生。但是，假如你非得与哥们共事，并且坚信不会造成任何有损于友谊的不良后果，那也可以，但你必须有足够的心理准备去承受各种结局。说一个最简单的例子，比如桃园三结义的刘关张，友谊可谓轰轰烈烈，千古流芳，但他们共事的结果是什么呢？这里面更可怕的潜台词是刘备太倚重两个兄弟，结果诸葛亮对关、张二位就纵容了，华容道之事，以诸葛亮的脾气关羽该斩，但看在刘备的面子上，这事连提也不能提了，耽误多大的事。

一个人有铁哥们多半是为了更好地生存，更好地成就一番事业，而古今中外有所作为的人也有不指望哥们的人。如三国的曹操是一代奸雄，秉性多疑，没有一个朋友，但偏偏是他打下了基业，别人只能望其项背，自叹弗如。

哥们儿多了好走路，这句话不错，但想成就一番事业，必须有主见，而且哥们儿是人孤独中的一根浮木，不要轻易丢弃，要在哥们儿的范围内用心把握。

# 友谊之树常青秘诀——亲疏有度

**【原文】**其作始也简,其将毕也必臣。

**【大意】**开始的时候很单纯,到后来就变得艰难了。

庄子认为任何事在一开始时都是单纯的,但随着时间的推移,认识的加深,就会变得越来越复杂。

"友谊之树常青"的最好办法就是亲疏有度,一旦破坏友谊之船,就会逆向而行。

西方有一种"刺猬理论"说:刺猬浑身长满针状的刺,天一冷,它们就会彼此靠拢,凑在一块。但仔细观察后发现它们之间却始终保持着一定的距离,原来,距离太近,它们身上的刺就会刺伤对方;距离太远,它们又会感到寒冷。只有若即若离,距离适当,才能既保持理想的温度,又不伤害对方。

"刺猬理论"是说:距离太近,就会刺伤对方。一般来讲,人与人密切相处当然不是一件坏事,否则怎么会有"亲密的战友""亲密的伙伴""如胶似漆的伴侣"等誉词呢?但任何事情都不能过分,过分就会走向极端。俗话说,"过俭则吝,过让则卑",就是这个道理。在现实生活中,这种"亲则疏"的现象较为普遍。因此,朋友之间不可以过密,上下级之间不可以过亲,否则就会造成彼此的伤害。

"刺猬理论"也表明,距离太远,就会感到寒冷。人际交往不可过密,但也不能过远。有这样一些人,他们自命清高、目中无人,这个也瞧不起,那个也看不上,自以为看破了红尘,与任何人都不来往;有的人消极地认为世间险恶,交际虚伪,企图寻求一种世外桃源来隔绝人世尘缘,不愿与外界接触。这样,自己就会感到孤独,甚至会留下终身遗憾。

中国有句老话"久别胜新婚",讲的是夫妻之间不必成天耳鬓厮磨,适度的分别更能增添夫妻生活的情趣。推而广之，在人们日常交往中，交际双方表现出过分的亲密或纠缠不清，有时也会让人感到不自在。在这种情况下，不妨采取回避的办法，可以获得独到的功效。

（1）当你和上司过分热乎时，"回避"可知晓你在上司心中的地位。在一个单位里，上下级之间除了工作关系，个人感情也还是有的。随着工作的改变、地位的升降，人们的思想也在不断地变化，"试探"自己在上司心中的地位，不必采用调离的方式，暂时"回避"也有一定的效果。如果上司对你依然如故地器重，就会马上表现出来。

（2）当你和别人争执不下时，"回避"能免去不必要的情感伤害。此时不必针锋相对，适度的"回避"定能使你们有所清醒，问题也就好解决多了。

（3）当你被别人误会时，"回避"更能显示你的宽容。生活和工作中被人误会的事常会发生。心胸狭窄者往往会把别人的无意看成故意，甚至把好心也视为恶意。作为被误会的一方，大可不必当面斥责人家"狗咬吕洞宾，不识好人心"，也不必"破罐子破摔"，立马同人家"断交"。不妨先把理挑明，然后暂时"回避"一下，过后看看对方的反应。如果他有认识错误的迹象，你再同他"恢复关系"，这样经过小波折得来的友谊，一定比从前更牢固。

"刺猬理论"中的相处适度原则道出了待人处世的真谛，要达到上述境界，必须做到以下四个原则：一是"不卑不亢"做人；二是"不歪不斜"立身；三是"不偏不倚"办事；四是"不亲不疏"交友。当然，不亲不疏和"回避"，绝不是要人们在待人处世中退而远之，避而躲之。当你走路遇到一个壕沟当时不能过去时，后退几步，稍稍用力、定能一跃则过。壕沟的另一端也许会有美丽的风景在等你欣赏，千万不要错过。

## 友谊要在淡中求真

【原文】水之性，不杂则清，莫动则平。

【大意】水的本性，不混杂就清澈，不搅动就平静。

庄子认为水只有在不混杂不搅动的时候才显示本质朋友之间也应如此，不要刻意搅乱你们原本平静的友谊，只有清淡的友谊才易保持长久。

人与人相交，难得的是真。真诚相见、真心相待、真则平淡。轰轰烈烈的友谊不会长久，只有平淡的友谊才能长存，才会融洽。

孔子曾将这一问题请教隐士子桑雽：

我两次被钿国驱逐出境，在宋国受伐树的惩罚，在卫国被禁止居留，在陈国与蔡国之间遭到人们的围攻，在东周也找不到山路。我遭了这几次挫折以后，亲戚与好友与我便一天天疏远了，学生与知交也越来越远离了我，这究竟是为什么呢？

隐士子桑雽说：难道你没有听说过殷国人林回逃亡这件事吗？林回这个人在出逃时，连价值千金的璧玉都丢下了，背起婴儿就走。有人就说："你这样做，是为了得到钱财吗？婴儿能值多少钱！是为了减少拖累吗？婴儿的累赘可多啦！你抛弃千金之璧，带着个婴儿去逃难，这究竟是为什么？"林回说："我和那璧玉是以利益相结合的，我和婴儿却是天然的联系。以利益结合起来的，穷困与灾难来时，就互相抛弃了；出自天性联系的，临到大难来时，就会互相关照。互相关照和彼此抛弃比起来，相逼太远了。并且，君子相交，平淡如同清水；小人相交，甘美如同甜酒。君子相处淡泊就能相交，小人热火相交也容易翻脸。至于无缘无故自然而然地形成了一种关系，也会无缘无故顺其自然地散伙。"

孔子立即恍然，说："我明白了！"

于是，他慢慢地走回家，一路上反省自己，进门便决定，停止空洞的学问研究，放上没有用的书本，跟弟子们相处，再不要他们打躬作揖。这样一来，师生们的感情反倒更加真挚、深厚了。

某一天，子桑雽告诉孔子，舜帝临死前告诫大禹王说："你要谨慎啊！态度要随和，感情要率真。随和就会不离失物情，感情率真了，就不会劳累神累。不失物情，不劳神思，就无须再用什么繁文缛节来修饰自己了。而一个不尚矫饰的人，本来就是有力量的。"

所谓"君子之交，清淡如水"，无论是与朋友相处，还是同事之间，都需要有这份淡如水的状态，不论什么关系，只要相处太近，就会容易产生摩擦，因为世界上没有两个完全相同的个体，相识是缘，相交也是缘，缘聚缘散要留清淡在你我之间。

## 友情要保有弹簧距离

【原文】天道运而无所积，故万物成。

【大意】自然规律的运行是没有停顿的，所以万物得以生成。

庄子认为万物之所以能够形成，是因为自然规律没有停止，人类想取得成功，就要不断努力，不可停滞不前。

谁都可能做过这样的试验：

弹簧两端连着物体。当你轻轻地拉伸和压缩弹簧时，弹簧柔顺地遵从你的意愿。去掉你的温柔的抚弄，弹簧会给你一个颤动的美丽。两端的物体保持着那份纯真与自然。当你过度拉伸和压缩弹簧时，弹簧于是不耐其力，变形了，曲线美破坏了，倔强的弹簧扯离了两物，或将他们弹得远远的。一切成为悲哀的幻觉。

友谊就像这弹簧一样，连着两颗坦诚而又适距的心。

的确，建立一份真诚的友谊，是一件非常美好的事情。伯牙鼓琴，子期知音；高山峨峨流水净净。能够保持这份友好的情谊，使之能够经；受风雨的吹打，则是更为可贵的。然而创业难、守业更难。多少人在建立的友谊大厦上如何填上一砖一瓦，保持它的屹立，却都是茫然不知所为。

让我们顺着涉世老手的思想，分一下人性的特点，然后再领受他的千年妙招吧。

是的，世上没有完全同样的两个人。两个人，不论其形体多么像，他们绝没有完全同样的性情、爱好，绝对没有同样的经历和对事物同样的认知观点。于是，距离就存在了，距离成为人际关系的自然属性。有着亲密关系的两个朋友也毫不例外，成为好朋友，只说明你们在某些方面（或许多方面）具有共同的目标、爱好或见解以及心灵的沟通，但并不能说明你们之间是毫无间隙、融为一体的。任何事物都存在着其独自的个性，事物的共性存在于个性之中。其性是友谊的连接带和润滑剂，而个性或距离则是友谊相吸引并永久保持其生命力的根本所在。弹簧的特性与友谊之间有着惊奇的相似。

是的，因为距离的美，你和他都想进入对方那颗美好的心灵，都努力展现各自的魅力和对对方的关怀。随着距离的缩短，"金无足赤"的人类的瑕斑也在友谊的光环中出现，过深的了解使你发现了对方人性自私甚或卑劣的一面。于是，瑕斑影子在你心灵里冲突。某些不和谐伴随出现，由于弹簧距离的拉近，你和他都在内心要求对方须与自己一起摆动。少许的违背都使你特别在意。于是，被欺骗感和不忠实感使你对友谊产生了怀疑、冷淡和争执又将友谊根基动摇，弹簧变形了，再难恢复其原来的和谐。这时你便会懊恼：为什么当初要缩短这"弹簧"，破坏了相互间的距离美和朦胧美。

人就是这样奇怪：未得到时，总想得到；未靠近时又总想贴在一起，真正得到和靠近却又太过苛求。人总在无意中伤害着他们自己。

保持友谊美好，避免人们自我伤害！涉世老手在对友谊的失败和成功中总结出了这样的务实友谊观——弹簧友谊。

（1）无论友谊还是爱情，都存在一个弹簧距离，只不过爱情的弹簧更短一些罢了。因此过度的疏远和分离或过度的贴接，都会招来彼此的伤害。很长时间不同亲朋好友来往，别人会认为你缺少朋友味，认为你已变得独侠孤傲；将你的隐私和缺瑕完全端给对方，又使彼此小心翼翼，形成不吐不忠的负担。当友谊从一个极端走向另一个极端，双方又会形成可怕的敌人。所以，保持一段"弹簧距离"，创造一种轻松的共处，会给你的生活带来安稳。

（2）友谊之树常青，需要双方的浇灌呵护。直接的拥抱呵护不如间接的诚挚与关爱来得庄重。尝试通过间接的方式表达你的关心和体贴，能使对方的心更为感动，"弹簧距离"会使你们的心与心之间引力更大。

王某就是运用这一"弹簧"妙招追到了他的心爱的情人的。

刚上大学，王某莽莽撞撞。没过多久，就对班上一位纯真、善良的女孩大为心仪，一封连夜赶成、厚厚一叠的求爱信送到了女孩手中。女孩太纯真了，也害怕极了。她偷偷哭了一场，以后见面再难对他施以微笑。

王某第一次准备谈恋爱,他受伤了。但伤泣的心发誓一定要追到她。

"直接的方式也许不很合适吧,"有人小心翼翼地劝言,"但她现在拒绝了你,毕竟也注意起了你。你是否在学业处事上令她佩服,同时通过别人或其他一些间接方式,传递你对她的关心,你的耐心和挚着也许能令她将最灿烂的笑容投放给你,'随风潜入夜,润物细无声'嘛!"

王某顿悟,一年半之后,他俩出双入对。间接的弹簧距离式的方法有时会收到意想不到的效果。

保持一段弹簧距离,小心呵护你的友谊。你会保持一种和谐、信任的情谊。

# 友情不要太亲近

**【原文】** 会与仁而不恃，薄于义而不积。

**【大意】** 符合仁义的要求但不依靠，靠拢了道义但不积不留。

庄子认为虽然人与人相亲相爱，但不要互相依靠，彼此之间应保有一段距离。

朋友间建立一份真诚的友谊，不仅美好，而且难得。伯牙鼓琴，子期知音，高山巍峨流水净净。如果能保持这份友好的情谊，并且能够经受风雨的吹打，就更是让人幸福了。

距离是人际关系的自然属性。有着亲密关系的两个朋友也毫不例外，成为好朋友，只说明你们在某些方面具有共同的目标、爱好或见解以及心灵的沟通，但并不能说明你们之间是毫无间隙、融为一体的。任何事物都存在着其独自的个性，事物的共性存在于个性之中。共性是友谊的连接带和润滑剂，而个性和距离则是友谊相吸引并永久保持其生命力的根本所在。

友情需要保持适度的距离才能保持永久。

随距离的缩短，"金无足赤"的人类的瑕斑也在友谊的光环中出现，过深的了解使你发现了对方人性自私甚至卑劣的一面。于是，瑕斑影子在你心灵里冲突。某些不和谐伴随出现，你和他都在内心要求对方须与自己一起摆动。少许的违背都使你特别在意。于是，被欺骗感和不忠实感使你对友谊产生了怀疑、冷淡和争执又将友谊根基动摇，再难恢复其原来的和谐。这时你便会懊恼：为什么破坏了相互间的距离美和朦胧美。

人一辈子都在不断地交新的朋友，但新的朋友未必比老的朋友好，失去友情更是人生的一种损失，因此好朋友一定要"保持距离"！

交友的过程往往是一个彼此气质相互吸引的过程，因此你们有共同的"东西"，所以一下子就越过鸿沟而成了好朋友，甚至"一见如故，相见恨

晚"。这个现象无论是异性或同性都一样。但再怎么相互吸引,双方还是有些差异的,因为彼此来自不同的环境,受不同的教育,有不同的人生观、价值观。当二人的"蜜月期"一过,便无可避免地要碰触彼此的差异,于是从尊重对方,开始变成容忍对方,到最后成为要求对方!当要求不能如愿,便开始有了挑剔、批评,最终结束友谊。

很奇妙的是,好朋友的感情和夫妻的感情很类似,一件小事也有可能造成感情的破裂;所以,如果有了"好朋友",与其太接近而彼此伤害,不如"保持距离",以免碰撞!

人说夫妻要"相敬如宾",如此自然可以琴瑟和谐,但因为夫妻太过接近,要彼此相敬如宾实在很不容易。其实朋友之间也要"相敬如宾",而要"相敬如宾","保持距离"便是最好的方法。

怎么样才能"保持距离"?简单地说,就是不要太过亲密,一天到晚在一起。能"保持距离"就会产生"礼",尊重对方,这礼便是防止对方碰撞而产生伤害的"海绵"。

朋友相处,重要的是双方在感情上的相互理解和遇到困难时的互相帮助,而不是了解一些没有必要的东西。有的人为了表示自己对朋友的信任,把自己的一切情况观念和盘托出,这种做法是一种轻视自己的行为,如果你所结交的朋友是一个值得信赖、品行端正的人,可以说是你的幸运,万一对方是居心不良、怀有歹意而你又没有识破的人,情况就会使你大伤脑筋。

如果对方已开始打你的主意,决定在暗中"宰"你一次,那么你的这种草率做法很可能是在为对方的行动创造了有利条件。一个人的行为习惯,经常出入的地点,某些专门活动和个人隐私等,均属于个人秘密,对方不是知己,是不能轻易告诉他人的,即使是你的朋友也是如此。

如果你的朋友是个知情达理的人,他必定会劝告你、开导你,劝说你不要随便议论他人。如果你的朋友是一个好惹是生非的人,很有可能把你的话传给被你议论的人,引起对方的怨恨。如果你的朋友用心不良,还会夸大事实,添油加醋,有意挑起冲突,则很有可能使你在朋友中处于十分尴尬的境地,严重的还会酿成大祸。

有些人把朋友看得比什么都重要,切毫无防备之心,说什么他都不会计较，就对他当面诉说你对他本人的不满。也许你的朋友并不像你想象的那么大度，则很有可能记恨在心，而伺机暗中布设圈套陷害你。因此，你在坦言之前，最好是认真思考一下这样做的后果，看对方是否能够接受，是否会产生逆反心理，是否感到你的行为过于轻率，是否会影响到你们之间的友谊。当你发现对方心胸比较狭窄的时候，你就要小心谨慎了。

常言道："逢人只说三分话，未可全抛一片心。"在结交朋友的时候，不要一味相信对方的友谊。如果对方是一个别有用心、居心不良的人，友情随时可能被玷污。因此，你必须谨慎从事，多设几道防线，预防"朋友"布下的陷阱，以免自己受到不必要的伤害。

第十一章 君子之交，清淡如水

# 朋友交往掌握好分寸

【原文】甚矣,夫好知之乱天下也。

【大意】太过了,喜欢追求智巧而扰乱了天下啊!

庄子认为任何事情都不可超过它原有的范围,否则,太过了,只会招来不必要的麻烦。

俄国著名寓言作家克雷洛夫写过一篇著名寓言《杰米扬的汤》。寓言说的是有位善做鲜鱼汤的杰米扬,为了款待老友福卡,做了一锅香美可口的鱼汤,一盆接着一盆地敬劝老友多喝,直喝得老福卡大汗如注,叫苦不迭。可是杰米扬还是一个劲儿地劝:"喝得痛快!好,再来一盆吧!"结果是尽管福卡很爱喝汤,也不得不赶紧拿起帽子、腰带和手杖,用足全力跑回家去,从此再也不敢登杰米扬的家门了。

这则寓言告诫人们,事情要适可而止,否则好事也会变成坏事。《杰米扬的汤》以生动的形象揭示了这条辩证法。要处理好人际关系,应当时刻记住这个真理。比如坦诚、热情、谦逊、活泼、谨慎等,无疑都是待人之道的必不可缺的品格。然而,这里同样也有一个"度"的问题,即要注意掌握分寸;尽量做到恰到好处,否则便极易失度,从而影响人际交往。对于"度"的把握,以下有几点建议,可供参考:

1. 坦诚但要适度

所谓坦诚,必须要注意适度原则,要讲效果。如,朋友之间,"胸无芥蒂,无话不说"固然没什么大错,但是,坦诚也应留有余地。说话办事痛快当然也无可非议;不过,太过全盘托出就不好,注意留有余地,必要的避讳、求雅还是需要的。有时为避免意外的发生,向当事者暂时保密,不吐露真情,也是人之常情,不宜把它同坦诚对立起来。

## 2. 热情但不要失控

人际交往，由于场合、年龄、性别、辈分以及交往深浅程度等方面的不同，热情也应该有档次、分寸上的区别。在公共场合，即使熟人、恋人相见，也不宜旁若无人，高声纵情谈笑，至于失度的亲昵举动则更不相宜。有人认为，只有事事应允对方，才能显出自己的热情来。其实大不尽然。中国有句古语"轻诺必寡信"。失信的热情好比一张空头支票，只能取悦于一时，终归毫无价值。所以，有人相托自应尽力而为，不过也应权衡是非利弊。对于那些明显不合情理，或者自己力不从心的委托，都应婉言明白谢绝。同理，自己对与其交往的对方，也不宜提出不合情理的要求。总之，热情应是友谊的升温剂，但是倘若失控，超过了限度，也足以酿成焚毁友谊的悲剧。

## 3. 谦虚但不要做假

谦虚的品德对人际交往非常重要。一个背着自负自傲沉重包袱的人，他的友谊财富必然少得可怜。这里，谦逊须以坦诚为基础，否则就难免陷入虚伪的泥潭。比如讨论问题时，明明自己有不同意见，为表谦逊而不明白说出，或者吞吞吐吐；对方批评自己时，当面唯唯称是，背后却又发牢骚。再者，还应划清两个界限。一个是谦逊与虚荣的界限。如果一个人故作谦逊姿态，以求得"谦逊"的美誉，就是虚荣的一种常见的表现。这种虚荣心一旦被对方察觉，就容易失掉友谊。二是谦逊与谄媚的界限。有些人在交际时爱对对方说一些言不由衷的话，认为这样才显得自己彬彬有礼，谦恭而有教养。相反，过分溢美，几近谄媚，有时会起到反作用。

## 4. 谨慎但不拘谨

人们无论做什么事，谨慎从事总是获取成功的必要条件，处理人际关系，自然不能例外。在人们面前手足无措、忸怩拘谨，这是既有碍于观瞻，也不利于交际的。应该说的话不说，能够办的事不办，已经成熟了的果子，也不去摘取，这就不是谨慎而是怯懦了。拘谨与忸怩貌似谨慎，实则是怯懦。在交际过程中，不应把仪态的落落大方同言行的谨慎持重对立起来。否则，一身的"小家子气"，谁还喜欢同你打交道呢？

### 5. 活泼但不要随便

举止活泼，谈吐风趣幽默，往往是人际交往的良好触媒，也是交往深化的催化剂。不过切莫做过了头，否则就难免有上面所说的不检点、轻慢之嫌。我们的身边可能都有这样的人，他不分场合，不择对象，谈话中一味插科打诨，俏皮话连篇，有时甚至在大庭广众之下，公然呼叫别人的绰号，开一些不适当的玩笑（例如以对方的生理缺欠为目标），不仅引起当事者的反感，连在场的其他人也觉得难堪，不知如何收场。这样怎能收到活跃气氛、融洽关系的预期效果呢？因而，我们绝对不能把庸俗（甚至是恶俗）当成洒脱幽默，否则，这种所谓的"活泼"就将变成人际交往失败的陷阱。

### 6. 认真但不挑剔

一个人要赢得友谊，就要多看到对方的优点和长处。其实，每个人都有长处，问题是在于发现。比如某人事业上很有才气，但生活处世能力却很差，那么，如果择其长处学习，你就会和对方建立友谊，相处和睦。相反，你睁开两眼看对方，要求对方什么都好，那么，最终使你失去友谊和失去朋友。闭一只眼看朋友，才是一种宽容的处世之道。要善于回避对方的伤疤，忘记他的过去，尊重他的今天，寄希望于他的明天，那么，你交朋友的视野就更为宽广，绝不会因斤斤计较某个朋友的过去而与对方不能相处。或者，你的朋友从前曾冒犯过你，或做了对不起你的某件事，如他已认错了，你也不妨闭上一只眼，让昨日的误会与冲突流逝，这自然不是无缘无故的宽恕，而是一种风度，同时能让对方认识你有不凡的胸襟与风度。

世界上本来就没有完美无缺的人，如果你睁大双眼看对方，总可以发现对方有许多弱点，如以这种尺度去寻找朋友，你就会对生活充满了失望。你的过分挑剔以及过分苛求，最终可能使你连一个朋友也找不到，或者说，你的朋友因你过分睁大双眼面对你敬面远之，远而避之，直至退避三舍。每个人在生活中，总会遇到挫折，从挫折中经受失败的考验，从幼稚走向成熟，从认识弱点走向克服弱点，因此，不必把对方的过去洞察得完全透明化，你只要认为对方是一个真诚的人，即使他有某些与你格格不入的嗜好或其他经历上所没有的东西，你也不必大加追究。友谊需要容忍度，一种宽容之心，则己之长，只要是自己觉得他的长处可以与之交朋友，短处可放松宽度，唯有如此，你才能永远保持好你身边的友谊。

## 朋友之间不要以利益来计算

**【原文】**常宽容于物，不削于人，可谓至极。

**【大意】**应该经常保持着对待万物宽容为怀的态度，对待别人具有不加害的品格，这可说是达到最高境界了。

庄子认为为人要有宽容之心，不侵害他人利益，朋友之间更应具有这种境界，才能保持彼此间的友谊。

朋友之间是不求回报的，不要让世故的利益观念插入友谊之间，对于君子来说，滴水之恩应当涌泉相报，但一定不要对每一件事都要求回报。佛教中讲因果报应，哲学中讲有因必有果，但不一定有你所希望的果。所以，只要抱定"治生不为求富、读书不为做官、修德不为求极、为父不为传世"的想法，就一定能自得其乐，即使事情中有不尽如人意之处，欲辩解又已经忘记想说什么的境界。

苏东坡有"守骏莫如跛"五个字，意思是一味地认为骏马快，而放纵奔驰，使它得不到休息，那就一定会有倾倒跌筋斗的时候，反而倒不如一头跛马走得快了。

做人也是这样，一味地贪图美名，就一定会招来玷污的事情。只有经常发现自己的缺陷与不足，才能不断取得进步。

古代一位智者曾说，"送人银钱，随人用情之厚薄，一言之轻重，父不能以代子谋，兄不能以代弟谋，譬如饮水，冷暖自如而已。"此话是说：送给人家银钱，就随便人家用情多少，不要去费心思细琢磨。这就像说话分量的轻重一样，做父亲的不能代替儿子去思考，做哥哥的也不能代替弟弟去掂量。它又如同饮水的时候，水的冷热就只有自己去探试一样。

做人方面也是如此，只要投入感情，就一定会有回报，但如果一味地去计较别人回报的多少，那反而使本来很有意义的事情，变成以追求名分

为目的的功利主义了。

但是,不要说你求回报终失所望,在经济运作时无论多大的投资你都不要考虑回报问题。因为这与做人是两种概念。做人有做人的原则,经济有经济的规律,二者不可混为一谈。做人不求经济利益的回报是君子,搞经济不讲做人原则的是小人,用经济方程来套做人模式,是伪君子,朋友之间因为看重的是"朋友"二字,交朋友是为了以后的路好走,是为了心灵上的交流,如果将朋友与利益相连,就会使其变质,自己也不会快乐。

# 不可透支朋友资源

【原文】不苟于人，不忮于众。

【大意】对他人不苛求，对众情不违逆。

庄子认为对他人不可有太多的要求，人与人之间总有一定的交往限度，无论什么关系，都不可对对方要求太多，否则，会引起彼此的不快。

作为朋友，与朋友交往就要像消防队员一样，救急不救穷，要求朋友"救穷"，是在透支朋友的资源。

"天有不测风云，人有旦夕祸福"，"谁没有马高凳短的时候"，人活在世上，总有需要别人帮忙的时候，但是无论是做事还是做人都不要透支任何资源。

一则是要明白，需要别人帮忙是难免的，但谁又能帮别人一辈子，谁又能一辈子都靠别人帮忙过活呢？所以，懂生活的人不会事事都求朋友帮忙，养成依赖的习惯。

要知道事物的发展在于内因，外界的有利因素和不利因素只能影响事物发展的过程，而最终起决定作用的仍然是事物本身。

打个比方，朋友就像是消防队员，在你遇到紧急情况时才求助他们，自己能办到的还是靠自己。朋友不是你的影子，随时随地跟着你；朋友不是你的老师，发现你有错误就能及时指出，有问必答；朋友不是你的父母，可以无私地包容你的一切；朋友能做的，是在你有困难，而他们能帮得上忙时，伸手拉你一把。

请记住，朋友是一种资源，应该在最需要的时候用。朋友是消防队员，救急不救穷，这有两重意思，一是指如何利用朋友资源，指的是何时应该请求朋友的帮助；二是指应如何帮助朋友，有求必应说的是天神，而非朋友。

朋友是一笔资源，可以使用却不宜透支。朋友之间交往最现实最常见的就是金钱问题。这里有一则真实的故事：

赵强是一个私营印刷厂的老板，有钱，人也特别好。李文和赵强从小学到大学一直是同学，是好朋友。但过了十三年后，两人的情况却相差悬殊，李文在一个县城中学当教师。当然这并未妨碍赵、李二人继续是朋友。

一个两袖清风的教师和一个腰缠万贯的老板如何相处呢？

李文的妻子是个下岗女工，儿子力力今年八岁，正上小学，花费颇大，只靠李文一个月500多元的工资维持生活，日子有些艰难。李文不因此而向赵强开口借钱，一是因为这是一笔小钱，在赵强的眼里算不得钱，不值得向赵强开口；二是这不是一次能解决的问题，这月借了，下个月怎么办，以后又怎么办？难道不断地借下去吗？而且，李文的经济情况也不是一时就会转好的，如果借了钱何时才能还呢？可不幸的是，力力出了车祸，手术的费用得4万元左右。这时候，李文没有选择，只好向赵强借钱了，能有几个人一下拿得出4万块钱而又不对他自己的生活不产生影响的朋友呢？

这是从李文的角度来讲的。

从赵强的角度来看，假如李文零零星星地从赵强那里借了些钱，当作生活费用掉了。当然，这笔钱对赵强来说算不了什么，他不会在乎，可朋友关系却从此不再平衡。吃人家的嘴短，拿人家的手软，李文难以用平等的心态对待赵强，难免会产生不服、嫉妒、自卑的心理，想当年你我差不多，甚至你还不如我，凭什么你现在就可以大把大把地捞钱，我却只能靠跟你借钱来维持生活。本来应该有的感激之情也荡然无存，反而心怀恶意。

零星借来的钱被李文一家用掉了。本来没有这笔钱也可以过得去，少吃几次肉几次鱼也就罢了。赵强的钱对他们的生活没有多大影响，但一旦借了些钱，李文近期又难以偿还，这对李文是一个心理上的负担，主要是对李文的自尊心有影响，这种情况长期持续下去，李文在赵强面前慢慢就会失掉自尊，开始自卑，一个没有自尊的人是什么事都会干得出来的，赵强借钱是好心帮助他，却不一定有好的结果。

如果李文因儿子的意外而向赵强借钱，这笔钱对李文的意义非常重大，自然会因此对赵强心存感激，救急不救穷，不只限于金钱方面，而是指帮朋友时，应该是给朋友一根拐杖，让他自己站立起来，而不是一直扶着他。小时候，小孩学走路，父母不是一直用手牵着他们，而是在他们要摔倒时，赶紧上来扶一把，做朋友也应如此。

即使你们是很好的朋友，你也不可事事都向朋友求助，把朋友资源都零零星星琐琐碎碎地透支了。做人做到这个份儿上应是很失败的，它会损伤或粉碎你们好不容易建立起来的友谊。

第十一章　君子之交，清淡如水